大学 学科地图 丛书

丛书总策划　　周雁翎

社会科学策划　　刘　军

人文学科策划　　周志刚

大学 学科地图 丛书

经济学与管理学系列

A GUIDEBOOK FOR STUDENTS

行为金融学
学科地图

崔巍　主编

图书在版编目(CIP)数据

行为金融学学科地图/崔巍主编. —北京:北京大学出版社,2019.11
(大学学科地图丛书)

ISBN 978-7-301-30860-8

Ⅰ. ①行… Ⅱ. ①崔… Ⅲ. ①金融行为—高等学校—教材 Ⅳ. ①F830.2

中国版本图书馆 CIP 数据核字(2019)第 216008 号

书　　　名	行为金融学学科地图 XINGWEI JINRONGXUE XUEKE DITU
著作责任者	崔　巍　主编
责 任 编 辑	刘　军
标 准 书 号	ISBN 978-7-301-30860-8
出 版 发 行	北京大学出版社
地　　　址	北京市海淀区成府路 205 号　100871
网　　　址	http://www.pup.cn
电 子 信 箱	zyl@pup.pku.edu.cn　　新浪微博:@北京大学出版社
电　　　话	邮购部 010-62752015　发行部 010-62750672　编辑部 010-62767346
印　刷　者	河北滦县鑫华书刊印刷厂
经　销　者	新华书店 730 毫米×1020 毫米　16 开本　18.75 印张　288 千字 2019 年 11 月第 1 版　2019 年 11 月第 1 次印刷
定　　　价	64.00 元

未经许可,不得以任何方式复制或抄袭本书之部分或全部内容。
版权所有,侵权必究
举报电话:010-62752024　电子信箱:fd@pup.pku.edu.cn
图书如有印装质量问题,请与出版部联系,电话:010-62756370

大学学科地图丛书
编写说明

"大学学科地图丛书"是一套简明的学科指南。

这套丛书试图通过提炼各学科的研究对象、概念、范畴、基本问题、致思方式、知识结构、表述方式,阐述学科的历史发展脉络,描绘学科的整体面貌,展现学科的发展趋势及前沿,将学科经纬梳理清楚,为大学生、研究生和青年教师提供进入该学科的门径,训练其专业思维和批判性思维,培养学术兴趣,使其了解现代学术分科的意义和局限,养成整全的学术眼光。

"大学学科地图丛书"的作者不但熟谙教学,而且在各学科共同体内具有良好的声望,对学科历史具有宏观全面的视野,对学科本质具有深刻的把握,对学科内在逻辑具有良好的驾驭能力。他们以巨大的热情投入到书稿的写作中,对提纲反复斟酌,对书稿反复修改,力图使书稿既能清晰展现学科发展的历史脉络,又能准确体现学科发展前沿和未来趋势。

近年来,弱化教学的现象在我国大学不断蔓延。这种倾向不但背离了大学教育的根本使命,而且直接造成了大学教育质量的下滑。因此,当前对各学科进行系统梳理、反思和研究,不但十分必要,而且迫在眉睫。

希望这套丛书的出版能为大学生、研究生和青年教师提供初登"学科堂奥"的进学指南,能为进一步提高大学教育质量、推动现行学科体系的发展与完善尽一份心力。

北京大学出版社

序　言

行为金融学是近年来经济学界迅速崛起的新兴学科,是借鉴心理学和社会学等学科的研究方法,结合标准的新古典经济学理论,研究人们的各种金融行为的一门交叉学科。行为金融学自20世纪80年代正式创立以来,对标准金融学形成了巨大冲击。它不仅改变了经济学家的许多习惯性思维,还为现有的经济学理论和政策研究注入了新的活力。随着行为金融学的先驱者、美国普林斯顿大学的丹尼尔·卡尼曼(Daniel Kahneman)和实验经济学的开创者、美国乔治·梅森大学的弗农·史密斯(Vernon Smith)获得2002年诺贝尔经济学奖,以及现代行为金融学的重要代表人物理查德·塞勒(Richard Thaler)获得2017年诺贝尔经济学奖,行为金融学得到了经济学家的广泛关注,逐渐成为经济学研究的前沿领域,代表着经济学发展的新方向。

作为标准金融学的延续和发展,行为金融学是经济学的新兴研究领域,它所研究的核心问题和经济学是相同的,即生产力、生产关系、资源的有效配置以及利益分配等问题。行为金融学以现实为基础,打破了标准金融学的统一模式和理性假定,考察各种理性、有限理性和非理性的经济行为及其复杂的动机,并在此基础上提出新的预测。在行为金融学看来,人们的行为准则并不是完全理性、不动感情的自我利益,也不是没有道德的科学。行为金融学的创新之处在于从实际出发,将行为分析理论与经济运行规律相结合,打破了传统经济理论通过建立严密的数学模型、严格的推理论证来研究经济行为的框架,对理性人、效益最大化和均衡产出等理论形成了挑战。

国内外已出版多部行为金融学著作,比如,由安德鲁·施莱弗(Andrei Shleifer)写作的导论性著作《并非有效的市场:行为金融学导论》,由赫什·舍夫林(Hersh Shefrin)写作的面向金融业实务界的论著《超越恐惧和贪婪:行为金融学与投资心理诠释》,以及理查德·塞勒编的行为金融学经典论文集《行为金融学的最新进展》等。这些多为侧重研究独立的行为金融话题的理论著作,或是具有综述性、前沿性的论文摘选。行为金融学教科书也有诸多版本,主要介绍的是行为金融学的基本概念及原理,实用性稍显不足。

一般来说,仅罗列性地介绍学科知识理论,不足以体现整个学科的全貌,要全面把握一门学科的整体框架,还应当了解其发展历程,把握其理论体系,抓住其核心范畴、概念,掌握其研究方法;要在该学科领域内做深入研究、批判性反思,了解该学科的前沿、代表人物及发展方向等。北京大学出版社"大学学科地图丛书"学科指南、学科手册的定位,正是基于这一出发点,旨在为读者提供实用性的学科指南,使读者能快速准确地把握学科脉络,拓宽学术视野。行为金融学发展至今,产生了诸多发展完善的模型,但相对于标准金融学而言,仍面临着"破而不立"的局面,缺乏具有普遍解释能力的理论或模型,理论体系较为分散和零碎。就分析工具而言,行为金融学理论也倾向于过多借鉴心理学、社会学等相关学科的研究成果,这也是行为金融学目前的不足之处。在这一发展阶段,行为金融学学科指南有助于读者迅速把握学科的全貌,而其编写过程本身,也是对行为金融学理论体系的总结、反思和推进。

基于上述考虑,我们应北京大学出版社之邀,撰写了《行为金融学学科地图》一书。不同于行为金融学的一般理论著作和教材,本书提炼了行为金融学的理论体系和基本研究范畴,并对行为金融学的研究方法和学科前沿等进行了概括和总结,使读者对行为金融学的核心内容一目了然,有助于其从整体上把握行为金融学的研究脉络。

全书由七章组成。第一章是行为金融学的学科背景和概述。这一章通过介绍行为金融学的兴起及发展历程,描述了行为金融学的基本发展脉络。第二章对行为金融学的研究范畴加以总结和介绍,包括认知偏差、行为偏误、展望理论和股票市场异象等。第三章介绍行为金融学的理论体系。行为金融学将市场的非有效性和投资者心态及行为视为理论基础,这一章从这两个理论基础出发,分别介绍市场的无效和套利理论、投资者行为理论、行为资产定价和资产组合理论以及行为公司金融理论等。第四章介绍行为金融学的主要研究方法。目前行为金融学的主要研究方法有五种,包括心理学调查方法、实验经济学方法、实证分析方法、理论模型分析方法和计算实验方法。第五章介绍行为金融学学科前沿,包括行为金融学视角下的开放式基金、期权与商品期货等问题,以及行为金融学在金融危机后的新发展。行为金融学具有较强的前沿性,尚在不断地向前发展。行为金融学的繁荣和发展,离不开该领域富有卓越思想的经济学家,他们在过去三四十年间,发表了诸多代表性的论著,第六章分别对行为金融学领域的代表人物、经典著作和学术组织进行了介绍。第七章介绍了行为金融学在我国的发展及未来的发展方向。行为金融学首先在西方兴起,20世纪末开始在我国逐渐受到重视。我国的行为金融学研究尚处于起步阶段,本书作为该学科的中文学科指南,对行为金融学在中国的发展给予适当关注。

本书的编写分工如下:崔巍提出全书的主要结构、撰写大纲并最后统稿,撰写第一章、第二章、第三章、第六章和第七章;胡哲妮撰写第四章;刘婧滢和张书阳撰写第五章。本书的其他撰写人员还包括田静雯、贺琰、罗欣雨和赵启宁等。

本书得以出版,主编要感谢参加编写工作的老师和同学辛苦的工作,同时,也要感谢北京大学出版社的刘军先生和李淑方女士,他们认真阅读了书稿并给出了建设性的意见。

目前,行为金融学仍处在发展中,未来会诞生更多先进的理论模型。本书描绘的是迄今为止的行为金融学"学科地图",未来的学科疆土,还等待着未来研究者的开拓。

崔 巍
2019 年 8 月于北京大学

目 录

第一章 行为金融学学科概述 …………………………………………… 1
 第一节 从标准金融学走向行为金融学 ……………………………… 2
 第二节 行为金融学的兴起 …………………………………………… 7
 第三节 行为金融学与标准金融学的争鸣 …………………………… 22

第二章 行为金融学基本研究范畴 ……………………………………… 32
 第一节 投资者的认知和决策偏误 …………………………………… 32
 第二节 展望理论 ……………………………………………………… 58
 第三节 股票市场的异常现象 ………………………………………… 68

第三章 行为金融学理论体系 …………………………………………… 108
 第一节 有限套利理论 ………………………………………………… 108
 第二节 投资者的心态与行为 ………………………………………… 117
 第三节 行为资产定价和资产组合理论 ……………………………… 148
 第四节 行为公司金融理论 …………………………………………… 162

第四章 行为金融学主要研究方法 ……………………………………… 180
 第一节 心理学调查方法 ……………………………………………… 180
 第二节 实验经济学方法 ……………………………………………… 182
 第三节 实证分析方法 ………………………………………………… 186
 第四节 理论模型分析方法 …………………………………………… 188
 第五节 计算实验方法 ………………………………………………… 191

第五章 行为金融学学科前沿 …………………………………………… 196
 第一节 开放式基金 …………………………………………………… 196
 第二节 期权与商品期货 ……………………………………………… 199
 第三节 金融危机后的新发展 ………………………………………… 208

第六章　行为金融学学科代表人物、经典著作和学术组织 …………… 225
　　第一节　行为金融学学科代表人物 ……………………………… 225
　　第二节　行为金融学学科经典著作 ……………………………… 234
　　第三节　行为金融学重要期刊和学术组织 ……………………… 249

第七章　行为金融学的未来 …………………………………………… 254
　　第一节　行为金融学在我国的发展 ……………………………… 254
　　第二节　行为金融学的发展空间 ………………………………… 261

参考文献 ………………………………………………………………… 268

第一章 行为金融学学科概述

近年来,行为金融学得到了越来越多的金融学者和金融实务界人士的关注。特别是美国2000年高科技股票泡沫破灭之后,行为金融学获得了更多的认可,并逐渐成为国内外金融学研究的前沿领域。那么,什么是行为金融学?它与标准金融学的差异何在?它的研究对象和内容是什么?

长期以来,标准金融学在金融学研究中占据着统治地位。1990年,瑞典皇家科学院宣布诺贝尔经济学奖由哈里·马科维茨(Harry Markowitz)、威廉·夏普(William F. Sharpe)和默顿·米勒(Merton Miller)获得,因为他们"对现代金融理论的开拓性研究,为投资者、股东和金融专业人士提供了衡量不同的金融资产的风险和收益的工具,以用来估算股票、债券等资产的价格",标准金融学的经典地位得以确立。在此基础上,经济学家尤金·法玛(Eugene Fama)认为,市场是有效的,可以充分地反映出股票的基本价值,自此有效市场假说成为标准金融学的重要理论基石(Fama,1970)。

然而,行为金融学的先驱之一、尤金·法玛的学术伙伴——经济学家理查德·塞勒(Richard Thaler)却认为,市场并不是有效的,投资者经常会犯愚蠢的错误,导致市场价格偏离其基本价值。2004年5月,一百多位经济学家和企业管理者受尤金·法玛的邀请,到芝加哥大学商学院参加聚会。席间法玛做了一个让所有人都感到惊讶的报告。这位市场有效理论的提出者和坚定拥护者首次指出,股票价格在某种程度上是非理性的,非理性的投资者使市场价格偏离基本价值。法玛的报告立刻引起了经济学家的广泛关注,并得到了一些学者的支持。比如,理查德·塞勒认为与会人员大多数都是行为金融学的支持者。美国伊博森投资咨询公司的创始人、耶鲁大学的罗吉·伊博森(Roger Ibbotson)也指出市场并不像想象得那样有效,金融学科的潮流正在改变。

行为金融学开始得到主流经济学家的接受。2001年美国经济学会将青年经济学家的最高荣誉——约翰·贝茨·克拉克奖授予马修·拉宾(Matthew Rabin),以鼓励其在行为金融数理建模方面的杰出贡献。传统自由市场理论的拥趸、美国联邦储备银行前主席艾伦·格林斯潘(Alan Greenspan)

在1996年也承认了股市中的"非理性繁荣"。麻省理工学院的安德鲁·刘（Andrew Lo）指出，20世纪80年代当他还在哈佛大学和麻省理工学院做学生时，市场有效性是学术界的主流，而现在他需要改变这种思想。1999年，他出版了《华尔街的非随机游走》，对市场有效性提出了挑战（Lo and Mackinlay，1999）。2002年，诺贝尔经济学奖授予心理学家丹尼尔·卡尼曼和"实验经济学之父"弗农·史密斯，前者的杰出贡献是将心理学的前沿成果引入经济学研究中，特别侧重研究人们在不确定情形下进行判断和决策的过程；后者的贡献是将经济分析引入实验室，发展了一系列经济学实验方法，为经济学研究确定了标准。

行为金融学正是在与标准金融学的争论中发展起来的。20世纪八九十年代，行为金融学开始进入蓬勃发展的新阶段。在尤金·法玛提出著名的资产定价三因素模型之际，就已经叩开了行为金融学的大门。到目前为止，包括投资者认知偏差在内的越来越多的心理因素被加入标准金融理论之中。法玛指出，一个良好的金融学理论应当在承认我们是"正常"的投资者的基础上，全面刻画金融市场的整体运行规律（Fama，1998）。

1990年，诺贝尔经济学奖颁给了为标准金融理论做出开创性研究的著名学者哈里·马科维茨、威廉·夏普和默顿·米勒。2002年，该奖项由行为金融学的开创者丹尼尔·卡尼曼和弗农·史密斯获得。2013年，诺贝尔经济学奖由经济学家尤金·法玛、拉尔斯·汉森（Lars P. Hansen）和罗伯特·希勒（Robert Shiller）获得。2017年，行为金融学的重要先驱和代表人物理查德·塞勒获得了诺贝尔经济学奖，这些事实再次证实了前述的观点——"潮流已经发生改变"。

第一节 从标准金融学走向行为金融学

经济学家罗伯特·豪根（Robert Haugen）将金融学的发展分为三个阶段：旧金融理论、现代金融理论和新金融理论（Haugen，1999）。旧金融理论主要指20世纪60年代以前以分析会计财务报表为主的早期金融研究。现代金融理论，也称为主流金融理论、标准金融理论或传统金融理论，以经济学家哈里·马科维茨、威廉·夏普和默顿·米勒为代表，而新金融理论就是

20 世纪 80 年代后期开始逐渐兴起的行为金融理论。

在现代经济体系当中,金融部门无疑扮演着举足轻重的角色。一般认为,经济学研究的是如何合理配置稀缺资源,其中价格机制在配置过程中起着关键作用。亚当·斯密(Adam Smith)提出了著名的"看不见的手",即当经济体中每个个体都追求自身利益的最大化时,仿佛被一双无形的手牵引,经济会自动实现社会利益的最大化。这是亚当·斯密对资源配置的经典阐述。里昂·瓦尔拉斯(Leon Walras)提出了一般均衡理论,进一步说明经济能够处于某种均衡的状态,所有的要素和商品都能有确定的价格,其产出和供给都能有确定的均衡量。从经济学的定义延伸开去,可以认为金融学研究的是投资者的资金配置问题。金融领域瞬息万变而极富冒险精神,股票价格、银行利率、外币汇率等金融数字每秒钟都在变动,而对于投资而言,机会来自于变化,在这些数字复杂的变化背后,隐藏了巨大的盈利空间。现代投资者逐渐发现了金融领域的这一特征,蓬勃的野心和自信驱使他们投入资金,而这一行为又带来了市场中更大的波动。但是在金融市场中仅凭经验很难无往而不胜,人们期望能够用数学规范地描述各种金融数据的波动,并进行准确的预测,如果真能如此,那么就可以利用数学而非经验来开展投资,并实现个人资金的收益最大化。标准金融理论就在这样的背景下诞生了。

标准金融理论,即传统金融理论,是在 20 世纪 50 年代和 60 年代以后兴起的。这是一场将理性人假设发挥到极致的革命,一整套关于金融市场上的套利行为、资产组合、资产定价以及期权等理论在这一时期先后产生。其中,比较重要的投资决策理论是约翰·冯·诺依曼(John von Neumann)和奥斯卡·摩根斯坦(Oskar Morgenstern)于 20 世纪 40 年代提出的预期效用函数理论(von Neumann and Morgenstern,1944)。该理论假设所有投资者都是理性的,在面对不同的风险投资选择时,人们会基于预期效用最大化来进行决策。假设某项投资中获得财富 W_i 的概率是 P_i,确定获得 W_i 时所获取的效用为 $U(W_i)$,那么该项投资的预期总效用 $U(W)$ 为:

$$U(W) = \sum_{i=1}^{n} P_i \times U(W_i)$$

什么是风险呢?风险是指在进行某一确定决策时面临的各种不确定结果,

表现为结果的不确定性,上式中若 $n>1$,则该投资为风险投资。风险大小一般用结果的方差或标准差来描述。进一步地,投资者的风险态度可以分为三种:风险规避、风险中性和风险偏好。其中,风险规避是指在预期收益相同的情况下,投资者更偏好风险小的投资选择。风险中性是指在预期收益相同的情况下,不同风险的投资选择所带来的预期效用相同,而风险偏好则与风险规避正好相反。根据预期效用函数理论,如果投资者的风险态度为风险规避,那么效用函数的形状为凹;如果为风险偏好,那么效用函数为凸;如果为风险中性,那么效用函数为直线。在现实中,大部分投资者都是风险规避的,如下例:

现有两种投资组合:

组合 A:以 100% 的概率获得 50;

组合 B:以 50% 的概率获得 100,50% 的概率无收益。

以上两种组合的预期收益均为 50,但组合 A 风险更小。根据经验,大部分投资者都会选择组合 A 而非组合 B,风险规避是他们的特征。因此,凹形的效用函数是最常见的情形。另外,贝叶斯法则是预期效用函数理论的重要补充。当涉及风险即不确定性时,概率的计算尤为关键,利用贝叶斯法则可以从先验概率得到后验概率,对所获得的数据进行数学上的加工处理,并进一步通过树状图求解决策问题。

在预期效用函数理论创立的同一时期,哈里·马科维茨(Markowitz,1959)提出了现代资产组合理论,指出通过建立预期收益和预期风险的关系,投资者可以选择相同预期风险下收益最高的投资组合。该理论由两种风险资产出发,推广到多种风险资产,调整不同资产的投资比重而得到预期收益和风险的曲线,进一步筛选出"有效前沿",最终通过无风险资产坐标点与有效前沿的切线确定市场组合。根据该理论,资产市场存在两种风险——个别风险和市场风险,前者是个别资产所独有的风险,而后者是市场上所有资产都会承担的风险,市场风险无法通过分散投资来冲抵,但个别风险可以。投资者会选择市场组合进行投资,因为该组合是完全分散个别风险的最佳组合。分离原理阐述了投资者在进行投资决策时遵循的两个具体步骤:首先通过有效前沿和无风险资产找出市场组合,再根据个人风险偏好决定无风险资产与风险资产的配置比例。

在资产组合理论的基础上,威廉·夏普(Sharpe,1964)提出了资本资产定价模型(Capital Asset Pricing Model,简称CAPM),该模型详细描述了资产的定价方法,把市场资产的收益率分成两部分:无风险收益部分与风险补偿部分。一种资产的风险补偿部分由市场的风险溢价与该资产同市场组合的收益率波动的相关程度 β 决定。若市场无风险利率为 R_f,市场组合的预期收益率为 $E(R_M)$,某种资产 i 的 β 值为 β_i,根据CAPM模型,该资产的预期收益率为:

$$E(R_i) = R_f + \beta_i \times (E(R_M) - R_f)$$

其后,美国学者斯蒂芬·罗斯(Stephen Ross)又将CAPM拓展,给出了套利定价模型(Arbitrage Pricing Theory,简称APT),该模型认为风险资产价格与多个因素存在近似线性关系(Ross,1976)。接着,尤金·法玛与肯尼思·弗伦奇(Fama and French,1993)利用公司的财务数据进行检验,创立了资产定价的三因子模型,认为股票的收益率与市场组合收益率、公司的市值及公司的账面市值比之间存在显著的线性相关关系。两人于2015年又提出了五因子模型,在三因子模型的基础上加入了公司的盈利能力和投资模式两个指标作为参考因素。至此,风险资产定价理论体系基本形成。

标准金融理论之中,另一重要理论为有效市场假说(Efficient Markets Hypothesis,简称EMH)。尤金·法玛认为,若市场上的价格反映了所有的信息,那么这个市场就是有效的(Fama,1970)。根据定义,有效市场可以分为三个等级:弱有效市场,即价格反映了所有过去的信息;半强有效市场,即价格反映了所有公开的信息;强有效市场,即价格反映所有信息。如果市场是强有效的,任何人都无法利用信息获取超额利润,即无人可以战胜市场。有效市场假说建立在下面三个基础假设之上:第一,所有投资者都是理性的,当新信息出现,每个投资者都会理性地调整他们对股票价格的估计;第二,市场中投资者对理性的偏离是相互独立的,即过度乐观者与过度悲观者同样多;第三,即使上述两个假设条件均不成立,市场上无摩擦的套利行为也会使股票价格回归到其基本价值。许多经济学家都曾对有效市场假说理论进行过论证,结果发现弱有效市场在大部分市场中都得以成立。华尔街投资大师波顿·麦基尔曾用投掷飞镖来形容市场有效性:股票市场的定价如此有效,以致就连蒙着眼睛的大猩猩向《华尔街日报》乱掷一阵飞镖,选出的投资组合也能和专家管理的投资组合获得一样的回报。有效市场假说的提出是标准金融学的一座里程碑,其对市场清晰明确的阐述能够解释金融市场上的大部分现象,为其他后续理论的建立提供了坚实的基础。

上述预期效用函数理论、资产组合理论、资本资产定价模型、有效市场假说,加上公司金融领域由弗兰科·莫迪利安尼(Franco Modigliani)和默顿·米勒于1958年提出的莫迪利安尼-米勒(Modigliani-Miller)定理(简称MM定理),以及金融衍生品领域由费雪·布莱克(Fisher Black)与迈伦·斯科尔斯(Myron Scholes)提出的布莱克-斯科尔斯(Black-Scholes)期权定价模型,这些理论与模型构成了标准金融学的基本理论框架,为解决金融市场的资源配置问题提供了行之有效的手段。

标准金融学试图对金融问题进行完美的、标准化的数理分析。它以理性人假设和市场有效性假设为前提,采用一般均衡理论或者无套利定价理论作为分析范式,对金融市场的运行机制和金融资产的定价原理进行分析。其共同点是,都在不同程度上抛开了现实中的个体差异、摩擦和情感等心理因素,成为冷冰冰的标准化模式。正是这种标准化模式把一些重要的因素忽略掉了。它们通常假设投资者是理性的,根据效用最大化原则进行投资决策,资产的价格是不可预测的,没有人能够持续地获得超额利润,资产的价格反映了所有的信息。然而,在现实市场中的金融问题常常受到不完美、不精确的条件的限制,使理论上的分析变得较为复杂,甚至出现偏误,从而造成标准金融学对现实解释的乏力。

事实上,从构建理论体系的角度来看,对现实市场进行某些抽象和提炼是非常必要的,但是不能将人们的行为过分简化。在标准金融理论发展的初期,这样的假定确实是有利的,但金融学的发展要想取得进一步的突破,就需要对现有的假定进行突破。不能再将人的因素仅仅作为假设排斥在外,而应该将人的行为分析纳入理论分析之中,以更好地指导人们进行正确的决策。

20世纪80年代,标准金融学逐渐受到理论上和现实中的挑战。在理论上,投资者完全理性的假定被动摇;在现实中,一些预测与来自现实市场中的数据相违背,这体现在整体股票市场表现、个体股票收益以及个体投资者的行为等方面,金融市场中越来越多的现象都不能用标准金融理论来解释。

于是,标准金融理论开始受到质疑,从而催生了行为金融学的诞生和发展。

第二节 行为金融学的兴起

维纳·德·邦特(Werner De Bondt)和理查德·塞勒指出,金融学看起来似乎是最不关心人类行为的一门经济学。劳动经济学家探索人们对工作领域与受教育程度的选择,公共财政学关注纳税人对法律修订的反应,甚至在宏观经济学中,对消费与储蓄的分析也从人们的决策出发。然而在金融学中,我们只是简单地坚持:无论人们做什么,他们都做得很正确,正确得让每一位经济学家自豪。人们的行为仿佛一个黑匣子。标准金融学对于投资者形成决策的过程与判断水平的优劣给予了太少关注,其直接后果是人的本性的缺失(De Bondt and Thaler,1994)。

现代金融学具有双重目标:定义最优决策与描述实际决策。而标准金融学因为"理性人"的假说,把两个目标混为一谈。实际上,一个有技巧的金融学家可以把任何现实情况描述为"理性的",尤金·法玛称之为"模型挖掘"。从20世纪80年代发展起来的行为金融学,就是专门针对第二个目标的学说。需要指出的是,标准金融学并非一无是处,它的很多关于完美市场的假说仍然成立,比如人们是自利的,总是希望用最少成本获取最大利益;再比如期权定价模型不仅能正确地为期权定价,还能很好地描述大部分资产的价格。更根本的是,标准金融学指出了"什么是最优"。

约翰·克拉克(John M. Clark)曾指出,经济学家也许试图忽略心理学,但他绝无可能忽略人性本身。如果经济学家试着从心理学家那里借鉴人的定义,他尚有可能保持纯粹的经济学,但是如果不这样做,他不仅无法避免心理学,还不得不创造他自己的心理学,那将会非常糟糕。在金融学中加入心理学的考量,在标准金融学的基础上构建行为金融学的大厦,是为了保持纯粹的经济学而做出的努力(Clark,1918)。值得庆幸的是,行为金融学不是一门无聊的学科,默顿·米勒提到:"行为金融学太有趣了,以至于把我们从无处不在的市场力量中吸引到那边去,而后者是我们原本应该专注的领域。"(Miller,1986)虽然将心理学加入金融学(经济学)的观点在百年前便已有之,但是行为金融学真正的发展历程不过是自20世纪80年代起的短短四十年。学者们通过实验或者对金融市场异象的观察,试图构建起人们"实际决策"的解释框架。但是,因为学科相对年轻,至今也没有一个系统的框架将行为金融学的所有内容涵盖其中。本书对行为金融学科框架的整理也只是一个尝试,旨在帮助读者梳理学科的内在逻辑,以便更好地理解行为金融学的主要内容。

一、什么是行为金融学

行为金融学是行为理论与金融分析相结合的理论体系和研究方法。它主要分析人们的心理、行为以及情绪对金融决策、资产价格以及整体市场发展的影响。一般看来,行为金融学是将心理学、社会学等人文、社会学科的研究成果在金融市场中加以应用。它以心理学上的发现为基础,辅以社会学等社会科学学科的观点,来解释无法被标准金融理论所解释的市场上的各种异常现象。它的兴起与对标准金融理论的否定和纠正密切相关。

作为与金融学、心理学、行为学和社会学等相交叉的边缘学科,行为金融学力图揭示金融市场中的非理性行为和决策规律。行为金融学与认知心理学相结合,把投资的过程看成是一个心理过程,研究人们的思想如何影响其行为,以及人们如何感受、注意、识别、理解和处理信息并做出投资决策,这包括对市场的认知过程、情绪过程和意志过程等。其核心思想在于,资产的价格并不只是由其基本价值决定,在很大程度上还受到投资者主观行为的影响,投资者的心理与行为对资产价格的决定和变化有着重要的影响。

从标准金融学角度来看,行为金融学研究的是在金融市场中有限理性或非理性投资者的"错误"行为。行为金融学是针对标准金融理论的缺陷而提出来的,它不是要取代标准金融学,而是弥补标准金融理论在分析上的不足,对标准金融理论进行修正和补充,使决策研究从"应该怎么做"转变为"实际该怎么做",使之更符合实际情况。具体来说,行为金融学一方面解释了市场中的异常现象,另一方面提出了可以被实践数据所检验的新预测。比如,对标准金融中的一些重要理论,包括资产组合理论、资产定价理论、公司金融理论以及期权定价理论等,行为金融学都给出了自己的诠释。

行为金融学从投资者的行为和心理特征的角度,来分析和解释市场上的某些变化的现象和原理。比如,为什么股价跌了,反而卖的人多买的人少？这是因为人们的从众心理,也被称为羊群行为。大家总是认为大多数人是正确的,既然大多数人都选择了卖出股票,那么他也会卖出股票。再比如,为什么股价上涨时,大家愿意卖出股票获利了结,而股价下跌时,却不愿意卖出?因为大家有一种厌恶损失的心理,不愿意卖出股票接受损失,承认自己的失败,而是抱着将来股价能够涨上去的心理,来麻痹自己。所以,股价的变动在反映公司的基本面变化的同时,也反映了投资者个人预期的改变,也可能两者兼而有之。

与标准金融学一样,行为金融学也依赖一些假设。但是,行为金融学的假设是现实中可以观察到的一些行为,而不像标准金融学中那样是理想化的投资行为。行为金融学模型放松了理性经济人的假设,投资者不能有效地更新他们的信念,或者不能严格地按照预期效用理论来进行决策。标准金融学是建立在投资者应该怎样决策而不是实际如何决策的基础之上的,而行为金融学试图对投资者的一些心理现象进行识别,并加以应用。

迈克尔·鲍皮安(Michael M. Pompian)把行为金融学大致分为两类:微观行为金融学(Behavioral Finance Micro,BFMI)和宏观行为金融学(Behavioral Finance Macro,BFMA)(Pompian,2006)。BFMI 主要研究个体投资者的一些心理学偏差和投资行为及其对市场可能产生的影响。通过识别投资者在资产分配和决策中的心理学偏差以及影响,可以对其进行有效的处理和改善。比如,个体投资者是完全理性的吗?认知或情绪上的偏差会影响投资者行为吗?这些投资心理学和金融市场中的投资者行为,属于微观行为金融学的范畴。BFMA 主要是通过行为金融学的一些模型来考察和解释实际市场中的异常现象。比如,市场是有效的吗?还是受一些行为因素影响?这些是宏观行为金融学的讨论范畴。

二、行为金融学的发展历程

在过去 250 年间,很多著名学者、重要著述都或多或少地涉及行为金融学研究的某些内容,比如行为科学、投资者心理学、认知心理学、行为经济学、实验经济学和认知科学等。这里,我们主要考虑有里程碑意义的事件,这些事件对行为金融学的形成和发展有着重要的作用。概括来说,行为金融学大体上有两个发展历程:早期的经济心理学阶段和现代行为金融学阶段。其中,现代行为金融学又经历了实验经济学、认知心理学和决策理论等阶段。

(一)经济学初遇心理学

从某种意义上看,经济学的产生源于人类获得物质财富的欲望与实践,而这些欲望和实践是需要人来实现的。英国著名经济学家阿尔弗雷德·马歇尔(Alfred Marshall)曾说过,经济学是一门研究财富的学问,同时也是一门研究人的学问。

心理学是一门研究人的心理与行为的科学。经济学的产生既然是始于人类更快、更多地获取物质财富的欲望,而欲望的实现又必然通过人来完成,因此,心理学必将对经济学有着重大的影响,经济学与心理学存在着天然的联系和渊源,两者的结合是必然的发展趋势。而金融学作为经济学王国中最为璀璨的明珠,也需要与心理学结合,来解决现实问题。

1. 郁金香疯狂

只要存在市场,就存在非理性行为。历史上最著名的投资者非理性案例是发生在 16 世纪的郁金香疯狂。1559 年,一个名叫康拉德·桂士勒(Conrad Guestner)的人把郁金香球茎从君士坦丁堡带到了荷兰。郁金香美丽而稀少,很快就备受人们的青睐,并迅速成为荷兰上流社会的身份象征。早期,人们购买郁金香仅仅是出于对其的喜爱和欣赏,或者是为了收藏,但是随着商业和贸易的发展,一些花草交易商和投机者加入进来,他们购买郁金香纯粹是为了获得高额利润。

这种郁金香的购买疯狂逐渐蔓延到中产阶级。人们不惜卖出他们珍视的财产,去购买一根球茎。从表 1.1 郁金香球茎与其他商品价格的对比中,不难看出这种疯狂到了何种程度!更为夸张的是,在一次拍卖会上,一种名为"总督"的球茎竟然拍出了 4203 弗罗林的价格!到 1636 年,随着交易量的大幅上涨,郁金香不得不在当地的交易所中进行交易。而且,交易所必须雇佣专门的公证人来记录交易行为。同时,为了加强对交易的监管,相关的法律和法规也随之出现。

表 1.1　一根郁金香球茎的价格

160 蒲式耳小麦	448 弗罗林
320 蒲式耳黑麦	558 弗罗林
4 头健壮的公牛	480 弗罗林
8 头健壮的野猪	240 弗罗林
12 头健壮的绵羊	120 弗罗林
2 大桶葡萄酒	70 弗罗林
1008 加仑啤酒	32 弗罗林
504 加仑黄油	192 弗罗林
1000 磅乳酪	120 弗罗林
1 张床	100 弗罗林
1 套正式服装	80 弗罗林
1 套银质酒杯	60 弗罗林
总计（1 根郁金香球茎）	2500 弗罗林

注：蒲式耳为计量单位,1 蒲式耳等于 8 加仑。
资料来源：Ackert and Deaves (2010)。

可是不久之后,一些投机商开始卖出郁金香,其价格逐渐下跌,然后迅速下降。不到一个月的时间里,郁金香价格就下跌了 90%！很多买卖合同和票据无法兑现,无法偿还贷款又背负债务的达到 3000 多人,市场出现恐慌的情绪,甚至导致荷兰的很多城市陷入混乱,造成了巨大的经济损失。多年以后,荷兰才逐渐从郁金香崩盘的大萧条中恢复过来。

现在回想,郁金香疯狂显然是非理性行为导致的投机性泡沫。那么,当时人们为什么购买如此昂贵的郁金香球茎？他们是怎样想的？我们不得而知。最可能的猜测是,一个人购买定价过高的资产,是因为他相信将来会以更高的价格卖出资产。这与"更愚蠢人理论"相吻合,也就是说,如果你是愚蠢的,那么一定还有比你更愚蠢的人,愿意支付更高的价格来购买这种资产。试想一下,郁金香泡沫的产生和破灭,是否与美国 1929 年和 2000 年的股票市场情形相似呢？

2. 古典经济学下的发展

尽管伴随着市场的存在,非理性行为无处不在,然而,直到 18 世纪中期,古典经济学的兴起才使经济学开始从人的角度来研究决策过程,这奠定了行为金融学的研究基础。这一时期,效用的概念被首次提出,以用来衡量消费某一商品和服务所带来的满足感。值得注意的是,这时的效用与人们的心理甚至道德是密不可分的。但是后来,到新古典经济学时期,效用就主要依赖于供给和需求了。

著名经济学家亚当·斯密在1776年发表了经济学巨著《国富论》,阐述了财富的起源及其产生和增长的条件。事实上,斯密的突出成就还在于对人类心理学的研究。他在《道德情操论》中研究了人们的心理原则,其中涉及神学、伦理学、法律、政治学和经济学。他从人类的情感和同情心出发,讨论了善恶、美丑、正义、责任等概念,以及进行经济决策时的心理因素。他从来不认为人们的行为是完全理性的,是可以用数学来模拟的。"看不见的手"既可以指导经济行为,也可以指导社会行为。

英国功利主义哲学家、对效用理论有着巨大贡献的经济学家杰里米·边沁(Jeremy Bentham)对效用中的心理因素进行了深入的研究和探讨。他认为,效用的根本在于可以增进或者减少人们的福利,这是可以用人们的苦乐感觉来衡量的。人们行为的动机是追求幸福和避免痛苦。追求效用最大化就是追求幸福的最大化。尽管他的理论显得有些极端,但是其对幸福和痛苦进行成本收益计算的思想方法,却是影响深远的。

然而,随着20世纪初新古典经济学革命的开始,同质经济的假设成为主流经济学的研究基础,对人的心理分析逐渐淡出了经济学家的视野。虽然斯密、边沁等经济学家认识到经济决策中的心理因素,但是在19世纪,新古典经济学一直占据着主导地位,心理因素被忽视了。英国经济学家杰文斯(William S. Jevons)于1871年发表了《政治经济学理论》,奥地利经济学家门格尔(Carl Menger)于1871年发表了《国民经济学原理》,法裔瑞士经济学家瓦尔拉斯于1874年发表了《纯粹政治经济学要义》,奠定了新古典经济学的框架。他们认为,经济学是建立在一系列假定之上的一种量化科学。它主要研究如何在各种竞争力量之间对稀缺资源进行分配。在理性经济人或同质经济的假定下,人们可以利用完全的信息使预期效用实现最大化,并做出理性的经济决策。新古典经济学的主要特点是以边际效用理论为基础,运用数学方法研究、论证和表述经济现象的规律,是边际效用理论和数学方法相结合的经济学流派。

3. 经济心理学的催化

经济心理学的研究可以追溯到 1841 年查尔斯·麦凯(Charles Mackay)的著作《非同寻常的大众幻想和群众性疯癫》和 1895 年法国社会心理学家古斯塔夫·勒庞(Gustave Le Bon)的《乌合之众:大众心理研究》。麦凯的著作被认为是研究市场群体行为的经典著作。这本书讲述了金融市场中各种泡沫的产生、发展、破灭及其给人们带来的恐慌和无奈。书中考察了包括投机行为在内的市场上的脱离理智的行为,探讨了群体的病态心理现象,并对经典案例"郁金香疯狂"做了详细的描述。他发现人们在群体中会变得疯狂,且只能缓慢地、一个接一个地逐渐恢复正常。古斯塔夫·勒庞在书中对群体行为进行了详细的心理学分析,阐释了群体的心理特征,包括感知、道德、观点、逻辑、想象以及宗教等。他认为即便是理性的个体,一旦聚集到一起,群体的行为就会变得盲目。一些学者认为,对群体非理性行为的考察开启了行为金融学研究的先河。在上述研究的基础之上,法国社会学家让·加布里埃尔·塔尔德(Jean Gabriel Tarde)的著作《经济心理学》构成了经济心理学的基础。1913 年,美国心理学家、行为主义心理学创始人约翰·华生(John B. Watson)在《心理学评论》杂志上发表《行为主义者心目中的心理学》,宣告了行为主义心理学的诞生(Watson,1913)。

值得一提的是,英国著名经济学家约翰·梅纳德·凯恩斯(John Maynard Keynes)也强调,心理因素影响着投资者处理信息和投资管理的过程(Keynes,1936)。理论上看,股票价值取决于长期的未来收益,但在不确定情况下进行长期预期是非常困难和不准确的,所以投资者应该进行短期预期。同时,投资者是非理性的,在股票交易中充满了"动物精神",而投资者的心理预期决定了股市交易的最终价格。凯恩斯最早提出股市的"选美竞赛理论""乐队车效应"和"空中楼阁理论"。比如,在选美竞赛中,人们需要从 100 张照片中选择出自己认为最漂亮的 6 张,选中有奖,而哪张最漂亮是由最高票数决定的。试想一下,你会怎样选择呢?理性的决策应该是:你不应该选择自己认为最漂亮的人,而应该选择其他人认为最漂亮的人,这样才能使自己获胜。事实上,金融投资就如同选美竞赛,人们应该去猜测其他人会投资哪一只股票。如果大家都投资这只股票,就会推动股价上涨并带来收益。一旦选出大家心目中的优秀股票,自己就会获利。"空中楼阁理论"是指股票价格是由投资者心理而不是基本价值决定的。研究资产的基本价值是毫无意义的,投资者心理就像空中楼阁一样虚无缥缈和难以把握。人们在购买股票时,不应该仅仅关注股票的基本价值,还应该关注是否有人愿意进行投机性购买,以更高的价格从自己的手中买股票。"乐车队效应"是指投资者基于"动物精神"而产生的从众行为,也称羊群行为。

到 1942 年,经济心理学得到了长足的发展。法国经济学家皮埃尔-路易·雷诺(Pierre-Louis Reynaud)的《政治经济学与实验经济学》是第一部将经济学和心理学有机结合的系统性著作,接着他又出版了《经济心理学》《简明经济心理学》等。此后,经济心理学得到了蓬勃发展,为此后行为金融学的发展打下了心理学基础。在匈牙利出生的美国心理学家乔治·卡托纳(George Katona)是第一位积极宣扬要将经济学和心理学结合起来的学者。他将心理学应用于宏观经济分析,创建了密歇根消费者信心指数,并利用该指数成功地预测了美国战后经济的繁荣,而当时其他经济学家用传统经济指标错误地预测为经济衰退。乔治·卡托纳的著作《心理经济学》后来发展成为现代行为经济学的基础。许多现代经济学流派也开始尝试将心理研究作为分析方法,重新审视经济学各个分支,这极大地推动了行为金融学的诞生和发展。

(二)现代行为金融学

与标准金融学不同,行为金融学产生于与人们的心理、偏好和决策等相关的其他学科,这些学科的理论成果成为行为金融学的重要理论支持,这包括情感心理学、实验经济学、认知心理学、社会心理学和决策理论等。从情感心理学的角度来看,人们的思维与判断经常系统性地偏离理性,这种偏离主要表现为过度自信、保守主义和厌恶模糊等。从社会心理学的角度来看,社会环境的不同,容易使得身处其中的人受到不同的偏差约束,进而在决策时也受到不同的影响。另外,虽然每个群体内的个人行为特征可能不会存在明显差异,但是不同群体之间的行为特征却会存在显著的差异。下面我们主要介绍实验经济学、认知心理学和决策理论等的影响。

1. 实验经济学的研究方法

20 世纪早期,经济分析中的心理因素一直被新古典经济学所排斥。20

世纪30年代以来,实验经济学的兴起给行为经济学带来了契机。实验经济学通过实验室研究方法考察人们的决策过程,对理性经济的假定提出了质疑。其中一些重要的实验给现代行为金融学的发展带来了启发。

这个时期的实验经济学对人们现实中的决策进行模拟分析,以对新古典经济理论的适用性进行评估。比如,1931年路易斯·瑟斯顿(Louis L. Thurstone)模拟了消费者真实的无差异曲线。受试者需要在一些假想的商品组合中进行选择,例如帽子和大衣、帽子和鞋子以及鞋子和大衣等(Roth,1993)。斯蒂芬·罗西斯(Stephen W. Rousseas)和阿尔伯特·哈特(Albert G. Hart)也做了类似的实验,受试者需要在一些早餐组合中进行选择,用来模拟现实的无差异曲线。1951年弗雷德里克·摩斯特勒(Frederick Mosteller)和菲利普·纽吉(Phillip Nogee)通过实验的方法构造出效用曲线,对预期效用理论进行检验,考察在不同收益分布的情况下,受试者接受给定赌博的倾向。尽管这些实验的结果并不是很完美,但基本上与现实相符(Roth,1993)。

随着实验经济学的发展,与标准金融学下预期效用理论相背离的现象不断被发现。其中,最著名的是由1988年诺贝尔经济学奖获得者莫里斯·阿莱(Maurice Allais)提出的"阿莱悖论"(Allais,1953)。"阿莱悖论"是指人们在具有风险和不确定情形下的决策与预期效用理论的预测不一致。

考虑下面的例子。假设面临下面两个决策:在第一个决策中,人们需要在A和B之间进行选择;在第二个决策中,需要在C和D之间选择。

A. 确定性获得1亿法郎;

B. 0.1的概率获得5亿法郎;0.89的概率获得1亿法郎;0.01的概率获得0;

C. 0.11的概率获得1亿法郎;0.89的概率获得0;

D. 0.1的概率获得5亿法郎;0.9的概率获得0。

在实验中,大部分人们认为A优于B,D优于C。但是根据预期效用理论,如果A优于B,那么C应该优于D。阿莱发现,如果将类似的决策放到现实生活中,悖论也是存在的。

20世纪60年代,实验经济学得到了蓬勃发展,相关的文献也大幅增加。

布鲁尔(Burrell,1951)首次用实验的方法将量化的投资模型与人们的行为特征结合起来,探讨了将对人们行为的研究与实验方法相结合的可能性。这些重要的研究方法,为研究人们的经济决策注入了新鲜的成分,得到了越来越多的经济学家的关注。与此同时,两门相关学科——认知心理学和决策理论的兴起,也为行为金融学的兴起带来了契机。这些学者运用实验经济学的理念,推动了现代行为金融学的发展。

2. 认知心理学的历史渊源

认知心理学是20世纪50年代中期在西方兴起的一种心理学思潮,它主要研究人类行为基础的心理机制,主要是认知过程,例如注意、知觉、记忆、思维等。认知心理学(Cognitive Psychology)这个名词来自于1967年尤伊·奈瑟尔(Ulric Neisser)的书名《认知心理学》(*Cognitive Psychology*)。1958年唐纳德·布罗德本特(Donald Broadbent)的著作《知觉与通讯》为认知心理学的发展指明了方向。此后,认知心理学研究的重点便是布罗德本特指出的认知的信息处理模式。其主流是以信息加工的观点来研究认知过程,将人看作是一个信息加工的系统,这包括信息的输入、表达、计算处理以及信息输出等过程。

后来,行为金融学的代表人物丹尼尔·卡尼曼和阿莫斯·特沃斯基(Amos Tversky)基于认知心理学的研究,考察了在不确定情况下进行决策时人们的心智处理过程,从而创立了展望理论,成为行为金融学的重要理论基础之一。

人们的决策过程实际上就是一种偏好选择的过程。这一过程涉及人们信念的形成与改变、基于已有信念的判断和根据自身偏好做出的决策,这都与人们的认知心理密切相关。很多学者认为,认知心理学是行为金融学最直接的历史渊源。认知心理学对行为金融学的影响主要表现在下面三个方面。第一,认知方式。一般情况下,人们很难获得所有的信息,也无法对可获得的所有信息进行全面的分析和判断。因此,人们的决策过程常常采取启发式的认知过程,将复杂的问题变得简单化。启发式的认知过程包括代表性法则、可获得性偏差和锚定效应等。第二,认知偏差。在以上认知方式下,容易出现不同种类和不同程度的认知偏差,包括证实性偏差、框架依赖和阿Q精神等。比如,人们的信念会受前期行动成功与否的影响。当行动成功时,人们会向上修正信念,进而加强对自我决策正确性的自信;当行动

失败时,人们会向下修正信念,降低后悔带来的损失,这可以看作是一种自我安慰。第三,认知目标。对认知目标的考察包括展望理论和心理账户。我们将在后面的章节中进行具体的介绍。

3. 决策理论的影响

生活中,人们常常面临成千上万个决策。有些决策是显而易见的,其结果也不是非常重要。但是在有些时候,尤其是面临很多选择时,人们往往看不清正确的选择,但是其决策会对个人生活产生重大影响。这种情况下,人们就需要花费一些时间和精力,对各种可能性进行系统的分析,在多种可能中进行选择和决策,这就诞生了决策理论。一般观点认为,在完美的世界里,各种可能情况发生后的结果如何,主要取决于未来的不确定性。然而,如何在不确定情况下进行决策,却是人们面临的一个难题。学者们发现,人们应该遵循下面几个步骤。第一步,列出各种可能的选择,这些选择是借助信息、实验或行为能够具体实施的选择。第二步,列出可能发生的事件。第三步,列出相关的信息和假定。第四步,对选择后可能得到的结果进行排序。第五步,分析各种不确定情况发生的概率。

然而在现实中,人们很难严格地遵循上面的步骤,很难对所有问题进行系统性描述,很难记录所有的数据,并通过处理信息来进行完美的决策。相反,人们倾向于根据自己的经验和判断,做出主观的非理性决策。

霍华德·雷法(Howard Raiffa)指出,人们的决策过程存在三种方法(Raiffa,1986)。第一,标准分析。这是完全理性的解决方案,是与现实决策相近的理想状态。第二,描述分析。这是描述人们实际做决策的过程。第三,规范分析。这是为了使人们的决策达到标准分析中的状态所需要的现实建议和手段。雷法的研究为微观行为金融学的一些重要研究奠定了基础。与此同时,当时还不是很有名气的丹尼尔·卡尼曼与阿莫斯·特沃斯基也对不确定情况下的决策进行了深入的分析。他们于1974年在《科学》杂志上发表了题为《不确定情况下的判断:直觉和偏差》的文章,探讨了不确定情况下的直觉驱动偏差(Tversky and Kahneman,1974)。该文指出,人们在进行决策时,会依赖三条启发性法则,将复杂问题简化为可以直接判断的简单问题。这三条法则分别是代表性启发法、获得性启发法和锚定-调整启发法,分别导致代表性偏差、获得性偏差和锚定效应等认知偏差。1979年卡尼曼和特沃斯基发表了具有里程碑意义的论文《展望理论：一项风险条件下的决策分析》(Kahnaman and Tversky, 1979)。展望理论通过大量的实验和对效用函数的运用，发现人们在不确定性下的决策分为两个阶段：编辑阶段和估值阶段。1982 年他们出版了重要的著作《不确定性下的判断：启发性思维和偏差》，对其思想进行了总结，行为金融学的理论框架开始形成(Kahneman, Slovic and Tversky, 1982)。1998 年，卡尼曼和马克·瑞普(Mark Riepe)发表了题为《投资者心理学：投资分析师应该掌握的信念、偏好和偏差》的论文，首次将决策理论和投资分析结合起来(Kahneman and Riepe, 1998)。基于雷法的决策理论，卡尼曼和瑞普把人们的行为偏差分为三大类，对每一类偏差进行了描述。第一类是判断上的偏差，包括过度自信、反应过度和乐观主义等。第二类是偏好上的错误，包括框架效应、概率函数的非线性、参考点的选择等。第三类是对结果的感知，包括损失规避和后悔厌恶等。这篇论文的重要性在于使投资分析师认识到，应该从人性的视角对投资者的心理和行为加以把握，以更好地指导投资行为。

但在当时，行为金融学并没有得到应有的重视，这可能有两方面的原因。第一，多数学者认为，标准金融理论体系已经比较完美，对大量的金融现象能够做出合乎逻辑的解释。第二，人们普遍认为心理、情绪等因素对金融研究是微不足道的和不科学的。

4. 行为金融学发展的新阶段

20 世纪 50 年代，哈里·马科维茨提出现代资产组合理论以来，标准金融理论的体系逐渐得到确立，金融理论界普遍崇尚数学分析方法，行为金融学的发展经历了一段低潮时期。到了 20 世纪 70 年代和 80 年代，行为金融学逐渐吸引了金融学界的关注，并正式兴起。这主要是因为：① 标准金融理论体系虽然逻辑严密，但实证证据不尽理想。随着标准金融学的理论基础之一——市场有效性——不断受到理论上和实践上的挑战，市场中的异常现象被不断发现，行为金融学对这些现象进行了解释。② 卡尼曼和特沃斯基提出的展望理论在这一时期得到了越来越广泛的认可和证实，为行为金融学的研究奠定了基础。③ 会计理论研究者在心理因素对财务决策的影响上做了广泛深入的研究。④ 博弈论的发展使标准金融学开始重视个体和群体行为的研究，并开始质疑同质经济假设，这些都为行为金融学的兴起奠定了基础。

1985年维纳·德·邦特和理查德·塞勒合作发表了文章《股票市场过度反应了吗?》,指出投资者往往对意想不到的新信息反应过度,这与经典的理性人假设相悖(De Bondt and Thaler,1985)。一些学者视他们的研究为现代行为金融研究的正式开端,随后相关研究蓬勃开展起来。同年,赫什·舍夫林(Hersh Shefrin)和迈尔·斯塔特曼(Meir Statman)对股票市场中的个人投资者行为进行了研究,标志着行为金融学发展的新阶段(Shefrin and Statman,1985)。

20世纪90年代以后,行为金融学家将研究重点从对市场有效性的质疑转向对金融市场造成影响的心理分析上,开始从个体决策的心理过程等方面来解释一些异常现象,并开始重视投资者心理对投资决策和资产定价的影响。1994年,赫什·舍夫林和迈尔·斯塔特曼提出了行为资产定价模型(Shefrin and Statman,1994),2000年他们又提出了行为资产组合理论(Shefrin and Statman,2000)。在行为资产定价模型中,有两类投资者:噪声交易者和信息交易者。信息交易者是理性的,不存在心理上的认知偏差,而噪声交易者会犯各种认知偏差类的错误。这两类交易者共同影响资产价格。行为资产组合理论认为,投资者实际构建的资产组合是基于不同的投资目标和对不同资产风险程度的认知所组成的一种金字塔式的行为组合。位于金字塔各层的资产都与特定的目标和风险认知相联系,而各层之间的相关性却被忽略了,由此人们会采取既买保险又买彩票的看似矛盾的行为。

其他的理论模型包括尼古拉斯·巴伯瑞斯(Nicholas Barberis)、安德烈·施莱弗(Andrei Shleifer)和罗伯特·维什尼(Robert Vishny)提出的BSV模型,肯特·丹尼尔(Kent Daniel)、大卫·赫什莱佛(David Hirshleifer)和阿瓦尼德哈·苏布拉马尼亚姆(Avanidhar Subrahmanyam)提出的DHS模型,以及统一理论模型。其中,在解释市场行为方面,影响最大的是DHS模型和BSV模型。前者将投资者分为有信息投资者和无信息投资者,并以此为出发点进行分析。后者认为投资者的收益有两种模式:均值回归和长期逆转。虽然这两个模型建立在不同的行为基础之上,但它们的结论是相近的,都认为投资者的行为会导致股市的过度波动。此外,理查德·塞勒研究了投资者的心理账户和股票收益率的时间序列问题;罗伯特·希勒研究了股市的非理性繁荣、羊群效应、投机价格和股价异常波动等问题；赫什·舍夫林研究了处置效应、行为资产定价理论和行为公司金融等问题；安德烈·施莱弗研究了市场的非有效性等问题。

除了以上的理论和实证研究，这一时期行为金融学方面的重要著作得以出版。2000年赫什·舍夫林出版了《超越恐惧和贪婪：行为金融学与投资心理诠释》，这是行为金融领域第一部综合性著作。同年，安德烈·施莱弗出版了《并非有效的市场：行为金融学导论》，以一种全新的理论分析方法对行为金融学进行了介绍。1999年瑞士著名的投资人拉斯·特维德（Lars Tvede）出版了《金融心理学：掌握市场波动的真谛》。同年，《金融分析师期刊》的最后一期专辑讨论了行为金融理论。

20世纪90年代至今，行为金融学的理论研究达到了前所未有的高度，涌现出大量的理论模型和应用体系。越来越多的人开始关注行为金融学，注意到行为金融学对于投资决策和公司财务的重要作用，行为金融学终于迎来了黄金时代，拥有了广阔的发展前景。正如2013年诺贝尔经济学奖获得者罗伯特·希勒在《从有效市场理论到行为金融学》中所言（Shiller，2002）：

> 20世纪90年代，学术讨论的焦点逐渐从对价格、股息和现金流的时间序列分析转移到对投资者行为的心理学模型的建立之上。行为金融学诞生了。研究者们受够了市场上的种种异常现象，早已不再满足于传统理论模型对市场波动苍白无力的解释。对整体市场的一系列研究……正在酝酿着金融学界的一场革命。

2008年美国次贷危机发生后，行为金融学在"后危机时代"解释宏观经济方面做了开创性的研究，提出了众多基于行为偏差理论的金融监管新理念，逐渐引起学者和政府的重视。这包括罗伯特·希勒、赫什·舍夫林、保罗·克鲁格曼（Paul R. Krugman）和米歇尔·弗拉蒂亚尼（Michele Fratianni）等人的研究（Shiller，2008a，2008b，2012；Shefrin，2008；Krugman，2009；Fratianni，2008）。其中，罗伯特·希勒指出金融危机爆发后的心理传染容易引发严重的正反馈效应，导致金融危机迅速蔓延并波及实体经济，进而引发全面的金融危机（Shiller，2008a）。雷蒙德·布雷西亚（Raymond Brescia）指出，美国次贷危机的实质是人们失去对金融机构的信任，政府的首要任务是重建对整个金融体系的信心;在制定监管政策时,应该更多地考虑行为因素(Brescia,2009)。大卫·赫什莱佛(David Hirshleifer)和张秀虹(Siew Hong Teoh)等人制订了桑斯坦"助推"计划,设计出"心理导向的金融监管理论"(Hirshleifer and Teoh,2009)。根据人们心理的偏差及产生的影响,政策可以分为两类。第一类是"好的政策,不好的使用者",意味着政策是正确的,但是由于受到各种认知偏差和处理能力有限等因素的影响,人们对政策的使用是错误的。第二类是"不好的政策",意味着政策本身是错误的,因为政策制定者也会受到各种认知偏差的影响。针对第一类政策,政府需要制定出相应的政策,引导使用者更好地理解和判断。针对第二类政策,政府需要反思在制定政策时自身心理偏差的影响。

2002年,诺贝尔经济学奖颁给了行为金融学的奠基人之一的丹尼尔·卡尼曼和"实验经济学之父"弗农·史密斯。2013年和2017年,诺贝尔经济学奖分别颁给了为行为金融理论发展做出重大贡献的罗伯特·希勒和理查德·塞勒,这充分说明了主流经济学界对行为金融学的认可,同时也彰显了行为金融学在未来学科发展中不可忽视的地位。

(三)行为金融学发展的历史逻辑

任何一门学科的发展都是一个特定的历史过程。行为金融学的兴起和发展具有很强的内在逻辑关系,也有着广泛的学科基础。它既是众多学科学术思想发展的结果,也是不同阶段社会思想和现实生活在学术研究中的反映。借鉴历史的分析方法,从纵向看,大部分学科的兴起,其背后都隐藏着必然的历史发展逻辑;从横向看,学科的兴起也会受到同时代其他思潮和学科的影响。横向和纵向共同发挥作用,形成共振,才能奏出完美的历史和弦。

从纵向看,行为金融学的产生和发展是对前期研究的调整和回顾,更是经济学和金融学发展的必然结果。在古典时期,经济学被纳入哲学范畴,是对经济和社会生活的抽象和归纳,其中充满了对人性和人类行为的观察和反思。随着生产力和经济的发展,人性逐渐得到解放,而数理方法的引入却使经济学开始偏向了另一个极端。过度抽象、完全理性假定、对数理模型的过分痴迷,使经济学和现实生活之间的距离越来越远。正如历史是螺旋式向前发展,学科的发展也往往是在两个极端之间徘徊前进。当对理性的强调过多时,对理性的反思也逐步浮现,这就催生了行为金融学。

从横向看,行为金融学的产生和发展与第二次世界大战后人文主义精神的回归是密切相关的。近现代以来特别是第二次世界大战之后,西方社会对战争和独裁的反思使整个社会特别是学术界重新重视人本主义精神,这在哲学、心理学、社会学、人类学和历史学等学科中都得到了体现。在经济学领域,个人的主体能动性和个体对市场的影响力开始受到充分的重视。

行为金融学的发展建立在多学科的共同发展之上,是与整体社会科学研究的发展相适应的。交叉学科逐渐成为普遍趋势,各个学科之间的相互推动和补充,使得社会科学和自然科学的研究都有了质的飞跃。20世纪50年代认知心理学的兴起、20世纪60年代实验经济学的发展、20世纪70年代对理性预期和信息不对称等问题的关注,这些都对行为金融学的发展起着重要的推动作用。

另外,行为金融学的发展与经济社会和金融市场的发展同样是紧密相关的。一门学科的发展必然来自于现实的驱动。金融学是一门与金融市场紧密相连的学科,金融理论的发展必然来自于金融市场的推动。自从亚当·斯密以来,人们一直论证着市场这只"看不见的手"的神奇功能。20世纪30年代的经济大萧条,使自发调节资源配置的市场机制备受责难,倡导政府干预的凯恩斯主义开始登上历史舞台,而20世纪70年代的经济危机和"滞胀"又使凯恩斯主义陷入困境,主张发挥市场机制的理性预期主义和市场有效性理论得以盛行。20世纪80年代后期,随着大量与市场有效性相违背的事实逐渐被发现,人们开始对市场有效性提出了质疑。20世纪末,美国股市在经历了长期繁荣后遭遇了互联网泡沫破灭的打击。越是危机时刻,越是催生理论的发展,也越是检验理论的好时机。这一时期,行为金融学开始走向欣欣向荣的发展新阶段。

第三节 行为金融学与标准金融学的争鸣

标准金融学有两个经典的前提假设:理性人和有效市场。理性人假设认为人们都是完全理性且追逐利润的,所有行为的目的是使自己的利润或效用达到最大化。有效市场假设认为,市场能够充分利用所有可以获得的信息,并将其充分地反映到价格中去,不存在无风险的套利机会。然而,在实际市场中存在很多违背这两个假设的异常现象。越来越多的学者开始从新的视角来审视金融市场中的问题,逐渐构建起行为金融学的框架。行为金融学对这两个假设提出了质疑:市场中的人真是完全理性的吗?市场是有效的吗?行为金融学与标准金融学的两个本质区别是关于理性人假设和有效市场假设的争论。

一、关于理性人假设

行为金融学与标准金融学的第一个本质区别是理性经济人假设与非理性或有限理性经济人假设。在标准金融学中,投资者是一个完全意义上的经济人,无论在何种情况下,都可以理性地进行成本和收益分析,并做出使自己效用实现最大化的决策。源于新古典经济学,标准金融学沿用了同质经济的概念。同质经济是研究人们经济行为的一种简单模型。它假设完全利己的投资者利用完全信息,进行完美的理性的决策,以实现效用的最大化。具体来说,人们的决策遵循三个原则:完全理性、完全利己性和完全信息。当然,同质经济假设是存在一些好处的。它一方面使经济分析变得简单,另一方面便于经济学家进行量化分析。

行为金融学对以上三个原则提出了质疑,对同质经济的假设形成了挑战。首先,人类的行为并非完全理性。想一想,你做的每一项决策都是认真思考后的理性选择吗?理性并不是人类行为的唯一驱动力。心理学家发现,人们的思维能力从属于情感力。相对于缜密的思维能力,人们的行为更多地受恐惧、喜爱、憎恨、高兴等主观冲动的影响。理性也不是完全绝对的。人们更可能表现为既不是完全理性,也不是完全非理性,而是表现为两者的结合,即有限理性。

其次,并非完全利己性。如果人们是完全利己的,那么我们就看不到赈灾捐款、义务搜救、无偿献血,没有人愿意去做志愿者,也没有人愿意去做慈善事业。从另一角度来看,完全利己性也使人们排斥自毁健康甚至自残的行为,例如酗酒、纵欲和自杀等。很显然,完全利己在现实中是难以长期存在的。

最后，并非完全信息。可能你会认为，有些人拥有完全的或者接近完全的信息。但这只会发生在特定情况或特定的人身上，例如内部投资者等。这并不意味着每个人都能够在每件事情上掌握完全信息。尤其在金融市场中，存在着大量的信息，即使是最成功的投资者都不可能掌握所有的信息。比如，经济理论告诉我们，人们的消费行为应该受中央银行的货币政策的影响。那么，现实中是怎样呢？我们承认，确实存在一些投资者，他们洞悉央行的货币政策，能够对所掌握的信息进行分析并加以利用，但是也存在相当多的投资者，他们并不关心货币政策的变化，或者根本不知道中央银行是什么。所有投资者都拥有完全信息的假设，在现实中是不成立的。

二、关于有效市场理论

第二个本质区别是有效市场假设与非有效市场假设。尤金·法玛首次提出了有效市场假说，他将有效市场定义为："在一个存在大量互相竞争、尽量实现利润最大化的理性玩家的市场中，每一个玩家都尝试预测个别证券的未来市场价值，任何重要的即时信息基本上都可以免费获得……有效市场内的竞争会令新信息对基本价值的影响立刻在价格上反映出来。"(Fama，1965)根据有效市场假说，市场是无所不能的。在由很多掌握信息的投资者构成的金融市场中，资产价格应该反映所有可以利用的信息。股票价格只对新的信息做出上涨和下跌的反应。同时，由于新信息是不可预测的，随着新信息而发生变化的股价也应该是不可预测的，股价应该遵循随机游走的规律。因此，投资者不可能利用已掌握的信息、凭借自己的分析持续性地获得高于市场的超额利润。20世纪70年代，有效市场理论被学术界和市场专业人士广泛接受。

市场有效性是建立在下述三个理论基础之上的。第一，投资者是理性的。投资者可以理性、正确地估算出资产的基本价值。基本价值是对相应的风险进行调整后未来预期现金流的净现值。一旦市场上出现相关资产基本价值的信息，投资者会迅速做出正确的反应，使得价格总是与基本价值保持一致。在无摩擦、无交易成本的市场中，投资者不能从基于信息的交易中获取超额利润。第二，即使存在非理性的投资者，只要他们的交易是随机的和不相关的，就可以相互抵消，故不会对价格产生影响。比如，市场中有一半的投资者表现得过分乐观,另一半投资者过分悲观,他们的交易行为就可以相互抵消,于是资产价格还是等于基本价值。第三,套利行为是有效的。也就是说,即使非理性投资者的交易是彼此相关的,且不能相互抵消,但是,只要市场上存在理性的套利者,就会消除非理性对价格的影响,最终价格还是能回到基本价值,市场还是有效的。如果市场上的某只股票,受入市不深或非理性投资者的抢购哄抬,价格高出基本价值,那么理性的投资者或套利者就会卖出或者卖空这种高价股票,同时买进本质相同或相似的其他股票进行风险对冲,进而被高估的股票价格会回到其基本价值。如果市场是充分竞争的话,股票的价格就不可能大幅度地偏离其基本价值。

考虑这样一个例子。假设每股福特公司股票的基本价值是 20 美元。市场上出现一些非理性投资者,他们对福特公司的前景过于悲观并大量卖出股票,使得股票的价格跌至 15 美元。这时理性的投资者即套利者会立刻出现,利用这种有利可图的获利机会,以 15 美元的价格买入福特公司的股票;同时,为了对冲风险,卖出通用公司股票,因为他们发现通用股票是福特股票的完全替代品。通用股票具有与福特股票一样的基本价值,即 20 美元。这样,套利者通过买入较便宜的股票,卖出较昂贵的完全替代品股票,就可以在规避风险的情况下获得超额利润。在这个过程中,买方压力将迫使福特公司的股票回归到基本价值 20 美元。因此,套利行为的有效性使得资产价格基本上等于基本价值,保证了市场的有效性。进一步地,在有效市场中,金融资产的价格是由理性投资者决定的,非理性投资者的行为是微不足道的。理性交易者的套利行为是促使市场价格回到基本价值的主要力量。在一个有效的市场中,无论是机构还是个人投资者,都不可能长期战胜市场。

(一) 理论上的挑战

然而,从 20 世纪 80 年代起,市场有效性就开始面临着理论和实证上的挑战,由此催生了行为金融学。从理论上看,针对市场有效性的理论基础,行为金融学分别对其提出了挑战。

第一,理性经济人假设很难成立。现实中,投资者对理性人假设的偏离是系统性的且广泛存在的,这主要体现在对风险的态度、非贝叶斯预期以及决策对情境的敏感度等方面。

首先,投资者并不是根据冯·诺依曼-摩根斯坦理性(von Neumann-Morgenstern Rationality)即预期效用理论来对风险进行评估的。长期以来,预期效用理论作为解释人们在不确定情形下的行为和选择的标准化模型,早已被主流经济学界接纳和推崇。但是随着时间的推移,一些学者开始质疑这一模型是否能够完全真实地描述人们的决策行为,并证实了预期效用理论的局限性。研究发现,人们并不总是关注财富的最终水平,而是更多地关注相对于某个参考点的收益或者损失,而这一参考点又是随着环境变化而发生变化的。比如,你花 20 美元买了福特公司的股票,现在股价涨到 25 美元。这时,你更关注的是获得了 5 美元的收益,而不是 25 美元的最终财富。人们倾向于把购买价格当作参考价格,估算相对于参考点的收益或损失。另外,在对风险进行评估时,投资者还会表现出明显的损失规避、代表性偏误和锚定效应等倾向。针对这些特征,丹尼尔·卡尼曼和阿莫斯·特沃斯基提出了展望理论,这是对预期效用理论的替代,可用于解释人们对保险和彩票的偏好、处置效应以及股权溢价之谜等(Kahneman and Tversky,1979)。其次,在不确定的情况下进行预测时,投资者经常系统性地偏离贝叶斯法则等概率论中的基本原则。投资者容易过分关注过去的历史数据,并以此对未来进行预测。而事实上,这些数据只是偶然,并不具有代表性,也不符合理论模型的要求。比如,如果投资者过分关注最近发生的短暂的收益增长的数据,就会表现得过于乐观,认为短暂的增长代表长期的趋势,从而推高股票价格。但是,这最终会降低未来的收益率,因为过去的快速增长率最终会回归到正常水平,股票价格也会相应地调整到其基本价值的水平。最后,投资者的决策经常会受到问题的呈现方式或者说对问题的理解方式的影响。如果投资者观察到长期来看投资股票能够获得较高的收益率,而不是过于关注短期股价的剧烈波动的话,就会把更多的资产投资于股票,而不是债券。

第二,投资者对理性的偏离并不是随机的,而是系统性的,且不能相互抵消。现实中,非理性常常是同一方向或者是在同一时间存在的,出于社会性和模仿性,投资者很可能同时买入或者卖出股票,导致这些交易是高度相关的,而且是不能抵消的。而噪声交易者的"听从流言"或"跟风"的行为则进一步加剧了这种偏离,并通过正反馈机制被放大,会对股票市场造成重大的影响。

第三,现实中的套利行为不仅是有限的,还是有风险的,不能充分发挥消除非理性的影响的作用。在噪声交易者的作用下,股票价格显著上涨。噪声交易者的存在,会增加套利者的风险,使套利者无法充分地套利,进而扭曲资产价格。套利行为是有限的,这主要体现在两个方面。一方面,套利交易的必要条件是找到完美替代品。然而,对于很多资产来说,找到完美替代品是非常困难的,或者完美替代品根本不存在。另一方面,即使这种替代品是存在的,套利也是有风险的,因为错误定价一般要经过很长一段时间才能得到纠正,而套利者经常需要在价格回归到基本价值之前进行平仓交易,这样,风险规避的套利者必然会减少进行套利交易的头寸,导致套利行为的有限性。那么,错误定价为什么不能及时得到纠正呢?首先,套利行为存在基本面风险。投资者可能面临着与这只股票基本价值相关的风险:他买入的股票可能接下来会有重大的利空信息,而卖出的股票可能会出现重大的利好消息。其次,存在噪声交易者风险。在一定时期内,非理性交易者即噪声交易者最初的错误判断,可能变得愈发严重,导致错误定价愈发严重,使得套利行为遭受损失。

(二) 实践上的挑战

经济学家对市场有效性进行了大量的实证分析和检验。一些研究者确实找到了市场有效性的证据。但同时,研究者在市场中也发现了大量与之相悖的持续性异常现象,这些现象不能用标准金融理论和市场有效性来解释。

对市场有效性的实证检验,主要包括两个方面。一是考察股票价格的变动是否及时准确地反映了新的信息,股价是否存在过度反应和反应不足。最早的对市场有效性的实践挑战,来自于股票市场的过度波动性。股价的过度波动对市场有效性的破坏力最大,因为这意味着股价在其基本价值不发生变化或者没有新信息的情况下也会发生变化。罗伯特·希勒发现股价的波动性远远高于传统模型所预测的水平(Shiller,1981)。按照模型,股票价格应该等于未来预期股利支付水平的净现值。他计算了股票的基本价值,并与真实价格进行了比较。图1.1是从1871年到1979年S&P500指数的实际股票价格 p 和其基本价值 p^* 的变化曲线,其中 p^* 是实际真实股利折现后的价值。可以看出,尽管 p^* 确实具有一定的波动性,但是远不足以解释 p 的更大幅度的波动。

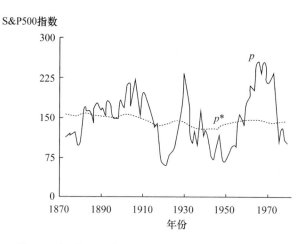

图 1.1　从 1871 年到 1979 年 S&P500 指数 p 和相应的基本价值 p^*
资料来源:Shiller(1981)。

对市场有效性的挑战,还来自于对无信息的反应,可以通过下面两个例子来说明。第一个例子是 1987 年的"黑色星期一"。10 月 19 日星期一,美国股市史上出现了单日跌幅最大的一天,道琼斯工业平均指数下降了 22.6%。奇怪的是,关于市场基本面的信息,却没有发生任何变化!事后,专业人士努力寻找导致这一事件的原因,但是一直没有找到任何有说服力的证据。类似地,股市中很多大幅度的股价变化,并没有伴随明显的信息变化。大卫·卡特勒(David M. Cutler)、詹姆斯·波特伯(James M. Poterba)和劳伦斯·萨默斯(Lawrence H. Summers)等人考察了美国第二次世界大战后最显著的 50 个单日股价变化,发现大部分的单日股价变化都没有出现重大的消息公告。事实上,这些证据与股市的过度波动性密切相关(Cultler,Poterba and Summers,1991)。

第二个例子是对加入到 S&P500 指数中的股票的研究。S&P500 指数是由美国 500 家大公司构成的综合性股票指数,可以看作是美国经济的晴雨表。研究发现,一旦股票被加入到 S&P500 中,就会产生大量的认购需求,并推动股价上升。这同样是市场非有效的证据,因为把股票加入到指数中或者从指数中剔除,并没有传递任何有关公司基本面的信息。这说明股价对无信息做出了反应。杰弗里·武格勒(Jeffrey Wurgler)和叶卡捷琳娜·朱娃斯卡娅(Ekaterina Zhuravskaya)研究发现,1976年到1996年间,加入到指数中的股票价格平均上涨了3.5%,而且这种上涨是相对永久性的,随着股票在指数中的比重增加而增加(Wurgler and Zhuravskaya,2002)。

对市场有效性的另一方面的重要检验是考察股票收益是否可以被投资者预测,投资者是否可以获得超额利润。根据有效市场假说,如果市场是有效的,股票收益变化在统计上应表现为随机游走,也就是说,股票收益是不可以被预测的。一些学者基于价值参数和公司特征的时间序列和横截面预测模式进行了检验:迈克尔·约瑟夫(Michael S. Rozeff)和威廉·金尼(William R. Kinney)发现了股票的季节效应(Rozeff and Kinney,1976);肯尼思·弗伦奇发现了周日效应(French,1980);维纳·德·邦特和理查德·塞勒发现了股票收益的长期反转效应,即过去五年业绩最差的35只股票在未来三年里的表现,要比过去五年业绩最好的35只股票平均高出35%(De Bondt and Thaler,1985);纳拉辛汉·杰格迪什(Narasimhan Jegadeesh)和谢里丹·蒂特曼(Sheridan Titman)发现了短期的动量效应,即股票价格的变化趋势在未来的6到12个月里会持续,这说明在短期内通过分析过去的价格和收益可以预测未来(Jegadeesh and Titman,1993);尤金·法玛和肯尼思·弗伦奇发现了小公司效应,即小公司股票的收益率要显著地高于大公司股票的收益率;他们还发现,账面市值比最大的一组股票的月收益率为1.65%,而账面市值比最小的一组股票的月收益率仅为0.72%,其间存在明显差异(Fama and Freneh,1993);杰里米·西格尔(Jeremy Siegel)进一步发现,小公司的高收益率在每年的一月份表现得尤为显著,这被称为"一月现象"(Siegel,1998)。这些证据说明股票收益是非随机游走的,否定了市场的弱式有效性。

现实中有关市场有效性的争论,主要存在于证券组合管理者之间。如果他们认为,市场是有效的且不能战胜,就会采用较被动的投资策略;如果他们认为市场是无效的,就会采用积极的投资策略,试图战胜市场。但是平均来看,这些积极管理者只有33%的可能可以获得高于市场的超额收益。另外,市场有效性的争论也受到个体投资者的关注,因为他们希望抓住正确的市场时机,买入被低估的股票,卖出被高估的股票。但如果市场是有效的,股票的当前价格就已经反映了所有相关的信息,那么,这些个体交易者的行为,仅仅就是一场靠运气的赌博而已。

随着理论研究的深入和市场上越来越多的异常现象的出现,标准金融理论的重要理论基础——市场有效性,开始摇摇欲坠,新的研究领域——行为金融学逐渐露出水面,它在一定程度上弥补了标准金融理论的内在缺陷,解释了标准金融理论不能解释的金融现象,并使金融研究更加逼近真实世界。

三、行为金融学的理论基石

行为金融学主要有两大理论基石。第一,市场的非有效性,或者套利行为的有限性。行为金融学认为,市场的有效性只是在特殊的情况下才存在,而在现实中是很少存在的。一个重要原因就是套利行为是有限的,并不是像标准金融理论描述得那样完美。因为套利行为会受到基本面风险、噪声交易者风险、较短的时间期限以及卖空限制等因素影响,从而表现为价格长期地偏离基本价值,错误定价得以长期存在。这一理论基石阐明了市场的无效性,但却无法具体阐明市场无效的程度,于是,行为金融学需要第二个理论基石。

第二,投资者心态。行为金融学研究现实市场中的投资者是如何形成信念、如何对资产进行评估以及如何进行交易的。人们很难相信,市场中的投资者是完全理性的。人们常常会受到一些不相关信息的影响,或者过于相信某些金融权威的意见,经常是基于噪声而不是相关信息进行交易。这就可以解释过度交易、分散化不足以及过早卖掉赢家股票而过晚卖掉输家股票等现象。与第一个理论基石——市场的非有效性相结合,投资者心态理论可以对资产的价格和收益变化提出比较明确的预测。

值得注意的是,以上这两个理论基石都是十分重要的。因为如果套利行为是有效的,那么错误定价就可以及时地得到纠正,价格可以正确且迅速地反映出所有可以利用的信息。即使存在非理性投资者,市场仍然是有效的。另一方面,如果没有投资者心态理论,那么所有投资者都是完全理性的,最初的资产价格就是有效的,也不会存在错误定价。因此,行为金融学的理论基石既包括非理性对市场的干预,也包括套利行为的有限性。

行为金融学的代表人物迈尔·斯塔特曼曾有一个经典的比喻,用来总结标准金融学和行为金融学的发展。早期的经济心理学思想就像一个过度肥胖的人,虽然有很多无用的部分,但对现实的描述却是非常实际和丰满的。而标准金融理论就像是一个极度厌食、体态瘦弱的人,它以经典理性人的假设拒绝了对人类行为的详细刻画,虽然整个理论框架完美精炼,但却无法适应现实情况。而行为金融学介于两者之间,是一个体态健美的人,它既保留了标准金融学的理论体系,又对其进行了拓展,将对人类行为的实际刻画引入了金融学领域。

第二章　行为金融学基本研究范畴

理性人和有效市场是标准金融学的两个经典理论假设。理性人假设认为人们都是完全理性且追逐利润的,其行为目标是使自己的利润或效用达到最大化。有效市场假设认为,市场能够充分利用所有可以获得的信息,且存在无风险的套利机会。然而在现实的金融市场中,投资者并不像标准金融理论描述得那样理性。在进行决策和判断中,人们往往难以实现严格意义上的动态优化,且难以实现完全理性、完全利己性和完全信息,从而使得市场并非有效,呈现一些难以用标准行为理论解释的异常现象。由此,研究者们开始从新的视角来审视金融市场中的问题,逐渐构建了行为金融学的框架。本章将对行为金融学的基本研究范畴加以介绍,包括投资者的认知和决策偏误、展望理论和市场的非有效性等。

第一节　投资者的认知和决策偏误

人们的风险决策过程是一种重要的思维活动过程。思维作为认知心理学研究的一个课题,是通过判断、抽象、推理、想象、问题解决这些心理属性相互作用而进行信息转换、形成新的心理表征的过程。思维在思想过程三要素(思维、概念形成、问题解决)中范围最广,并具有综合而不是孤立的特性。问题解决只能借助思维来实现。问题解决的策略多种多样。一个问题可用不同的策略来解决,应用哪种策略既依赖于问题的性质和内容,也依赖于人的知识和经验。总的来说,人们所应用的问题解决策略可分为算法和启发法两类。算法是解决问题的一套规则,它精确地指明解题的步骤。如果一个问题有算法,那么只要按照其规则进行操作,就能获得问题的解。启发法是凭借经验的解题方法,是一种思考上的捷径,是解决问题的简单的、笼统的规律或策略,也称为经验法则或拇指法则。

算法与启发法是两类性质不同的问题解决策略。虽然算法能保证问题一定得到解决,但它不能取代启发法,因为首先不能肯定所有的问题都有自

己的算法;其次,一些问题虽有算法,但应用启发法可以更迅速地解决问题;最后,许多问题的算法过于繁杂,实际上无法加以应用。因此一般认为,人们在解决复杂但不需要特别精确的问题时,通常会应用启发法。具体而言,在下面四种情况中,人们很有可能会应用启发法:(1)当我们没有时间认真思考某个问题时;(2)当我们负载的信息过多,以至于无法充分地对其进行加工时;(3)当手中的问题并不十分重要,以至于我们不必太过思虑时;(4)当我们缺乏做出决策所需的可靠的知识或信息时。这种启发式的思维方法,使人们在进行日常和经济方面的决策时,就变得不是那么理性,从而带来投资者在认知和决策上的偏差。

一、过度自信

或许你没有自己想象得那样聪明。在日常生活中,人们常常对自己的能力、知识和对未来的预测有着过高的估计,倾向于过高估计自己的技术,低估风险水平,夸大自己控制局面的能力。在心理学上,这被称为过度自信。西蒙·热维斯(Simon Gervais)、詹姆斯·希顿(James Heaton)和特伦斯·奥迪恩(Terrance Odean)将过度自信定义为"认为自己知识的准确性比实际程度更高的一种信念,即对自己的信息赋予的权重大于实际上的权重",这是一种普遍存在且对市场影响较大的一种心理反应(Gervais, Heaton and Odean, 2002)。与别人相比,人们常常认为自己还不错。比如,1981年对瑞典的汽车司机有这样一份调查:"与其他司机相比,你的驾驶技术是高于平均水平、相当于平均水平还是低于平均水平?"显然,在不考虑过度自信的客观情况下,应该有1/3的人回答高于平均水平,1/3相当于平均水平,1/3低于平均水平。然而调查显示,有90%的司机认为自己的驾驶技术高于平均水平!

(一)无处不在的过度自信

过度自信是无处不在的,包括那些在某些方面值得自信且有自豪感的人,例如医生、律师、工程师和证券分析师等,也是如此。比如,在参与民事案件的律师中,有68%都认为自己这一方能够胜诉,结果显示只有50%打赢了最终官司。即使你认为对某些事物的了解已经足够深入,但可能比起你需要知道和了解的,还是不够深入。

过度自信是无处不在的,即便是对那些对自己并不很有信心的人来说也是如此。不论人们把自己看得多高或者多低,都有过度自信的倾向。萨拉·利切坦斯泰因(Sarah Lichtenstein)、巴鲁克·费斯科霍夫(Baruch Fischhoff)和劳伦斯·菲利普斯(Lawrence Phillips)完成过一项著名的实验(Lichtenstein,Fischhoff and Phillips,1982)。受试者需要回答:"基多是厄瓜多尔的首都吗?"然后给出自己认为答案是正确的概率。结果显示,不管人们对自己的答案有多大的把握,他们都高估了正确性。即使认为答案正确性为100%的人,实际上答对的概率也仅为80%。

过度自信是无处不在的,尤其对于那些自己创业的中小企业家来说。开公司是一项很冒险的投资。即使他们知道成功的可能性不大,但还是会坚持下去。事实显示,在创业后不到四年里,有超过2/3的企业破产倒闭。如果这些企业家早就知道这些事实,就不会那么自信地认为自己能够克服所有困难,也就不会有那么多的中小企业申请注册和最终破产。

(二)自我归因偏差与控制力幻觉

过度自信部分来自于自我归因偏差。如果事实证明你的行为或想法是正确的,人们就会归因为自己的能力强;反之,如果事实证明你的行为或想法是错误的,人们就会推说是运气太差。人们倾向于记住成功的事情,试图忘掉失败的经历。这样的心理会阻止人们通过理性的学习过程来对过度自信进行纠正,从而导致过度自信的进一步强化。比如在牛市中,投资者就比较容易产生过度自信的心理。研究显示,高交易量和高风险的投资行为,在牛市发生的概率要比熊市时高出很多,而随着牛市的减退和熊市的到来,过度自信的程度会降低,投资者逐渐表现出相反的行为。

过度自信还来自于控制力幻觉,人们常常认为自己能够控制事件的发展,并可以取得成功。在早期的行为金融思想中,查尔斯·麦凯通过一个炼金术士的例子,指出了人类自我幻觉的心理现象(Mackay,1841)。炼金术士们认为,通过一定的原料搭配,就可以制造出金子。现在看来,这显然违背基本的化学常识,是根本不可能发生的事。然而,不仅这些炼金术士坚信这种炼出金子的方法,一些贵族也坚信如此,提供资金和场所来帮助他们炼金。有些贵族甚至囚禁炼金术士,直到他们造出金子为止。当然,这些炼金术士并不能实现他们的目标,但人们却早已深深地陷入自我幻觉之中,且用这种极端的方式去努力实现假象。

(三) 计划谬误

过度自信的一个表现是"计划谬误"。现在想一想,你制订的计划,有多少是按时完成的? 又有多少是没有按时完成的? 大多数人在大多数情况下,或者不能按时完成计划,或者逾期或超出财务预算完成计划。当加拿大的蒙特利尔市成功获得1976年夏季奥运会的主办权时,市长宣布整个运动会将花费1.2亿美元,而且主要的田径赛事将在全球第一个设有活动屋顶的体育场举行。结果呢? 当然奥运会如期举行,但是活动屋顶直到1989年才建成,而且仅这个屋顶就耗费了1.2亿美元,相当于整个奥运会的预算!

过度自信的另外一个表现是房地产市场的"房主自售"心理。在美国,每年大约有20%的房主为了节省6%的经纪佣金,打算不通过房产经纪人而自己出售房屋。从经验上看,房产经纪商能够针对性地对房产进行市场定位,吸引足够多的买方,以最合理的方式为房主获取尽可能多的利润。然而,这些房主经常低估出售房屋的复杂性,高估自己出售房屋的能力。最后的结果很可能是房主对房屋的定价过低,损失了大量的收益;更有可能的是,房主高估了房屋的价值,较高的定价导致房子要花相当长的时间才能卖掉,或者不得不折价卖出。还有一种情况是,买房者知道"房主自售"的目的是节省佣金,故倒逼房主降价以达到利益共享。因此,根据美国房产所有者联合会的统计,最终大部分"房主自售"的房主还是求助于经纪商! 而坚持"房主自售"的房主最后得不偿失,虽然节省了6%的佣金,但是由于缺乏经验和定价较低,在房价上的损失甚至高达20%!

(四) 股市中的过度自信

投资是一个非常复杂和困难的过程,它包括收集信息、分析信息以及及时做出决策等几个步骤。过度自信会使我们误解信息的准确性,高估处理信息的能力,过于相信自己对股票的评估而较少考虑其他人的观点。试图操作某只股票以获取利润的投资者,都在某种程度上犯有过度自信的毛病,因为数据显示,很少有投资者能够战胜大盘。平均来看,大约有75%的股票基金的业绩不及大盘。如果你能够获取与整体市场相近的收益率,就已经相当不错了。

股票市场中的过度自信主要有两种:一是对所获得信息的准确性存在

过高的估计,二是对自己理解信息能力存在过高的估计。第一类过度自信可以通过考察人们买入表现好的股票、卖掉表现差的股票所获得的收益是否大于交易成本来判断,第二类过度自信可以通过考察不考虑交易成本时买入股票的收益是否大于卖掉股票的收益来判断。在对市场进行预测时,投资者会对自己掌握的信息赋予更高的精确度,设置过窄的置信区间,但实际价格却远远高于或者远远低于预测值。比如,过度自信的投资者可能会预测接下来股价将以90%的概率在8元和10元之间波动,而实际上股价却以同样的概率在6元到12元之间波动。这种错误的判断会直接影响到投资者对未来的预期,导致对新发生事件的过度反应或反应不足,即对有利于自己投资策略的信息过度反应,而对不利于自己投资策略的信息反应不足。

人们认为,他们常常购买他们很了解或者自认为很了解的股票,其实并非如此,这导致人们在这些股票上付出昂贵代价。过度自信常常使投资者过度交易,并带来很低的投资收益。2000年布拉德·巴伯(Brad M. Barber)和特伦斯·奥迪恩做过一项调查,发现频繁的交易对人们的财富是有害的。因为过度自信的心理,一方面使投资者频繁交易,把钱浪费在佣金上;另一方面,这些投资者经常卖出表现好的股票,并买入表现不好的股票(Barber and Odean,2000)。他们分析了从1991年2月到1996年12月一家美国大型全国折价交易经纪公司上万名投资者全部的交易记录。平均看,家庭账户的年收益率是17.7%,与同期相关指数17.1%的回报率相比,表现稍好。但值得注意的是,交易最频繁的20%的家庭账户,得到的回报率只有10%。这些家庭每月买卖股票的数额,大约占总投资额的10%,而平均指标是6.6%。

心理学研究显示,男性比女性更加过度自信,这就意味着男性的交易行为比女性更加频繁。巴伯和奥迪恩于2001年研究发现,男性比女性的交易频率要高出45%,但平均看,男性的年度收益率要低于基本组的收益率至少2.5%,而女性却仅低于基本组1.7%(Barber and Odean,2001)。进一步地,他们认为由于女性没有男性那样过度自信,所以夫妻共同进行的交易可能会少于单身男性进行的交易。他们考察了单身男女和所有男女的交易情况。图2.1和图2.2表明,在所有女性、所有男性、单身女性和单身男性这四个组别中,单身男性的交易量最高,而所获得的净收益却最低。

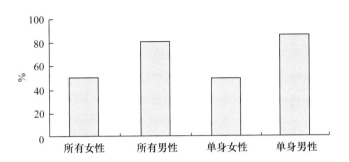

图 2.1　不同组别的交易量

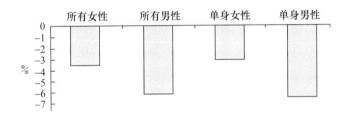

图 2.2　不同组别与基本组比较的净收益率

资料来源：Barber and Odean（2001）。

过度自信往往伴随着过度乐观。乐观的人常认为，和一般人相比，他们更有优势，也更愿意进行不必要的冒险。乐观投资者在投资股票时，往往不做认真的分析，或者往往忽视负面信息对股票的影响。

有趣的是，心情也会对人们的记忆和判断产生影响。积极的心情会使人们试图回忆事物的积极方面，倾向做出积极的判断，并付诸行动。反之，消极的心情会产生相反的作用。另一项有趣的研究发现，太阳会影响投资者决策。天气晴好、阳光充沛会使人们情绪愉悦，对前景感到乐观，这就容易使投资者买入而不是卖出股票，于是，股市本身也就会受到影响。情感越丰富，投资决策就越容易受心情的影响。另外，决策的问题越复杂和越不确定，情感对决策的作用就越大。大卫·赫什莱佛和泰勒·沙姆韦（Tyler Shumway）考察了全球拥有股票市场的 26 个城市的天气和股票交易所的日收益率之间的关系（Hirshleifer and Shumway，2003）。研究发现，晴朗天气的日收益率确实比非晴朗天气的收益率要高。比如，纽约股票交易所中每一年晴好天气的收益率,比糟糕天气的收益率要高出15%,这个数字在伦敦股票交易所是22.1%,在哥本哈根是4.1%,在巴黎是19.7%。可见,好天气和好情绪会增加投资股票的可能性,而坏天气和坏情绪会降低这种可能性。

二、禀赋效应

禀赋效应,也称为现状偏差。人们抗拒改变,更愿意固守和坚持熟悉的事情,或者尽一切可能维持现状。从某种程度上看,人们对现状感到非常满足。的确,要不要投资、要不要消费、要不要结婚等,这些选择可能会给你带来不确定性、未知、疑惑甚至是恐惧,不论你当初做决策时的基础有多不可靠,现状偏差意味着,你至少对现在的状态有一定的信心。

禀赋效应在现实中是广泛存在的。对于已经拥有的事物,人们常常高估其价值,而如果这同一事物是属于别人的,可能就不会那么被看重。人们常常在无意识中认为自己已经拥有的东西更加珍贵,这也被称为敝帚自珍效应。人们更愿意持有自己的东西,而不愿意进行交换。试想一下,希望以较低的价格买东西,以较高的价格卖出已有的东西,不就是禀赋效应的表现吗?这或许是因为人们高估自己所拥有物品的价值,或许是因为人们不愿承受与自己的东西分开的痛苦。比如,人们在出售自己拥有的商品时,所索取的价格会比他们自己购买相同商品时的最高支付价格还要高。但是交易行为会使这种禀赋效应减弱。

考虑第一种情况:假设你的朋友刚刚给你一张美国总统就职演说的门票。这是你梦寐以求的机会。这时一个陌生人想购买你的这张门票,对方要出多少钱,你才愿意卖出?第二种情况:假设你现在没有门票去参加总统的就职演说,可是你非常想购买一张。而一个陌生人拥有这张你垂涎已久的门票,你愿意花多少钱购买呢?答案显示,平均来看,第一种情况下人们为门票索取的价格,是第二种情况下人们愿意付出的价格的两倍!可见,同样一种事物,跟没有拥有这种事物的人们相比,在拥有者眼里,其价值几乎高出一倍!

(一) 一个小实验

禀赋效应的经典实验,是由威廉·萨缪尔森(William Samuelson)和理查德·济科豪瑟(Richard Zeckhauser)完成的(Samuelson and Zeckhauser, 1988)。在原实验中,一些对经济学和金融学有些了解的学生面对下面的选择:假设你经常阅读财经方面的新闻,但一直没有多余的钱用于投资,幸运的是,最近你叔叔赞助给你一大笔钱,现在你需要决定将这笔钱投资于哪种金融产品?你已经将选择范围缩小到下面4种金融产品。① 甲公司股票。这只股票的风险适中,在未来的一年里,有50%的可能上涨30%,30%的可能下跌20%,20%的可能维持现状。② 乙公司股票。这只股票的风险较高,未来的一年中,股价有40%的可能翻一番,40%的可能下跌40%,还有30%的可能维持现状。③ 美国国债,未来的一年几乎可以确保9%的收益率。④ 市政债券。这只债券是免税的,在未来的一年里,几乎可以确保6%的收益率。考虑之后,你打算投资哪种金融产品呢?当然,这些学生的选择与他们的风险承受水平直接相关。大约有32%的学生选择了中等风险水平的甲公司股票,32%的学生选择了比较保守的市政债券,18%选择了高风险的乙公司股票,还有大约18%选择了国债。

接下来,他们又进行了一组对比实验。该实验中的学生面临和原实验中同样的问题。唯一的不同是,他们要在某种现状之下进行选择,是坚持既有的投资,还是加以改变。具体如下:假设你经常阅读财经方面的新闻,但一直没有多余的钱用于投资,幸运的是,最近你叔叔赞助给你一大笔钱,其中大部分已经投资于市政债券,现在,在不考虑税收和佣金的情况下,请你决定是维持现状,还是将这笔钱投资于其他金融产品?结果显示不管给定的现状是哪一种投资,人们都倾向于选择维持现状。比如,如果这笔钱已经投资于市政债券,有47%的学生会维持这种投资的现状。而在原实验中面对同样的四种选择时,只有32%的学生选择投资市政债券。可以看出,人们倾向于保持已经进行的投资。一旦给定现状,人们就倾向于认为这是最合适的投资,即使这并非是自己的选择。

(二) 本土偏差

禀赋效应和熟悉性思维的一个重要表现是本土偏差。投资者倾向于将大部分资金投资于本国、本地区或者本公司的股票,而不是像标准金融学要求的那样进行分散化投资。投资者对本国、本地区和本公司的股票过于自信,同时对这些股票的预期收益率和风险的估计也过于乐观,而对不熟悉的股票的风险和收益率的预测容易过于悲观。

　　格尔·休伯曼（Gur Huberman）发现，在全球范围内，大部分投资者只购买本国公司股票，而不是其他国家的公司股票（Huberman，2001）。当然你可能认为，这是因为这些投资者不想去考虑其他国家的法律和汇率等因素。其实更可能的解释是，他们对本国、本地区或本公司股票更加熟悉，或者说更加自信。进一步地，格尔·休伯曼考察了美国七家地区性电话公司的股东记录。这七家公司是20世纪80年代从美国电话电报公司（AT&T）分离出来的。他发现，除了蒙大拿州，股东持有当地公司的股票数量都远远高于持有其他地区公司的股票数量。也许你认为本地区的股票确实是最好的投资，但事实上，本地区股票是最好的股票的真正概率只有不到15%。绝大多数投资者并没有认真做过调查研究，只是盲目地认为本地区的股票是最熟悉的。

　　熟悉性思维使人们将过多的资产投入到他们所在的公司，因为人们认为投资于本公司股票能获得更高的收益率，而风险水平却比较低。人们倾向于认为如果出现利空消息，那更有可能发生在其他公司，而不是自己所在的公司。以美国的养老退休401(k)计划为例。401(k)计划是美国由雇员和雇主共同缴费建立起来的养老保险计划，雇员每月从工资中拿出一定比例，公司也相应地拿出一定比例存入养老金账户。与此同时，公司向雇员提供不同的证券组合投资计划。雇员退休后得到的养老金数额就取决于缴费的多少和投资的收益。事实显示，在美国，雇员将401(k)计划证券组合中的大部分都投资于本公司股票。仔细想一想，你会发现，将该计划的大部分投资于本公司股票是非常不理性的。一方面，这不符合分散化投资的要求；另一方面，我们知道，这些雇员从所在的公司获得工资收入，这意味着他们已经将自己的资产状况与公司的兴衰绑定一起了，若再将退休金投资于本公司，这笔投资的风险实在是太大了。比如，安然公司员工的401(k)计划中有60%投资到自己公司。在公司破产后，几千名员工的养老金账户的损失高达13亿美元。尤其是那些将全部退休金都投资到本公司股票的雇员，在失业的同时会变得一无所有。

三、心理账户

　　行为金融学的一个重要心理偏差是心理账户。心理账户意味着人们经常无意识地把财富划入不同的账户进行管理。大脑就像一个装着很多文件夹的文件柜,人们倾向将不同的事件或决策放入不同的文件夹,即账户,去衡量其成本和收益。一旦事件或决策被放入一个文件夹,就不会被放入其他文件夹,而且不同文件夹之间是彼此不相关联的。

正如一般的会计体系,公司或者政府常常将不同资金归入不同的账户,人们也采用类似的心理会计体系。在做决策时,人们会将问题分解为简单的科目,对不同科目各自的收益情况进行相对独立的评估,对不同的账户分别进行成本和收益分析,而且不同科目的收益对人们的效用会产生不同的影响。在心理账户下,人们将不同的资金进行分类,根据资金的来源、存放形式或者消费方式等放入不同的账户,并赋予不同的价值。当其中一个账户受到损失时,并不会影响到人们对其他账户的投资。

不同的心理账户有着不同的记账方式和心理运算法则。这种心理记账的方式和运算规则与经济学和数学的运算方式都不同,它经常以非理性和非预期的方式影响着决策。人们会认为某些资金并不值钱,因此就更加挥霍这些钱。比如,在赌场中人们倾向于将赚来的钱视为虚幻的"赌场资金"或者"庄家的钱",而不是真正能够进入自己钱包的劳动所得。因此,人们更倾向于挥霍赌场资金,而不是其他方式赚来的钱,这被称为"赌场资金效应",可以解释为什么庄家总是稳赚不赔。然而对于辛苦挣来的钱,人们显然会非常谨慎地对待。

比如,考虑下面两种情况。情况一,你已经花了600元,买了一张2019年新年音乐会的门票,但是到了音乐厅门口,你发现你把门票弄丢了。你愿意再花600元买一张门票吗?情况二,你打算去看同一场音乐会,计划到音乐厅门口时再买票,到了音乐厅门口,你意外地发现钱包里有600元不见了。这时,你还愿意花600元买门票吗?大多数人对第一种情况的回答是"不愿意",第二种情况是"愿意"。事实上,以上两种情况的结果都是损失掉600元,另外再花600元享受音乐会。然而,对于大多数人来说,第一种情况下享受音乐会的成本是1200元,相当于购买了两张票,这是相当昂贵的。但是在第二种情况下,人们把600元的现金损失和600元的音乐会成本分别对待,即放入两个不相关联的心理账户。这样用不同的心态来看待本质上相同的两种损失,就是心理账户的典型例子。这与标准金融学的观点是不同的。

标准金融学认为财富是可以互换的和均等的,也就是说,不管是工作挣来的钱,赌博赢来的钱,还是退税返还的钱,100 元就是 100 元,在价值上是同等的。所以,以上这两种情况的损失都是一样,即 1200 元。

心理账户是人们进行决策的一种思维捷径。毕竟,大脑并不像计算机一样,人们没有足够的意志力和约束力,将所有的金融决策放在同一个资产负债表下进行管理。比如,买一张音乐新专辑,或者看一场新电影,属于短期的金融和投资决策,而为退休或为子女上学进行储蓄则属于长期的金融决策,在现实中,人们很难把这两类金融决策放在同一账户下考虑。从这个角度上看,心理账户也可能有一些好处。将不同用途的资金放在不同的账户并赋予不同的价值,可以帮助人们实现既定的金融目标。比如,对年轻人来说,预留在度假账户的资金就没有在退休账户的资金显得重要。在进行消费时,人们可能会首先动用度假账户中的资金,而对待退休账户中的资金就会相对谨慎。

在心理账户理论中,面对不同的风险资产,人们会做出不同的选择方案并进行单独的心理计算。赫什·舍夫林和迈尔·斯塔特曼认为,人们都想在避免损失的同时又变得富有(Shefrin and Statman,2000)。因此,人们常常将自己的投资组合分为两个部分:一部分是风险较低的安全投资,用来避免贫穷并保障基本的生活费用,例如购买保险;另一部分是风险较高但可能使自己变得富有的风险投资,例如购买股票。对于第一部分避免损失的账户,人们表现为较高的风险厌恶程度,而对于追求潜在收益的账户,人们就不是那么厌恶风险。

心理账户在现实市场中的具体表现如下。第一,"低买高卖"的建议很难被实现。如果股市出现利好,投资者获得收益,就会大量买入已经上涨了的股票,因为对股票的期望值过高,这就买高了;而一旦股市出现利空,股价开始下跌,人们出于对损失的担心会迫不及待地卖出,于是就又卖低了。由于市场上许多投资者都受到赌场资金效应的影响,这样寻求风险的心理偏差就会导致泡沫的出现,而避免损失、规避风险的心理偏差,则会导致泡沫的破灭,使股价继续下跌。假设你刚刚赢了 15 美元。现在你将对抛一枚硬币的结果进行下注,赌注是 5 美元。你愿意下注吗? 另一种情况,你刚刚输了 8 美元,那么你会下注吗? 在第一种情况下,参与调查的学生中有 77% 选择了下注。在赢得意外之财后,人们更愿意冒险。而在第二种情况下,60%的学生选择不下注,人们变得非常厌恶风险,并设法规避风险。以上的赌场资金效应就是心理账户的一个反映。在获得利润或者收益之后,人们愿意承担更大的风险,感觉是用赌场的钱而不是自己钱包的钱来赌博;而在遭受损失之后,就不太愿意去冒险。

第二,你觉得自己没有乱花钱,但是也没有积攒多少钱。这些人在进行重要的金融决策,例如买房子、买车时,会表现得非常谨慎,但是在买小东西时往往掉以轻心,例如每周的杂货开支等。人们容易把这些小开支放入其他的账户下,失去警觉。但是,这些小开支往往是经常性开支,不像那些重要的金融决策那样几年才做一次,因此这些经常性的小开支便是存不了钱的罪魁祸首。

第三,用信用卡支付,比用现金支付更爽快些。设想一下,你现在钱包里有1000元和一张信用卡。你将支付500元购买一套西装。用现金支付和用信用卡支付,你对这两种支付方式的感受相同吗?用现金支付,你会真切地感受到,钱包里的钱少了一半,而用信用卡支付却不会有这样的感觉。从这个角度上看,信用卡的使用更容易产生过度消费。信用卡上的钱在不知不觉中贬值了。事实上,信用卡借款还会产生额外的借款利率。

心理账户理论还表现为,虽然你有一笔应急储蓄,但还是不能按月付清信用卡账单,使得信用卡债务不断累积。人们常常认为应急储蓄是神圣的,是不能被轻易动用的,而信用卡是"花别人的钱",可以随意支付。假设储蓄的年息是5%,而信用卡债务的利息是16%,这样对于每1000元的债务来说,你的净损失就是110元。而如果你能够及时用1000元的储蓄支付掉债务的话,你将获得更多的财富。

四、数字偏误

可能,你认为自己很聪明,数学也学得很好,但是现实中在遇到数字时你可能仍会不知不觉地犯错误。或者对数字感到麻木,或者产生混淆,这都会对金融决策造成不利的影响。数学家约翰·保罗斯(John A. Paulos)在其经典著作《数字盲:数学文盲及其后果》中指出,人们在处理数字和概率问题时的障碍,一部分来自于外界的不确定性、偶然性和提出问题的方式,另一部分则来自于对数学的本质或重要性的误解(Paulos,1988)。

（一）代表性偏差

数字偏误的一个重要反映是代表性偏差，这是一种基于固定思维模式的判断。在不确定的情形下，人们常常抓住问题的某个代表性特征直接推断出结果，而不考虑该特征出现的真实概率，以及与该特征相关的其他因素。这种方式在一些情况下是能帮助人们迅速抓住问题本质的有效方法，能够使人们尽快地做出决策，但在更多情况下会造成严重的偏差。

代表性偏差主要有下面几种表现。第一个表现是漠视基本概率。在进行评估和判断时，人们倾向关注一个事件同另一个事件或者同整体事件的相似程度。如果它们相似，就归为一类，而不利用概率统计等数学工具进行客观和全面的分析。之所以会存在代表性偏差，是因为人们倾向于将可能性与相似性等同起来，将事件A与事件B的相似程度，等同于事件A和事件B发生的可能性，而不理会或者低估基本事实的概率。看下面的例子。史蒂文是一位30岁的美国人，他以前的邻居是这样评价他的：史蒂文是一位害羞、内向和乐于助人的人，但是对社交活动没有什么兴趣；他性格温和、遵守秩序、注重细节。从这位邻居的描述中，请你推测，史蒂文更有可能从事哪种职业，销售人员还是图书管理员？毫无疑问，很多人觉得史蒂文更可能是图书管理员。不是吗？因为他的性格特点与图书管理员非常吻合，一般来看图书管理员都是比较内向且注重细节和秩序的。但事实上，在美国销售人员有1500多万，而图书管理员仅有18万。尽管从邻居的描述中看，史蒂文的性格可能比较适合做图书管理员，但是从概率统计来看，他是销售人员的基本概率要比图书管理员高出80多倍。因此，在你对史蒂文不是很了解却需要推断他的职业时，应该进行客观的分析，而不是采用主观的"代表性思维"，认为他性格上的特点可以代表图书管理员这个群体。

第二个表现是应用小数定律。在代表性偏差的影响下，人们不仅会忽略总体的实际概率分布，还会忽略样本容量对样本概率的影响，认为小样本的平均水平也会和大样本的平均水平一样，接近总体的平均水平，这就是小数定律。学过统计学的人都知道大数定律，当试验次数足够多或样本足够大时，事件出现的概率无穷接近于该事件发生的真实概率，这是一个稳定的期望值。然而在日常生活中，人们常常对样本规模不够敏感，认为统计学上的大数定律也适用于小样本，用小样本也可以代表总体，这就是小数定律。很显然这是不正确的。比如，考虑抛一枚质地均匀的硬币。如果正面朝上，记做 H；反面朝上，记做 T。如果我们抛六次，那么下面哪一种结果更有可能？HTHTTH，还是 HHHHHT？你的答案是第一种情况吧？的确，它更像是一个能够代表总体的随机事件。但是最基本的概率理论告诉我们，这两种结果发生的概率是一样的。

在金融市场中，小数定律会对投资者产生一定的误导作用。比如，某些投资基金在某些时间里，获得了高于其他基金和市场平均水平的业绩。当然，这可能是因为基金经理人具有较强的投资能力。但是，小样本不能代表总体，我们不能仅仅凭借短期的业绩来评判基金经理人整体投资能力的高低。事实上，即使能力较差的经理人也可能单靠好运气，创造出短期的投资佳绩。

在金融市场中，代表性偏差会导致投资错误。人们常常将好公司与好投资相混淆，认为好公司就代表了好股票、好投资。但事实并非如此。一般来看，好公司是指存在较高盈利、增长迅速、管理有序且有一定发展潜力的公司，而好投资是指购买存在上升空间、可以为投资者实现收益的股票。假定一家公司在过去连续几年中都有盈利，于是，投资者很可能进行推断：过去的盈利表现可以代表公司潜在的盈利增长预期。虽然这种高增长可能只是公司的短暂的幸运表现，但投资者却认为自己在混乱中发现了规律，该公司一定属于快速增长型公司。该公司的股票便开始备受投资者青睐，股价逐渐被推高。随着时间的推移，投资者会发现当初对股价的认识存在高估，公司不可能长期维持这种高增长模式，于是股价开始下降。这一过程就是代表性思维给市场带来的过度反应。数据显示，成长股，即那些销售额高速增长的好公司的股票，一年之后的平均回报是11%左右，五年之后的平均回报大约是18%，而价值股，即那些销售额低速增长的公司的股票，一年后的平均回报是82%，五年后的平均回报高达143%！可见，表现好的公司并非总是好的股票投资选择。

(二) 货币幻觉

货币幻觉也是数字偏误的一个重要反映。这是指人们常常忽略通货膨胀的影响,混淆名义价值和真实价值的区别。名义价值是表面上的数额,真实价值是考虑到通货膨胀后的货币真实购买力。

假设居住在美国的彼得、保罗和玛丽依次在连续三年中,分别购买了一幢价值20万美元的别墅,并在购买房子后的一年后将其卖掉。彼得的卖出价格是15.4万美元,比当初的购买价低了23%。在彼得拥有房子的一年时间里,美国经济出现了25%的通货紧缩,所有商品和服务的价格下降了25%。而在保罗拥有房子的时间里,情况正好相反:所有商品和服务的价格上涨了25%。保罗最终以24.6万美元的价格卖出了房子,比购买价格高了23%。对于玛丽来说,物价大致保持稳定,她以低于购买价2%的价格,即19.6万美元卖出了房子。在考虑到物价变化的情况下,你认为,谁卖的房子最划算? 这是普林斯顿大学心理学教授埃尔德·沙菲尔(Eldar Shafir)等人面向学生做的一个调查(Shafir, Diamond and Tversky,1997)。结果显示,大约60%的学生认为保罗最划算,因为他在物价上涨25%的同时,获得了23%的收益,而彼得赔得最惨,在物价下跌25%的同时,损失了23%。但是如果仔细想一想,这个答案是错误的。正确答案是,只有彼得赚了钱,他是获得最大收益的投资者。因为在考虑通货膨胀的情况下,尽管保罗在名义上获得了23%的收益,但货币购买力下跌了25%,他的实际购买力下降了2%。而对于彼得来说,虽然在房子售价上名义损失了23%,但是在此期间货币购买力上升了25%,彼得的实际购买力提高了2%。玛丽的实际购买力也损失了2%。很显然,那些回答保罗最划算的同学,就存在货币幻觉,混淆了房价名义上的变动和真实购买力之间的差别。

那么,人们产生数字偏误、难以形成正确概率估计的原因是什么呢? 其中的一个解释是,罕见事情更容易引起人们的注意。回忆一下,1987年美国股市崩盘之后的一段时间里,是不是有很多投资者宁可投资债券或者货币市场,也不愿意投资股票市场? 这些投资者忽略了一个重要的事实:从长期来看,股市的收益率要远远高于债市的收益率。

五、锚定效应

心存成见,也被称为锚定效应。人们常常顽固地坚信一些事实和观念,这些事实或观念,就像船在靠岸时抛下的锚一样,常常影响着人们的决策,而且在短期内很难改变。换句话说,人们在决策时,常常受"锚"的影响,而不进行认真的思考和判断,也不去管它是否符合客观实际。尤其在对所做的事情不很了解的情况下,"锚"的作用就显得更加重要。

我们看这样一个例子。成吉思汗,13世纪初期世界史上杰出的政治家和军事家,率领蒙古人多次对外发动征服战争,占领了亚洲大部分地区,甚至达到了黑海海滨。不幸的是,他在征伐西夏的时候去世。问题1:成吉思汗是在公元151年之前,还是151年之后去世的?(151是实验人员随意选取的数字。)问题2:成吉思汗是在哪一年去世的?结果显示,问题2的答案与151非常接近,而正确答案是1227年。很显然,151年与正确答案没有必然联系,但是在做决策时,人们还是会受到给定数字的影响,导致结果出现严重的偏离。可以看出,人们在做估计时,倾向于从"锚",即某个初始值开始进行向上或向下的调整以得到答案。在很多情况下,人们常常根据初始信息或情境建立一个参考点,即锚,人们的估计常常会受到这个初始值的影响,然后再利用新的信息进行调整,而这个调整过程又常常是不完全和不充分的。

展望理论的创始者丹尼尔·卡尼曼和阿莫斯·特沃斯基在1974年做了类似的实验(Kahneman and Tversky,1974)。在这个实验中,学生们需要估计非洲国家在联合国中所占的百分比。在进行思考的同时,一个刻有从1到100的数字的幸运轮盘在他们面前转动,这个轮盘最后会随意地停在某个数字上。学生们需要回答,他们猜测的答案是高于还是低于这个转出来的数字,并说出具体的猜测。很显然,轮盘转到哪一个数字与问题的答案没有丝毫关系。但令人惊奇的是,尽管学生们明确地知道这一点,但是转到的数字还是会对学生的估计产生很大的影响。比如,有两组学生,一组学生看到幸运轮转到数字10,他们的平均答案是25%;而另一组学生看到转到65,他们的平均答案是45%。类似地,在实际生活中,你的某些金融决策,很可能会受到某些你事先认定的数字的影响。

(一)先入为主

与心存成见相伴随的是先入为主的心理。人们在做决策时,很容易受到第一印象或第一信息的支配,这就像沉入海中的锚一样把人们的思想深深地固定在某处。一旦人们对某件事情形成了某种感觉,有时甚至是无意识的,也很难被克服。这种感觉可能影响到对某个人、某个产品或某项投资的喜好。如果人们最初对某件事情很反感,那接下来就很难客观地看待它的优点,很难再接受这件事情。

有这样两家餐馆,你愿意去哪一家呢?餐馆甲是该地区为数不多的几家高档餐厅之一,装修精致豪华,全落地玻璃窗和深色木地板构造了浪漫温馨的氛围,菜品包括马沙拉白酒小牛肉、奥斯陆酸甜三文鱼色拉、北欧海鲜浓汤等。餐厅乙是该地区享誉全国的名店,融合了老城市的温情和现代时尚的元素,时髦感和舒适感被极好地兼顾和融合,炭烤牛排、法式酸乳酪水果色拉、地中海奶油松茸汤等应有尽有。对大多数人来说,这两家餐厅没有本质区别。但是,如果对这两家餐厅的描述做些改变,结果会怎么样呢?假定现在,对餐厅的所有描述并不是一下子展示出来,而是依次透露餐厅的某项特色,比如,餐厅甲的马沙拉白酒小牛肉和餐厅乙的炭烤牛排。每展示一项特色,需要人们表明他们的偏好。当所有特色都展示出来后,人们再做最终的选择。结果显示,这次人们对餐厅甲和餐厅乙就有了明显的选择偏好,而且在听到第一种特色后就偏好餐厅甲或餐厅乙的人们,最后有 84% 坚持了最初的选择。

为什么在第一种情况下,人们的选择没有差异,而第二种情况就存在明显的差异呢?原因在于人们常常心存成见。如果在展示出第一种特色的情况下,人们更喜欢马沙拉白酒小牛肉,那么就会首先认可餐厅甲。之后他便会觉得,后面展示的所有特色也都进一步支持他对餐厅甲的偏好,而其他的特色,例如餐厅乙的时髦感和舒适感等,就变得无足轻重了。"给人们留下好的第一印象",应该就是这个道理。销售人员就常常利用先入为主的心理影响你的偏好,使你在无意识中根据最初的印象钟爱某种服务或产品。不难发现,厂商都尽力诱使消费者对自己的品牌产生好感,这样在面对竞争对手时,消费者就很可能偏袒和钟爱自己的品牌。

(二)证实倾向

心存成见的一个重要表现是证实倾向。人们愿意去寻找、搜集和认同那些与既有事实和观念一致的信息。反过来说,人们表现为厌恶证伪,人们倾向于避开、忽视和否认那些与其信念相违背的信息。一旦事先获得了某种信念,人们就会有意识地寻找有利于证实这种信念的证据,并人为地扭曲新获得的证据。假设你购买了某只股票,如果出现利好消息,你可能会非常欣喜,认为自己的决策是正确的,而出现利空消息,你很可能会表现得非常不屑,甚至认为这条信息是不值得关注的。这种倾向容易使人们低估投资风险,并带来收益率的下降;这种倾向也会导致股票价格存在持续的偏误,除非出现能够改变投资者事先信念的强有力的证据。

心存成见、锚定效应是无处不在的,它几乎可以影响到你的任何决策,即使你早已经认识到"锚"的影响。尤其在遇到不熟悉的领域时,人们更有可能利用给出的数字作为参考。心存成见的存在,意味着人们愿意吸收能够证明自己想法的信息,而对相反的论调不予理会,这导致人们常常根据不完全信息、不精确信息或者错误信息来做决策。事实上,这种偏差是很难被克服的,毕竟,谁不愿意听自己喜欢听的话呢?谁愿意去寻找与自己观点背道而驰的事实呢?

心存成见源于人们思想上的惰性。改变人们固有的信念是非常困难的,这就使新的信息对原有信念的修正能力非常有限,尤其是当新信息并不是源于一个显而易见的事实时,人们更不会给予足够的重视,当然也不会按照理性的贝叶斯法则来修正原有的信念。在金融市场中,当人们需要做出数量型评价时,他们的观点很可能被原始的建议所影响。当人们缺乏坚实的信息基础时,过去的价格很可能成为今日价格的锚。投资者对未来的预测总是会与当时的价格非常接近,这就使得短期内股价对新信息的反应较为滞后。

六、损失厌恶

在日常生活中,人们常表现为厌恶损失,对发生的损失非常不甘心。相对于收益,人们对损失更加敏感。失去一笔金钱,给消费者造成效用上的损失量,大于获得同一数额金钱所带来的效用上的增加量。具体地,经济学家发现损失所带来的负效用,大约是等量收益所带来的正效用的 2.5 倍。

假设你面临这样的赌博:抛一枚质地均匀的硬币,如果反面朝上,你损失 100 元;如果正面朝上,你将获得 X 元。请回答:如果你愿意接受这样的赌博,那么 X 至少是多少?调查显示,X 在 200 到 250 之间。

接下来,考虑这样两种情况。情况一:你刚刚得到了 1000 元,然后给你两个选择。方案 A 是你可以再获得 500 元。方案 B 是抛一枚硬币,如果正面朝上,你获得 1000 元;如果反面朝上,你什么也得不到。你会选择哪个方案?情况二:你刚刚得到了 2000 元,然后给你两个选择。方案 A 是你将失去 500 元。方案 B 是抛一枚硬币,如果正面朝上,你将失去 1000 元;如果反面朝上,你什么也不失去。你选择哪个方案?结果显示,大多数人在情况一中选择方案 A,相当于得到确定性的 1500 元;而在情况二中选择方案 B,相当于有一半机会得到 2000 元,一半机会得到 1000 元。事实上,方案 A 和方案 B 在这两种情况下是一样的。但是,人们的选择却是不一致的。人们更加厌恶损失,例如情况二中的方案 A 就是确定性损失。为了避免损失,人们愿意冒更大的风险,选择方案 B,即使最终可能只获得 1000 元。而在面对确定性收益,例如情况一中的方案 A 时,人们就变得比较保守,倾向于稳扎稳打,宁可舍弃多赚到 1000 元的机会,也要牢牢地确保 500 元的收益。在面临确定性损失时,人们愿意冒更多的风险接受挑战;而面临确定性收益时,就往往犹豫不前,举棋不定。这一现象可以解释在赌场上手气不好时人们反而会下更大的赌注放手一搏的现象。

值得指出的是,损失厌恶在一定程度上也是有好处的,可以给人带来一种安全感。毕竟,如果对损失忽略不计,过分看重潜在的收益可能会造成更惨重的损失。但是,对损失的过度敏感和排斥也会扭曲人们的判断力,给投资带来不利影响。如果你对股市的未来看跌,就会开始卖出股票。一旦指数开始狂泻,就更加竞相抛售,因为损失厌恶的心理使人们"不愿意踏入泥沼,去试试其有多深"。但这却可能使你陷入另一种痛苦:如果卖出的股票出现反弹,想想你有多么后悔!

损失厌恶在股市中的一个重要表现是处置效应,即过长时间持有赔钱股票,而急于卖出赚了钱的股票。假设你已经花了 833 美元购买了股票甲,花了 1250 美元购买了股票乙。现在,这两只股票的价值都是 1000 美元。也就是说,股票甲已经盈利 20%,股票乙亏损了 20%。如果现在你需要卖掉一只股票,你会卖掉哪一只股票呢?你的答案是股票甲吗?很显然,你不愿意卖掉赔了钱的股票。

想一想,你是否曾经因为要急于实现收益,而不是因为股票前景不好,便卖出股票?你是否曾经一直持有已跌破当初购买价的股票,期望有朝一日股价会反弹?后者也被称为扳平症。扳平症是指在股价下跌后,人们不急于卖出股票,而期待未来股价出现反弹,至少卖出价格能够与购买价格持平,以便不赔不赚。为了避免承受损失的痛苦,人们倾向于把早该出手的股票留在手中,不愿意卖出,即使可能会承受更大的风险,比如股价进一步下跌导致损失更加惨重。你可能会认为,除非你真正卖出股票,否则这种损失就是账面损失,并不是实际发生的损失。

处置效应是1985年由赫什·舍夫林和迈尔·斯塔特曼提出的(Shefrin and Statman,1985),并得到了特伦斯·奥迪恩的证实(Odean,1998)。那么,处置效应是投资者的理性选择吗?答案是否定的。第一,实证研究显示,投资者出售盈利股票的行为是错误的投资决策。1997年,奥迪恩考察了1987年到1993年七年间一家美国大型全国折价交易经纪公司的上万个账户,发现投资者确实更愿意卖出已经上涨的股票,而不是已经下跌的股票。进一步地,在接下来的12个月里,那些已经卖出的股票,与继续持有的股票相比,获得了3.4%的超额收益。这说明投资者持有的是本该卖出的股票,而卖出的是本该继续持有的股票。

第二,出售亏损股票,不符合财富最大化的原则。其实这与美国的税收制度相关。根据美国的税法,出售盈利的股票意味着实现资本收益,需要缴纳相应的税款;而出售亏损的股票是实现资本损失,可以减免税收。针对以上的例子,假定资本收益的税率是15%。从表2.1中可以看出,出售股票甲可以获得1000美元,但是要缴纳25.05美元的税收,税后净收益是974.95美元。出售股票乙虽然同样可以获得1000美元,但是有37.50美元的税收抵免,这样净收益就是1037.50美元。很显然,如果税率高于15%,那么出售亏损股票就可以获得更多的收益。

表2.1 资本收益和损失 (单位:美元)

	初始价格	出售价格	实现收益(亏损)	税收	税后净收益
股票甲	833	1000	167	25.05	974.95
股票乙	1250	1000	(250)	(37.50)	1037.50

资料来源:Nofsinger(2002)。

七、后悔厌恶

后悔厌恶,这很容易引起人们的共鸣。毕竟,后悔的感觉的确很糟糕。这种感觉的产生是因为认识到自己之前的决定是错误的。从主观上看,人们会尽力避免那些可能产生后悔感觉的行为,而积极寻求那些能够产生自豪感的行为,因为自豪感是一种认识到自己之前的决定正确的快乐情绪。因此严格来看,后悔厌恶除了来自于遭受损失,更多地来自于需要对损失负起责任。

(一)后悔厌恶的两种情况

一方面,后悔可能来自于没有采取行动的懊悔。比如,你错失了购买股票甲的机会,之后股票甲的价格出现大幅上涨。另一方面,后悔也可能来自于采取行动的懊悔。比如,你购买了股票乙,之后其价格出现大幅下跌。那么比较起来,采取行动和不采取行动,哪一个更让人感到后悔呢?研究人员发现是前者——采取行动,因为这时你需要对你的错误行为承担责任。因此,人们常常不进行决策,不采取行动,或者不承担责任,以免事后后悔。人们常常后悔自己做了什么,而很少后悔自己没有做什么。一般来看,采取行动造成的后悔程度,要远远高于没有采取行动的后悔程度。

考虑下面两种情况。第一种情况下,汤姆拥有价值1000美元的通用公司股票。他的好朋友建议他卖掉通用的股票,同时买入价值1000美元的福特公司的股票。汤姆经过认真的考虑后,没有听从朋友的建议。一年后,通用的股票下跌了30%,最初的1000美元变成了700美元。第二种情况下,玛丽拥有价值1000美元的福特公司股票。她的好朋友建议她卖掉福特的股票,同时买入价值1000美元的通用公司的股票。玛丽经过认真的考虑后,听从了朋友的建议。一年后,通用的股票下跌了30%,1000美元的投资变成了700美元。以上这两种情况,谁更感到痛苦?汤姆还是玛丽?大多数人会认为,玛丽更加痛苦。是的,因为她的错误行为使她损失了一笔钱,而汤姆却什么都没有做。当然,他们都会感到痛苦,但是玛丽可能更会觉得自己很倒霉:"如果我不买通用的股票该有多好啊!"汤姆的痛苦来自于不采取行动的懊悔,而玛丽的痛苦却是采取行动的懊悔。因此,如果将这种对后悔的厌恶感觉与自己的决策失误联系起来,就会使人倍感痛苦。有趣的是,这种后悔的感觉,会随着承担后果的人数的增多而减少。在遭受损失的同时,如果你发现其他人也在遭受和你同样的损失,可能你的痛苦感觉就会稍微减弱,而如果只有你一个人遭受损失,你的痛苦感觉就会非常强烈。

(二)金融市场中的后悔厌恶

后悔厌恶与处置效应息息相关。处置效应是指投资者往往在很短的时间内出售盈利股票,而在较长时间里持有亏损股票。因为如果出售亏损股票并实现损失,就说明你之前的决策是错误的,而如果出售盈利股票并实现收益,便可以产生自豪情绪,说明你的投资决策是正确的。事实上,基于人类的天性,我们总是不情愿接受损失的发生。毕竟只要现在不卖掉股票,以后这只股票可能不仅反弹,还会有可观的增值。人们不愿意经历卖掉股票后股价上升所带来的后悔感,所以通常不愿意在股价下跌时卖掉股票。

一项研究考察了从1990年11月到1991年1月纽约股票交易所中144家公司里个人投资者的交易情况,研究了消息对投资者决策的影响(Nofsinger,2002)。研究者将消息分为两类:与公司相关的消息和与整体经济状况相关的消息。第一类消息主要影响该公司的股票价格,而第二类消息会对所有公司产生影响。研究发现,与公司相关的正面消息确实会促使股价上涨,并导致投资者出售股票;与公司相关的负面消息使股价下跌,同时导致投资者出售股票。而对于第二类消息,情况却不同。虽然正面消息仍然会带来股价的上涨,负面消息带来股价的下跌,但是当听到正面消息时,投资者反而不愿意出售股票。这与处置效应刚好相反。因为与单只股票相比,如果所有的股票都出现下跌,给投资者带来的痛苦会少一些,其他人也会分担你的痛苦。而如果其他股价都上涨,只有你一个人持有的股票价格下跌,卖出这只股票就意味着你的决策出现了失误,你要独自一人承受懊悔心理。

在金融市场上,后悔厌恶会使投资者的行为非常保守,甚至远离那些近期表现不佳的市场。因为如果市场持续低迷,他们就会为自己的选择感到后悔。尤其是那些过去遭受过损失的投资者,就表现得更加小心谨慎,不敢去尝试大胆的投资,而只愿意去接受一些较低风险的投资组合,这就会导致其业绩长期不佳。

八、可得性偏差

可得性偏差是指人们在对事件进行评估时,往往根据自身对该事件的熟悉程度来判断该事件发生的概率。当事件 A 比事件 B 更容易被人们从记忆中唤起时,人们便认为事件 A 发生的概率比事件 B 要高,尽管两者的概率实际上是相同的。或者说,当人们对事件 A 和事件 B 都不熟悉时,如果事件 A 更容易让人相信,那么即使事件 A 和 B 的实际发生概率相同,人们也会认为事件 A 的概率比较大。

考虑这样一个问题:在一篇随机抽取的英文文章中,找出所有包括字母 K 的单词。设想一下,字母 K 更有可能是某个单词的首字母还是第三个字母?这是丹尼尔·卡尼曼和阿莫斯·特沃斯基做的一项实验(Kahneman and Tversky,1974)。在 152 个受试者中,有 105 人认为字母 K 更有可能是首字母。但这是错误的!事实上,字母 K 为第三个字母的概率,是字母 K 为首字母的二倍!这个实验就是可得性偏差的一个例子。

再考虑这样一个问题:你购买股票了吗?如果回答"是",那么你是如何选择股票的?研究发现,个人投资者更愿意在股票受到高度关注时买入股票,因为这时关于股票的信息更容易获得并受到人们的注意。克里斯托弗·葛达罗斯基(Christopher Gadarowski)考察了股票的信息披露程度和收益率之间的关系,发现那些披露程度很高的股票,在接下来的两年里的收益率低于大盘收益率,可见,并不是所有耀眼的东西都是黄金(Gadarowski,2002)。

在日常生活中,尤其是在面对大量的信息和复杂的情况时,人们并不能完全吸收其全部内容,而是倾向于根据已知的或者能够通过直觉想象出来的信息进行判断。人们常常根据获得信息的容易程度来判断事件发生的频率和可能性,而忽视对事件进行客观和全面的分析。获得信息的容易程度也被称为可得性,它与人们对事件的熟悉程度以及事件的显著性等特征密切相关。很显然,这是一种短视行为。

人们通常仅仅根据已经掌握的信息、记忆的难易程度或者记忆的多寡来判断事件发生的可能性,而不会去主动地寻找更多的相关信息。如果某一事件在媒体或者其他媒介出现的频率比较高,那么人们就倾向于认为这种事件发生的概率很大,高估其发生的概率。卡尼曼和特沃斯基发现,在记忆中搜寻相关信息时,并不是所有的信息都会被准确无误地搜索到,人们会出现严重的回忆偏差和搜索偏差。比如,在回忆包含字母 K 的单词时,人们容易按照习惯,从第一个字母开始联想并搜索,所以很容易回忆起字母 K 作为第一个字母的单词,并错误地认为以 K 为首字母的单词更多。

在金融市场中,投资者经常错误地认为容易联想到的事件比难以联想到的事件发生的概率要高,这也被称为"拇指法则"。金融市场中的可得性偏差,主要受以下几个因素影响。第一,检索的难易程度。投资者往往仅根据他们所获得的信息来选择投资,这些信息主要来自于投资分析师的建议、朋友的劝说、报纸、广告和互联网等,而很少对所有投资选择进行全面的分析和评估。第二,记忆类别。投资者经常按照他们记忆中的类别来选择投资。不容易被联想到的记忆类别,就很有可能被忽略。比如,美国投资者在选择境外投资时,很有可能忽略某些国家的股票,即使这些国家的股票非常有吸引力,因为这些国家的股票不在他们的记忆类别中。第三,经验的有限性。在选择股票时,投资者常常受有限的生活经历或者狭窄的生活空间的限制,所选择的投资经常局限于他们所在的行业、所生活的地区和所认识的人群等。比如,高科技产业的从业人员常常只购买高科技行业的股票。第四,协调性和一致性。在选择股票时,投资者也会受自身性格、行为特征和生活习惯等因素的影响。比如,节俭的投资者就不太可能购买比较昂贵的高市盈率股票。

九、情景依赖

情景依赖是指人们的决策依赖于特定的情景。情景依赖也被称为框架偏差,意味着人们的判断或决策常常受事件呈现或描述方式的影响。当事件以不同的形式被表达出来时,人们做出的决策可能是不一样的。人们的投资选择,可能会根据对投资的情景和内容描述的不同而不同。

比如,图 2.3(1)中的两条线段,哪一条更长?很多人会回答,上面的线段长。但是如果用直线把两条线段连接起来,不难发现,其实这两条线段是一样长的。图 2.3(1)中的箭头使人们产生了视觉幻觉:上面线段的箭头使线段看起来长些,下面线段的箭头使线段看起来短些,这就是经典的缪勒-莱耶(Muller-Lyer)错觉。可见,人们的决策依赖于特定的情景。

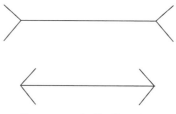

图 2.3(1)　缪勒-莱耶错觉

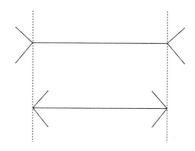

图 2.3(2)　缪勒-莱耶错觉

资料来源:Montier(2002)。

再考虑下面两个问题。

问题1:请在 A 和 B 之间进行选择:

A. 25%的概率盈利240美元,75%的概率亏损760美元。

B. 25%的概率盈利250美元,75%的概率亏损750美元。

问题2:请同时做出下面的决策,并在每个决策中分别进行选择:

决策1:

C. 100%的概率盈利240美元。

D. 25%的概率盈利1000美元,75%的概率获得0美元。

决策2:

E. 100%的概率亏损750美元。

F. 25%的概率获得0美元,75%的概率亏损1000美元。

在问题1的选项 A 和 B 之间,多数人选择 B。因为选项 B 可以使投资者以相同的概率获得较高的收益,并以相同的概率遭受较少的亏损。但在问题2中,多数人的选择分别是 C 和 F。这就与问题1产生了矛盾。因为如果把决策1和决策2加总,就会发现:C 加 F 相当于问题1中的选项 A,而 D

加 E 相当于问题 1 中的选项 B。事实上,问题 2 是一个包括决策 1 和决策 2 的整体事件。在这样的事件中,人们倾向于按照问题的呈现方式或场景,将不同的决策区分开来,形成不同的心理账户,而不是将两个决策统一起来进行判断,这就会对判断和决策造成一定的影响。

一般来看,根据事件的表达方式,可以把情景分为正情景和负情景,这分别是对事件乐观和悲观的表达方式。比如,"服用该种药物后,25%的人能够存活",是一个正情景的陈述;反之,"服用该种药物后,75%的人会死亡",是一个负情景陈述。人们在面对正情景时常常表现为风险规避,而面对负情景时常常表现为风险偏好。研究发现,如果投资分析师以正情景方式来陈述投资建议,就会积极地引导投资行为;反之,如果以负情景方式来陈述,就会削减人们的投资热情。在上面的问题 2 中,决策 1 是一个正情景的陈述,投资者表现为规避风险,接受确定性收益。而决策 2 是一个负情景的陈述,这时投资者就变得风险偏好,愿意冒险去赌一把,而不愿去接受既定的损失。

情景依赖的一个表现是狭窄框架,即人们只关注事件的某一个或某几个方面,而忽视对其他方面甚至更重要方面的考察,这显然不利于决策的全面性和准确性。比如,如果长期投资者过度关注短期价格波动,就会导致过度交易并遭受损失。情景依赖的另一个表现是享乐式编辑,即人们偏好某些情景甚于其他情景。享乐式编辑可以解释投资者对现金股利的偏好。当股票价格上涨时,投资者倾向于将股利和资本收益归入不同的心理账户并区分对待;而当价格下跌时,倾向于将股利和资本损失归入同一个心理账户,并把股利看作是对资本损失的一种缓冲。另外,情景依赖还表现在投资者的评估期限上。或者说,从时间期限的角度来看,投资者也存在情景依赖。即使人们的投资目标是长期的,投资期限也比较长,但如果他们获得的信息是相对短期的,例如每年看到一次财务报表,那么他们很可能会过度地关注资产的短期年度变化,而忽略对长期收益的考察。

理查德·塞勒、阿莫斯·特沃斯基和丹尼尔·卡尼曼等人做了下面的实验,以说明获得信息的频率和方式可以影响到投资者的决策(Thaler et al.,1997)。在这个实验中,有三组受试者。假定每个受试者都管理着一个由基金 A 和基金 B 组成的投资组合。基金 A 的收益模拟债券的收益分布,而基金 B 的收益模拟股票的收益分布。但是,受试者并不知道这一信息。

第一组受试者能够观察到基金 A 和基金 B 的每月收益。在观察到第一个月的数据后,他们需要决定在第二个月中投资于基金 A 和 B 的比例。接下来,在观察到第二个月收益数据后,再继续选择在第三个月中基金 A 和 B 的投资比例,然后观察到收益,以此类推。第二组受试者面对与第一组受试者同样的时间序列数据,但数据被整合为年度数据。也就是说,投资者只能观察到每年的累积收益率,而不能观察到月度波动的数据。在观察到每一年度的数据后,受试者需要决定在下一年里投资组合中基金 A 和 B 的比例,以此类推。第三组受试者面对与前两组受试者同样的数据,并需要做出类似的决策,但这时数据被整合为五年。他们只能观察到五年的累积收益率,既看不到年度变化,也看不到月度变化。200 个月之后,所有三组中的每个受试者都需要选择一个最终的资产组合,用于在接下来 400 个月里进行投资。考虑一下,这三组受试者投资于基金 A 和基金 B 的比例分别是多少呢?哪一组受试者更愿意投资于基金 A 呢?

不难看出,这三组受试者面对的是完全相同的数据,只不过获得数据的时间频率存在不同,所以这三组受试者应该选择相同的对基金 A 和 B 的投资比例。但是结果显示,第一组受试者投资于基金 B 的比例,要低于第二组受试者投资于基金 B 的比例,更低于第三组受试者投资于基金 B 的比例。这不难用情景依赖的心理来解释。第一组受试者观察到的是月度数据,他们倾向采用月度分布为框架。一般来看,月度数据的波动性较强,会表现出比较频繁的损失,而基金 B 模拟股票收益的波动要高于基金 A 模拟债券收益的波动,所以人们对模拟股票分布的基金 B 的投资会表现得非常谨慎,因此,对基金 B 的投资比例就比较小。而第二组和第三组受试者分别以年度收益和五年收益为框架,对于他们来说,基金 B 的投资收益和损失的波动就不是那么强烈,所以他们投资于基金 B 的比例就比较大。可见,情景的呈现形式会影响投资者对收益和损失的判断。

第二节 展望理论

长期以来,预期效用理论是标准金融学的一个重要理论基础,它是由经济学家约翰·冯·诺依曼和奥斯卡·摩根斯坦在 20 世纪 40 年代提出的

(von Neumann and Morgenstern,1944)。预期效用理论描述了人们在不确定情况下的判断和决策。假定人们是理性的且遵循一系列公理,那么预期效用函数可以表示为:$U(x_1,p_1;\cdots;x_n,p_n)=p_1u(x_1)+\cdots p_nu(x_n)$,其中$(x_1,p_1;\cdots;x_n,p_n)$是一般性期望,即投资者以$p_i$的概率得到结果$x_i$,$i=1,2,\cdots,n$,且$p_1+p_2+\cdots+p_n=1$。然而,现实中的人们经常表现为非理性或者有限理性,常常违背预期效用理论所要求的一系列公理。由于受到客观环境改变、自身的知识水平、信息不对称、分析判断工具的不同和自身心理因素等影响,投资者的最优决策往往难以得到实现。随着时间的推移,预期效用理论不断受到理论和现实中的挑战。于是,展望理论应运而生。

丹尼尔·卡尼曼和阿莫斯·特沃斯基对展望理论进行了详细的阐述(Kahneman and Tversky,1979)。他们把人们在不确定情况下的决策分为两个阶段:编辑阶段和估值阶段。与预期效用理论不同,展望理论不是建立在对基本定理的严格演绎的基础之上,而是通过严密的实验设计和经验总结归纳所形成的。在介绍展望理论的基本内容之前,我们先看下面几个实验。

实验1:

博彩1:请在下面两个博彩之间进行选择:

A. 80%的机会获得4000,20%的机会什么也得不到;

B. 100%的机会获得3000。

博彩2:请在下面两个博彩之间进行选择:

C. 20%的机会获得4000,80%的机会什么也得不到;

D. 25%的机会获得3000,75%的机会什么也得不到。

实验2:

博彩3:请在下面两个博彩之间进行选择:

A. 33%的机会获得2500,66%的机会获得2400,1%的机会什么也得不到;

B. 100%的机会获得2400。

博彩4:请在下面两个博彩之间进行选择:

C. 33%的机会获得2500,67%的机会什么也得不到;

D. 34%的机会获得2400,66%的机会什么也得不到。

实验3:

博彩 5：请在下面两个博彩之间进行选择：

A. 45%的机会获得 6000,55%的机会什么也得不到；

B. 90%的机会获得 3000,10%的机会什么也得不到。

博彩 6：请在下面两个博彩之间进行选择：

C. 0.1%的机会获得 6000,99.9%的机会什么也得不到；

D. 0.2%的机会获得 3000,99.8%的机会什么也得不到。

实验 4：

博彩 7：请在下面两个博彩之间进行选择：

A. 25%的机会获得 6000,75%的机会什么也得不到；

B. 25%的机会获得 4000,25%的机会获得 2000,50%的机会什么也得不到。

博彩 8：请在下面两个博彩之间进行选择：

C. 25%的机会损失 6000,75%的机会什么也不损失；

D. 25%的机会损失 4000,25%的机会损失 2000,50%的机会什么也不损失。

实验 5：

博彩 9：请在下面两个博彩之间进行选择：

A. 0.1%的机会获得 5000,99.9%的机会什么也得不到；

B. 100%的机会获得 5。

博彩 10：请在下面两个博彩之间进行选择：

C. 0.1%的机会损失 5000,99.9%的机会什么也不损失；

D. 100%的机会损失 5。

结果显示，实验 1 的博彩 1 中，大多数人们选择 B，博彩 2 中大多数人选择 C。在实验 2 的博彩 3 和博彩 4 中，大多数人分别选择 B 和 C。在博彩 5 和博彩 6 中，大多数人分别选择 B 和 C。实验 4 中，大多数人分别选择 B 和 C。实验 5 中，大多数人分别选择 A 和 D。

针对这些实验，考虑下面三个问题：1) 在每一个博彩中，你的选择是什么呢？2) 你的选择和大多数人的选择一致吗？3) 你的结果可以用预期效用理论来解释吗？比如，在实验 2 中的博彩 3，根据预期效用理论，如果 B 优于 A，那么意味着 $u(2400) > 0.33u(2500) + 0.66u(2400) \Leftrightarrow 0.34u(2400) >$

$0.33u(2500)$;如果在博彩 4 中,C 优于 D,那么意味着 $0.34u(2400)<0.33u(2500)$。很显然,人们在博彩 3 和博彩 4 中的选择是矛盾的,违背了预期效用理论。再看实验 3 中的博彩 5,A 和 B 两个选项获利的概率都比较大,这时人们愿意选择概率较大的 B。而在博彩 6 中,获利的概率都非常小,人们则愿意选择获利较多的 C。很显然,这个现象也违背了预期效用理论。

一、展望理论的基本内容

展望理论把人们在不确定情况下的决策过程分为两个阶段:早期的编辑阶段和接下来的估值阶段。在编辑阶段,人们对给定的期望进行组织和整理,得到其简化形式。在估值阶段,人们对被编辑过的期望进行估值,并选出价值最高的期望。

第一个阶段是编辑阶段。为了方便对期望进行估值,在这一阶段人们通过一些方法,例如改变概率或结果的表达方式等,来对给定的期望进行整理和简化。具体的方法如下。

① 编码:这是指将最终财富理解为损失或者收益,因为与最终的绝对财富相比,人们更关心相对于某个参照点的损失和收益。如果选择当前的初始财富为参照点的话,那么损失和收益就可以理解为需要支付或者获得的数额。值得注意的是,参照点的选取以及对损失和收益的编码,会直接影响后面的估值过程。

② 合成:通过把发生概率相同的结果进行相加,以实现对期望的简化。例如,期望$(200,0.25;200,0.25)$可以简化为$(200,0.5)$。

③ 分离:这是将确定的或无风险的部分从有风险的期望中分离出来。比如,期望$(300,0.8;200,0.2)$可以分解为无风险的确定性收益 200,和有风险的期望$(100,0.8)$。类似地,期望$(-400,0.4;-100,0.6)$可以分解为无风险的确定性损失 100,和有风险的期望$(-300,0.4)$。

④ 删除:在对不同的期望进行比较时,可以删除其中的共同部分,例如相同的发生概率和结果的组合。比如,在期望$(200,0.2;100,0.5;-50,0.3)$和期望$(200,0.2;150,0.5;-100,0.3)$之间进行选择,相当于在期望$(100,0.5;-50,0.3)$和期望$(150,0.5;-100,0.3)$之间进行选择。

⑤ 简化:通过对概率或结果进行凑整,使期望得到简化,例如忽略概率

极其小的结果。例如,期望(101,0.49)可以简化为(100,0.5)。

⑥ 优势检查:通过对不同期望进行检查,可以检测到完全占优和被占优的期望,从而直接拒绝那些被占优的期望。例如,在期望(200,0.2)和(200,0.4)之间进行选择,很明显,后者占优,也就是说,(200,0.4)是优于(200,0.2)的。

第二个阶段是估值阶段。在这个阶段,人们对已经被编辑过的期望进行估值,并选出价值最高的期望。期望的总价值 V 可以用两个尺度来衡量:价值函数 v 和权重函数 π。价值函数 $v(x)$ 反映了结果 x 的主观价值。这里的 x 是指相对于参照点的偏离,即收益或损失,所以 v 函数衡量的是收益或损失的价值。权重函数 $\pi(p)$ 反映了发生概率 p 对期望价值的影响。需要指出的是,这里 $\pi(p)$ 并不等同于事件发生的客观概率 p,即 $\pi(p) \neq p$,且 $\pi(p)+\pi(1-p)<1$。

简单期望的一般表达形式为 $(x,p;y,q)$,意味着以 p 的概率获得 x,以 q 的概率获得 y,以 $1-p-q$ 的概率获得 0,其中 $p+q \leqslant 1$。这种形式至多有两种非零结果。对简单期望的估值分为两种情况。第一种情况是一般性期望,即 $p+q<1$,或 $x \geqslant 0 \geqslant y$,或 $x \leqslant 0 \leqslant y$。期望的总价值为 $V(x,p;y,q)=\pi(p)v(x)+\pi(q)v(y)$,其中 $v(0)=0$,$\pi(0)=0$ 和 $\pi(1)=1$。第二种情况是严格正期望或严格负期望。如果期望的结果全部为正,即 $x,y>0$,且 $p+q=1$,那么就是严格正期望;如果结果全部为负,就是严格负期望。由于在编辑阶段,这类期望已被分解为① 无风险的部分,即确定的最小收益或最小损失,和② 有风险的部分,即额外的不确定收益或损失,因此估值方法如下:如果 $p+q=1$,并且 $x>y>0$,或者 $x<y<0$,那么 $V(x,p;y,q)=v(y)+\pi(p)[v(x)-v(y)]$。也就是说,严格正期望或严格负期望的价值,等于无风险部分的价值加上不同结果间的价值差与极端结果的权重的乘积。

(一)价值函数

图 2.4 是价值函数的一般形状。价值函数呈 S 型,且在参照点附近最为陡峭。它主要有下面三个特征。

第一,价值函数衡量的是相对财富的价值。展望理论的一个特色就是把财富的变化量而不是财富的绝对水平作为价值的来源。展望理论利用这一假设成功地解释了不确定性决策中的"阿莱悖论"。图 2.4 中的横轴衡量

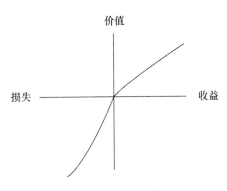

图 2.4 价值函数

资料来源:Kahneman and Tversky(1979)。

的是收益和损失,这是相对于参照点的偏离。所以,价值的载体是福利或财富水平的变化,而不是其最终状况。严格地讲,价值函数受两个因素影响:作为参照点的初始状态和对参照点的偏离。价值函数的这一特征与人们在日常生活中的感知相吻合。比如,当被问及"今天的天气如何"时,你会怎样回答?显然,这与参照点的选取密切相关。今天的天气可能比炎热的夏天要凉爽些,但比寒冷的冬天要缓和些。类似地,在判断光亮强度和声音大小时,人们很可能感觉到的是与参照点的差异,而不是最终量度。

第二,人们在获得收益时表现为风险规避,在获得损失时表现为风险偏好。具体体现为价值函数在收益区间呈凹性,在损失区间呈凸性。也就是说,在亏损的时候,投资者非常敏感,面对股价的波动更加激进,而并不急于卖出,而在盈利的时候,投资风格会变得保守,愿意尽快卖出以锁定利润。另外,收益和损失的边际价值都是递减的,随着收益和损失的量的增加而减少。比如,人们会感到获得 100 元和获得 200 元之间的差别,要大于获得 1100 元和获得 1200 元之间的差别。

展望理论的这一性质可以从实验 4 的博彩 7 和博彩 8 中得到印证。在博彩 7 中,大多数人选择 B,博彩 8 中,大多数人选择 C。根据一般性期望的价值表达式,可以得到 $\pi(0.25)v(6000)<\pi(0.25)[v(4000)+v(2000)]$ 和 $\pi(0.25)v(-6000)>\pi(0.25)[v(-4000)+v(-2000)]$,因此,$v(6000)<v(4000)+v(2000)$,且 $v(-6000)>v(-4000)+v(-2000)$。这与价值函数在收益区间呈凹性、在损失区间呈凸性相一致。

第三,价值函数在损失区间内更加陡峭,即决策者对边际损失比边际收益更加敏感。这与损失厌恶心理是一致的。相对于收益,损失对人们的影响比较大。损失一定数量的金钱后所感到的痛苦,比获得同样数量的金钱后所感到的快乐要大。

(二) 权重函数

权重函数的一个重要特征是:$\pi(p)$是p的增函数,且$\pi(0)=0$,$\pi(1)=1$,意味着不可能事件被忽略不计。$\pi(p)$可以看作是与概率p事件相关的权重与确定性事件(概率为1)相关的权重之间的比例。值得注意的是,权重函数不等同于概率,也不遵循概率的一般性公理。

图2.5是权重函数的一般形状。可以看出,π函数是非线性的且在开区间内相对平缓,但在端点附近突然发生变化。这种不连续性,意味着人们对极端事件的理解和评估能力是有限的,很容易把极端大概率事件看作是确定性事件,而把非常不可能事件忽略掉。

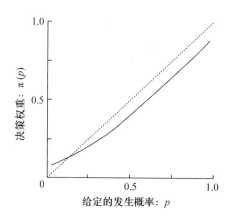

图2.5 权重函数

资料来源:Kahneman and Tversky(1979)。

权重函数的具体特征如下。

第一,小概率事件的次可加性。对小概率p来说,权重函数$\pi(p)$是p的次可加函数。也就是说,如果$0<r<1$,那么$\pi(rp)>r\pi(p)$。在博彩6中,选项C优于D,即(3000,0.002)<(6000,0.001)。由期望的一般表达式,可以得到$\pi(0.001)/\pi(0.002)>v(3000)/v(6000)>1/2$。

第二,小概率事件被赋予过度权重。也就是说,对于小概率p,有$\pi(p)$

$>p$。在博彩 9 和 10 中,人们选择 A 和 D,意味着$(5000,0.001)>(5)$和$(-5000,0.001)<(-5)$。由期望表达式,可以得到$\pi(0.001)v(5000)>v(5)$,由于价值函数在收益区间呈凹性,故$\pi(0.001)>v(5)/v(5000)>0.001$。这一性质可以解释人们对彩票和保险的偏好。人们更愿意购买彩票,而不是确定地获得一个较低的预期价值。类似地,与以较小的概率遭受较大的损失相比,人们更偏好确定性的较小损失,这相当于支付一定数额的保费,用来避免以较小概率发生的较大损失。

第三,次确定性。互补事件的权重之和,要小于确定性事件的权重。对于所有的 $0<p<1$,有 $\pi(p)+\pi(1-p)<1$。这可以从"阿莱悖论"的例子中得到证实。在博彩 3 和博彩 4 中,大多数人选择 B 和 C,意味着$(2500,0.33;2400,0.66)<(2400)$,和$(2500,0.33)>(2400,0.34)$。由此可以得到:$v(2400)>\pi(0.66)v(2400)+\pi(0.33)v(2500) \Leftrightarrow [1-\pi(0.66)]v(2400)>\pi(0.33)v(2500)$ 和 $\pi(0.33)v(2500)>\pi(0.34)v(2400)$。由此,得到$[1-\pi(0.66)]v(2400)>\pi(0.34)v(2400) \Leftrightarrow \pi(0.66)+\pi(0.34)<1$。

第四,次比例性。对于固定比例的概率,较小概率对应的决策权重的比例更接近 1。当 $0<p,q,r\leq 1$ 时,如果 (x,p) 与 (y,pq) 无差异,那么 (x,pr) 不优于 (y,pqr),有 $\pi(pq)/\pi(p) \leq \pi(pqr)/\pi(pr)$。

二、展望理论的性质

第一,确定性效应。莫里斯·阿莱提出了著名的"阿莱悖论",这是最早出现的预期效用理论的一个反例(Allais,1953)。阿莱通过一系列实验说明了展望理论中的确定性效应。相对于不确定的结果,人们对相对确定的结果更加重视,而对不确定的结果持比较排斥的态度。

人们总是相对地高估确定事件的结果,而相对地低估不确定事件的结果。也就是说,人们更加偏好确定性收益。即使降低相同的百分点,从确定性收益变为不确定性收益,比起同在不确定性收益之间进行变化,会给人们的效用水平带来更大程度的下降。以实验 2 中的博彩 3 和博彩 4 为例。如果把博彩 3 中的 A 和 B 两个选项,同时去掉以 66% 的概率获得 2400 的事件,就会得到博彩 4。但是,这种变化给人们的选择带来了重大改变,人们对博彩 3 中确定性收益的偏好会出现大幅度下降。类似地,在实验 1 的博彩 1 中,大多数人选择 B,而博彩 2 中,大多数人选择 C。可见,获得收益的概率从 1 下降到 0.25,比从 0.8 下降到 0.2,对受试者的影响要大。

第二,反射效应。面对不确定情况下的收益和损失,投资者存在两种截然相反的行为特征。人们在面对盈利和亏损时对待风险的态度存在明显差异。在面对收益时,投资者有风险规避的倾向,希望尽快实现获利;而在面对损失时,存在风险偏好的倾向,不愿意将已发生的损失变成现实。

表 2.2 是人们对正期望和负期望的偏好。可以看出,每一个负期望都是相对应的正期望的镜像,以 0 为中心的反射导致人们的偏好发生逆转,因此被称为反射效应。一般看来,对正期望的偏好相当于对收益的偏好,对负期望的偏好相当于对损失的偏好。反射效应进一步印证了确定性效应。相对于不确定性事件来说,人们对确定性事件赋予更高权重。比如,博彩 1 正是对确定性赋予更高的权重,导致人们对正期望的风险规避和对负期望的风险偏好。也就是说,在正的收益区间,人们表现为风险规避,即相对于概率较小的更大收益,人们更加偏好确定性收益;而在负的收益区间,人们表现为风险偏好,即相对于确定性损失,人们更加偏好以可以接受的概率水平遭受更大损失。例如在博彩 1′ 中,相对于确定性损失 3000,人们更愿意以 80% 的概率损失 4000,尽管后者的预期效用水平比较低。

表 2.2 对正期望和负期望的偏好

正期望	负期望
博彩 1:(4000,0.8)<(3000)	博彩 1′:(−4000,0.8)>(−3000)
博彩 2:(4000,0.2)>(3000,0.25)	博彩 2′:(−4000,0.2)<(−3000,0.25)
博彩 5:(3000,0.9)>(6000,0.45)	博彩 5′:(−3000,0.9)<(−6000,0.45)
博彩 6:(3000,0.002)<(6000,0.001)	博彩 6′:(−3000,0.002)>(−6000,0.001)

资料来源:Kahneman and Tversky (1979)。

第三,分离效应。这是投资者在做决策时的短视性心理。在面临一系列决策时,为了方便选择,人们常根据个人的心理偏好将整个期望进行分解,之后只接受其中与自己偏好相吻合的部分,而对期望中的其他部分乃至整体都予以忽略。或者说,人们倾向于将整个事件按照不同的方法划分为不同的阶段,而不同的划分方法和处理方式会带来不同的偏好和选择,从而带来分离效应。

考虑一个两阶段实验。在第一阶段,有 75% 概率获得 0,则实验结束;有 25% 的概率进入到第二阶段。在第二阶段,受试者面临博彩 1,即需要在

A:(4000,0.8)和 B:(3000)之间进行选择。问题是:你的选择是 A 还是 B?该实验要求受试者必须在实验开始之前,也就是说,在第一阶段结果出来之前做出选择。结果显示,有 78% 的受试者选择后者,即选项 B。现在我们尝试把这两个阶段结合起来,从最终结果来看,将有 0.25×0.8=0.2 的概率获得 4000,有 0.25×1.0=0.25 的概率获得 3000。也就是说,人们需要在博彩 2 的 C:(4000,0.2)和 D:(3000,0.25)之间进行选择,而面对博彩 2,人们的选择却是前者,即选项 C。这与前面的实验结果不一致。对这个现象的一个可能解释是,在对两个期望进行比较时,人们常常忽略期望中的共同部分,过分关注不同的部分,导致偏好出现不一致。人们忽略了实验的第一阶段,误认为这个实验与博彩 1 相同,而事实不然。图 2.6(1)、图 2.6(2)分别是这

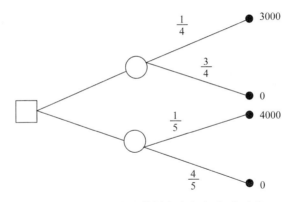

图 2.6(1) 实验的决策树表达方式:标准形式

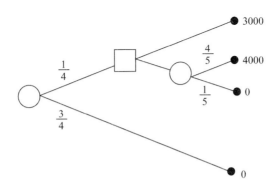

图 2.6(2) 实验的决策树表达方式:序贯形式

资料来源:Kahneman and Tversky (1979)。

个实验在决策树下的标准形式和序贯形式。可以看出,这两个图形的差别在于决策点位置不同。在图2.6(1)中,人们需要在两个有风险的期望之间进行选择;而在图2.6(2)中,人们需要在有风险期望和无风险期望之间选择。

最后,我们看下面两个问题:

问题1:不管当前资产多少,你将获得1000的收益。请在下面两个博彩之间进行选择:

A. 50%的机会获得1000,50%的机会什么也得不到;

B. 100%的机会获得500。

问题2:不管当前资产多少,你将获得2000的收益。请在下面两个博彩之间进行选择:

A. 50%的机会损失1000,50%的机会什么也不损失;

B. 100%的机会损失500。

结果显示,在问题1中大多数人选择B,在问题2中大多数人选择A。容易看出,这个结果与反射效应是一致的,即人们对正期望表现为风险规避,而对负期望表现为风险偏好。但是,如果考虑到最终结果和发生概率,那么以上这两个问题是相同的:A=(2000,0.5;1000,0.5)=C 和 B=(1500)=D。换句话说,如果把问题1的初始收益加上1000,再在两个期望结果中减去1000,就可以得到问题2。然而,大多数人并没有考虑到这两个问题的共同部分,即1000的收益。可见,人们更加关注的是财富的变化,而不是最终的财富状况。以上这两个实验说明,人们的偏好可以因概率的表达方式的不同而不同,也可以因结果的表达方式的不同而不同。

第三节 股票市场的异常现象

自标准金融学基本体系形成以来,市场中始终存在着一些无法解释的异常现象,被称为"异象",这些异常的价格、异常的波动不断扰乱着标准金融学带给我们的直觉,形成了对有效市场理论的强有力的挑战。最初,人们把这些异象当成偶然事件来处理,认为这些异象在常理之外,听之任之无须理会。但是,异象频发表明异象绝非偶然,在标准金融学构建的"常识"之外,似乎还存在另一种认知框架。社会科学同自然科学一样,肩负着解释现实世界的任务,昭示其中的规律,以帮助我们更好地认识世界、掌控世界。一种理论的解释力越强,其生命力也就越旺盛。标准金融学恰好就是在这一方面相当薄弱,受到了来自行为金融学的挑战。比如,在有效市场假说的框架下,即使市场仅仅是弱有效形式,股价也应该反映大部分信息,至少是所有过去的信息,那么股市的灾难性波动应该是极小概率事件,从时间上来讲应当百年、千年一见。但是现实中股市的灾难性波动却屡见不鲜:1929年10月29日美国股市的"黑色星期二",道指日跌幅达22%,即使经济学家欧文·费雪也不能幸免于难,在这次股灾中倾家荡产;1973年香港股灾,恒生指数跌幅达91%,"置地饮牛奶""鱼翅捞饭"成为笑谈;2000年美国互联网泡沫破灭……一系列事件不禁使人们反思:市场真的是有效的吗?在这一部分,我们将对整体股票市场和个体股票市场中的一些异象加以介绍。

一、整体市场异象

(一)股权溢价之谜

股权溢价是指股票收益率与无风险资产收益率之间的差额。根据标准金融学中的资本资产定价模型(CAPM),资产价格应该由无风险利率和风险溢价组成,一种资产的风险越高,表现为其相对市场组合收益率的波动 β 越大,那么该项资产的收益率越高。市场上不同的资产定价都应当遵守 CAPM 模型。因此,风险与收益应该呈正相关关系。一般认为,与无风险的资产——例如债券——相比,股票具有更高的风险,因此,股票应该提供一个较高的收益率以作为对承担风险的补偿。这部分超额收益率就被称为股权溢价。然而,从历史数据来看,股票的平均收益率远远地超过债券的收益率,其"溢价"的程度远远超出了标准金融理论的解释范围,因而被称为"股权溢价之谜"。

1985年,拉吉尼什·梅拉(Rajnish Mehra)和爱德华·普雷斯科特(Edward C. Prescott)在合作的论文《股权资本溢价:一个谜团》中,首次提出了股权溢价之谜(Mehra and Prescott,1985)。他们利用美国股票市场1889年至1978年的数据进行实证研究,发现这段期间以 S&P500 指数衡量的股票市场的年均收益率约为6.98%,但是同一时期以国库券的年均收益率衡量的无风险利率却只有 0.8%，股票市场的收益率远远高于债券市场的收益率，股权溢价约为 6.18%。而根据标准金融理论，在传统的资产定价理论下进行一般均衡分析，并采用数值模拟，能够推导出的最大溢价水平仅为 0.35%。这一数值远远低于真实的 6.18% 的溢价水平，所以被称为"股权溢价之谜"。

这两位学者利用了罗伯特·卢卡斯（Robert Lucas）提出的具有同质消费者的纯交换经济中的标准资产定价模型（Lucas，1978），并在其基础上进行修改，以找出一个风险厌恶系数 α，既符合模型也符合美国的实际数据。风险厌恶系数 α 与连续两期消费的替代比例有关，如果消费者是极端厌恶风险的，那么他对未来资产进行折现时将会使用很高的折现率，即很小的贴现因子，因为对于风险敏感者而言，所有资产的风险溢价都会变得更高，普通消费品即真实资产也不例外。人们越厌恶风险，折现率越高，意味着需要用越多的未来消费来替代当前的单位消费，故风险厌恶系数即连续两期消费的替代比例也就越高。根据以往学者的估计，该风险厌恶系数 α 一般在 1 至 2 之间，最高不超过 10。梅拉和普雷斯科特将风险厌恶系数在 0 到 10 之间进行调整，得到了符合模型的无风险利率和风险溢价集合（图 2.7）。很显然，观测到的无风险利率 0.8% 与风险溢价 6.18% 不符合理论估计，在给定风险厌恶系数为 10 的情况下，最高的溢价也不过 0.35%，远远低于实际情况。如果要得到 6.18% 的风险溢价，必须将风险厌恶系数提高到非常高的程度，这意味着人们极端偏好当前消费，因为降低一单位当前消费所损失的效用远远高于增加一单位未来消费所获取的效用。

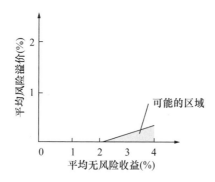

图 2.7　平均股权风险溢价和实际收益的可能的集合
资料来源：Mehra and Prescott（1985）。

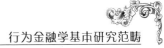

如何对股权溢价之谜进行合理的解释,是多年来困扰经济学家的一个问题。如果投资股票市场能够获得较高的收益,那么,为什么还有大量的投资者选择购买收益较低的债券呢?如果股票确实是一种很吸引人的资产,那么,为什么人们不愿意持有这种资产,而要求一个很高的收益率作为投资补偿呢?

直觉上看,股权溢价水平是由股权风险水平和投资者的风险规避程度共同决定的。其中,股权风险主要指股权收益和消费增长率之间的相关关系。在现实市场中,消费增长是十分平滑和稳定的过程,与股权收益的相关性较低,所以股权溢价水平也应该较低。如果这一说法成立的话,那么,股权溢价之谜似乎就只能用投资者的风险规避程度来解释了。我们知道,与债券市场相比,股票市场具有更高的风险。而投资者是风险规避的,为了吸引他们投资股票,股票的收益率必须高于无风险债券的收益率。但是,如果仅仅把股票的超额收益率归因于投资者的风险规避,那么根据标准金融理论得出的投资者的风险规避程度就会高得离谱。换句话说,一个具有正常风险规避程度的投资者,在面对股票市场的超额收益率时,应该更多地投资于股票,从而股票的收益率会得到有效的降低。可见,用风险规避程度来解释如此高的溢价水平是行不通的。出于某种非风险规避的原因,投资者更加偏好无风险债券。具体来说,投资者的风险厌恶系数 α 越高,风险规避程度就越高。梅拉和普雷斯科特发现,为了解释高达 6.18% 的溢价水平,风险规避系数 α 的取值应该高达 30 到 40,而这一水平是非常不切实际的!投资者在现实中的风险厌恶程度并没有那么高,α 的正常变动范围是 0 到 2 之间。

具体来看下面的小实验。假定你是家庭中唯一工作并获得收入的人。这份工作收入可以满足你和你家庭成员每年的全部生活开销。现在,你面临一个新的工作机会。这个新的机会与你既有的工作不相上下,但你有50%的可能获得原来收入的 2 倍,有 50% 的可能使收入减少 x 个百分点。如果你对这两份工作的偏好没有差异的话,那么,x 的取值应该是多少呢?容易看出,x 的取值越低,你的风险厌恶程度就越高。实验结果显示,人们的平均答案是 23。但是,为了能够解释现实中的股权溢价水平,x 的取值应该是 4! 4% 和 23% 的差异是不可忽视的,故人们表现得并不是像模型中要求得那样风险规避。所以,现实中如此高的股权溢价水平是很难用标准金融理论来解释的。

现在的问题是:既然股票的收益率远远高于债券收益率,并且其中的溢价不能完全由风险来解释,为什么人们还会购买债券呢?1989年菲利普·韦尔(Philippe Weil)利用与梅拉和普雷斯科特相同的数据,采用非期望效用偏好研究,指出另外一个问题——"无风险利率之谜"。如果消费者的相对风险厌恶程度很高,一方面其风险溢价高,将未来资产进行折现的折现率应该很高,另一方面其储蓄意愿也会非常低,资金池供给不足,无论从哪个方面来看,无风险利率都应该很高,但美国实际的无风险利率不到1%,因而韦尔在这里提出的"无风险利率之谜",加大了"股权溢价之谜"的解释难度(Weil,1989)。拉里·爱泼斯坦(Larry Epstein)和斯坦利·辛(Stanley Zin)利用广义预期效用函数来解释这个难题,在此效应函数之下相邻两期消费的跨期替代率与风险厌恶系数没有直接关联,所以高股权溢价和低无风险利率能够共存,但是这一模型中存在无法观测的数据,其解释力不能令人信服(Epstein and Zin,1991)。

1990年乔治·康斯坦丁尼德斯(George Constantinides)引入了"习惯形成"的概念,再次修正了效用函数的形式(Constantinides,1990)。既有研究所使用的效用函数,都假设当期消费不会影响下一期的消费需求,但是现实中,一旦当期消费水平确定,实际上便形成了一种消费习惯,使下一期消费偏离该习惯将变得很困难,特别是在当期消费水平较高时,减少下一期的消费是非常不容易的,所以消费者的边际效用函数应当是消费水平的增函数。对效用函数进行了这样的修改之后,即使风险厌恶系数很低,也能够得到较高的股票超额收益。但是后续研究表明,该模型只能够解释很小一部分股权溢价,对于市场上超高的股权溢价仍然无能为力。

1995年斯蒂芬·布朗(Stephen Brown)和威廉·戈茨曼(William Goetzmann)利用生存偏差来解释股权溢价(Brown and Goetzmann,1995)。用于衡量股票收益率的股票指数从某种程度上来讲是一种"赢家指数",因为股指会挑选各行业最具代表性、经营状况良好的公司股票,并且当某成分股在以上两个方面出现问题时,股指会及时剔除并加入新的代替股。因此,由于经济衰退和金融危机等因素而在市场上消失的输家股票无法被股指所反映,股指所反映的生存下来的股票普遍具有较高收益。如果把市场上所有的股票(包括赢家股和输家股)都纳入考虑,而非仅仅使用股指进行收益率估计,那么股权溢价应该没有那么高。但是要整合赢家股票和输家股票的数据并非易事,这两位学者也仅仅是从理论上解释了股权溢价之谜,并没有将考虑生存偏差的数据代入模型进一步验证。

行为金融学从另一个角度来考虑这个谜题。1995年施莫·贝纳茨(Shlomo Benartzi)和理查德·塞勒基于展望理论提出新的观点(Benartzi and Thaler,1995)。展望理论指出人们有一种损失厌恶的心理,获得一单位财富的喜悦不如失去一单位财富的痛苦更深刻,所以对于一种零和博弈$(x,0.5;-x,0.5)$来说,虽然各有50%的概率得到相同的收益或损失,它带给人们的总效用却是负的,人们不愿意参加这种赌博。假设股票市场每天价格上涨和下跌的概率分别为50%,出于相同的原因,人们会觉得这种价格变化不那么讨人喜欢,损失厌恶微妙地转化为了风险厌恶,为了忍受这种厌恶感,必须有更高的风险溢价。

进一步而言,随着关注损益的频率变高,人们感受到的风险就越高。如果一位投资者每十年才关注一次证券账户的损益,由于大部分波动在过程中已经得到抵消,直观的风险显得很低,但是如果他每天都检查账户,即使股票的波动完全相同,他也会因为短期无规律波动而显得战战兢兢,从而要求更高的风险溢价。相对于债券,股票的投资期限更短、关注频率更高,所以存在基于后悔厌恶的风险溢价。尼古拉斯·巴伯瑞斯(Nicholas Barberis)、黄明(Ming Huang)和塔诺·桑托斯(Tano Santos)提出的BHS模型也能解释股票超常溢价(Barberis,Huang and Santos,2001)。正如在"股市波动之谜"中指出的那样,在股票投资中过去的损失或收益将会改变投资者的风险厌恶程度,从而改变对股票价值的真实预期,使股价朝着相同方向继续运动,导致股价的过度波动。但是投资者并不能察觉到自己风险态度的变化,他们只能观察到市场上股价一次次被推高,再一次次暴跌。这些由他们自身引起的股价过度波动,最终使投资者得出结论:股票市场是一个充满了风险的冒险场所,应当要求更高的回报率。因此,用于解释股市波动的BHS模型也能在一定程度上对股权溢价进行解释。

(二)波动性之谜

除了令人诧异的股权溢价水平,股票市场的过度波动也引起了经济学家的关注。在现实市场中,股票价格长期偏离其基本价值,而且股价的波动性也是非常大的。这种现象是无法用标准金融学中的信息变化、股利变化、实际利率变化等理性因素进行解释的,故被称为"波动性之谜"。1999 年约翰·坎贝尔(John Y. Campbell)和约翰·科奇瑞恩(John H. Cochrane)对 1871 年到 1993 年的股票市场数据进行了考察,发现 S&P500 指数的超额对数收益率的年度标准差是 18%,价格股利比的对数年度标准差是 27%,这都显著地高于理论上的预测范围(Campbell and Cochrane,1999)。

股市中的波动性之谜还表现为市场对非信息的反应。即使在没有出现任何新信息的情况下,股价也可能发生剧烈变化,从而产生股票市场的暴涨暴跌现象。比如著名的"黑色星期一"事件——1987 年 10 月 19 日星期一,美国股市价格在一天之内下跌了将近 25%,而这一事件与基本价值的变动没有任何关系。

如果有效市场假说成立,那么股票价格应该反映了大部分的信息,就算市场上释放新的信息,也难以引起大规模的波动。比如,罗伯特·卢卡斯于 1978 年提出了连续时间的标准资产定价模型(Lucas,1978)。假定在一个纯交换经济中,人们将财富用于消费和投资,投资的资产获得资本利得与股利,新产生的财富仍然全部用于消费和投资,优化目标为最大化未来由消费带来的效用的贴现之和,对该优化问题进行求解,最终得到了连续时间下的资产定价公式。该公式表明资产价格应当是未来股利的贴现之和,与未来股利、利率和消费有关。

但是仅利用股利和消费很难解释股价的大幅度波动。希勒提出,在股市的讨论之中总有一个流行的观点,那就是股票指数的变动看起来太"易变"了,并且很难把这些变动全部归因于客观释放的新信息(Shiller,1981)。他估算了 S&P500 指数的基本价值,并与实际价格进行了比较。前述图 1.1 中的实线 p 是 S&P500 指数的实际股票价格,而虚线 p^* 是估算出的基本价值。结果表明,基本价值曲线呈平稳的趋势变动,而实际股票价格却发生了剧烈的波动。那么,为什么在股利支付和基本价值比较平滑的情况下,股票价格出现如此大幅度的变化呢?

标准金融理论尝试用下面的模型来对波动性之谜进行解释。根据净现值公式,可以得到

$$R_{t+1} = \frac{P_{t+1} + D_{t+1}}{P_t} = \frac{1 + P_{t+1}/D_{t+1}}{P_t/D_t} \times \frac{D_{t+1}}{D_t}$$

其中,P_t 是股票在 t 期的价格,D_{t+1} 和 R_{t+1} 分别是从 t 期到 $t+1$ 期的股利支付水平和收益率。根据这一等式,左边 R_{t+1} 的变化应该由等式右边的两项来解释。而实证研究显示,股利增长率(D_{t+1}/D_t)的对数标准差仅为 12%。这样,高达 18% 的收益率(R_{t+1})的波动,就只能用价格股利比(P/D)的波动来解释了。

一般认为,价格股利比的变化主要来自于三方面的因素:股票折现率、未来股利增长率的预期和对未来价格股利比的预期。其中,折现率的变化会受到未来无风险收益的预期变化、对风险水平的预期变化和风险规避程度的变化等因素的影响。尽管这些因素似乎都可以解释价格股利比的变化,但是在理性分析的框架下,对股市波动性之谜的大部分解释都站不住脚。比如,如果未来股利增长率的预期能够影响价格股利比,且预期是理性的话,那么反过来,利用价格股利比,就应该能够预测未来现金流的增长率,从而能够预测股票的基本价值,而事实上,这是不能预测的。再比如,如果对折现率和无风险利率的预期能够影响价格股利比的话,那么反过来,利用价格股利比也应该能够预测未来的无风险利率,而事实上,这也是不成立的。那么,价格股利比的变化似乎就只能用对未来价格股利比的预期来解释了。这与理性泡沫模型相吻合。在这个模型中,投资者预期股利价格比将以爆炸性的增长速度长久地持续下去。具体来说,当期的股价较高是因为投资者预期在下一期股票的价格会更高;下期价格会更高,是因为投资者预期到在接下来的一期,价格还会更高……这种模式会一直进行下去。尽管这一模型看起来很有说服力,但要注意,这个模型成立的条件是极为严格的。综上所述,标准金融理论无法对过度波动性给出合理的解释。

约翰·坎贝尔尝试解决股价波动问题(Campbell,1991)。他将股票回报的方差进行分解,结果表明整体股市的大多数波动都蕴含着有关未来回报的信息,而不是未来股利。也就是说,有关股市超额回报——而不是股利增长和实际利率变化——的预期将会影响股价的波动。因此,标准金融学利用未来股利贴现模型来为股票定价并不能解释股票市场的实际波动。坎

贝尔将这种现象称为"股市波动之谜"。2000年希勒在其著作《非理性繁荣》中成功预测了2000年互联网泡沫的破灭,证实了股票市场中非理性因素的存在,对有效市场假说造成冲击(Shiller,2000)。他告诫投资者,不要太过相信自己掌握的金融资产价格波动规律,目前的金融学无法完全理性地预测和理解股价的波动规律,导致股价变动的原因涉及生育高峰、赌博文化、媒体、政治等多方面的因素,而人的诸多非理性心理会使他们对未来的预测极不准确。

很多经济学家尝试从不同方面解释股市波动之谜,其中最著名的模型莫过于巴伯瑞斯、黄明和桑托斯提出的BHS模型(Barberis,Huang and Santos,2001)。BHS模型结合了展望理论,将前期收益或损失对投资者心理的影响考虑进去:从前的成功将会降低投资者的风险厌恶心理,从前的失败则会增加投资者的风险厌恶心理。从数学上讲,如果前期价格上涨,投资者得到了前期收益,那么他的风险厌恶程度将会降低,因此对于未来股价的预期将会升高,使得折现率降低,这导致股价会继续在上升的趋势中运动,最终导致对基本价值向上的偏离。而如果投资者前期受到了损失,股价因为风险厌恶程度的变化而进一步下跌,结果造成股价的过度波动。

(三)可预测性之谜

实证研究表明,股票收益是可以被预测的,这与市场有效性假说相违背。尤金·法玛和肯尼思·弗伦奇采用纽约股票市场从1941年到1986年的月度数据,发现在未来四年的收益率变化中,有27%可以用价格股利比来解释(Fama and French,1988)。事实上,可预测性之谜与波动性之谜是密切相关的。如果存在一种理论能够解释波动性之谜,那么,这种理论也一定能够解释可预测性之谜,因为从前面的等式中可以看出,对收益率波动的合理解释必然要涉及价格股利比的变化。假设当前价格股利比P/D高于平均水平,那么在未来P/D回归到平均水平只有两种可能:股利水平D上升,或者价格水平P下降。而由于价格股利比是不可能用来预测股利增长率的,所以就应该能够预测未来的收益,这便解释了可预测性之谜。

值得一提的是,2013年瑞典皇家科学院将该年度的诺贝尔经济学奖授予尤金·法玛、拉尔斯·汉森和罗伯特·希勒三位经济学家。同时,评选委员会表示"可预测性"是他们获奖的核心成就。尽管人们很难预测股票和债券在接下来几天内的价格,但却可以预测较长期的走势,例如未来三至五年的走势。这些看似矛盾又令人欣喜的发现,既是对股票市场中的谜团的重视,更是对行为金融学的认可和鼓励。

(四)新股发行异常

新股指那些进行首次公开发行(Initial Public Offering,IPO)的股票,当公司决定出让其所有权以筹集资金、扩大规模时,就会在投资银行的帮助下,在股票一级市场公开发行,从此公司股份由公众持有,财务信息、经营状况等必须进行定期公告。自20世纪中后期以来,数以千计的公司进行IPO,将公司股份首次向社会公众进行出售。通过IPO,发行公司可以募集到大量的资金,以满足投资和生产的实际需求。进行IPO首先需要通过政府部门的审核,确定公司具有相应资历后,再将发行流程承包给投资银行,发行时间、股数、价格等均由投资银行设计。在进行IPO的过程中,主要涉及三类参与者——发行公司、承销商和投资者,以及它们之间的相互作用。IPO的主要动力来自于需求方,即市场上的投资者。发行公司常常利用投资者对新股的渴望,选择合适的市场时机来完成IPO。

在现实市场中,首次公开发行经常伴随着下面三个现象:(1)新股抑价发行;(2)长期表现不佳;(3)热卖市场。股票最初的发行价格较低,但在交易首日,价格会出现大幅度上涨并很可能超过其基本价值。接下来,价格水平随着时间逐渐回落,表现为长期业绩不佳。IPO经历着繁荣和萧条的周期,其中投资者对IPO需求极度高涨的繁荣时期,被称为热卖市场。以上这三种现象被概括为新股发行异常。对新股发行异常的研究始于20世纪60年代。20世纪80年代以后随着信息经济学的发展,这方面的研究更是风靡一时。用标准金融理论和有效市场假说可以解释以上现象吗?答案是否定的。而行为金融学从赢家诅咒假说、羊群行为和投资者心态等角度,对这些现象给出了解释。

1. 新股抑价发行

首次公开发行的一个显著特征是最初的抑价发行。这是指股票首次公开发行的发行价格显著地低于上市首日的交易价格。新股定价低于新股的市场价值,其发行价格明显低于二级市场的交易价格,并且在发行上市之后股价普遍上扬。大量数据表明新股抑价绝非偶然现象,而是普遍存在的异象,这表明新股定价的无效率,从而使得标准金融学受到挑战。

IPO 的抑价程度一般是用上市首日的初始收益率来衡量的。假设股票的发行价格是 P_0,上市首日的收盘价格是 P_1,则初始收益率就是 $(P_1-P_0)/P_0$。首日的初始收益率越高,IPO 的抑价程度就越大。美国证券交易委员会(SEC)于 1963 年发布了一份研究报告,该报告的数据表明,美股上市首日的平均收益率显著为正,丹尼斯·洛格(Dennis Logue)、弗兰克·赖利(Frank Reilly)和罗吉·伊博森等学者较早对这种现象进行实证研究,发现它在不同发售机制下普遍存在(Logue,1973;Reilly,1973;Ibbotson,1975)。虽然在不同的国家,抑价的程度存在着不同。1998 年杰·里特(Jay R. Ritter)考察了 33 个国家和地区 IPO 的平均初始收益率情况(见表 2.3)(Ritter,1998)。基本上所有国家和地区的初始收益率都显著为正,发达国家和地区的抑价率较低,发展中国家和地区的抑价率较高。平均来看,IPO 的平均初始收益率为 14.3%,其中,马来西亚的初始收益率为 80.3%,巴西和韩国的初始收益率也比较高,接近 80%,而法国的初始收益率最低,为 4.2%。就我国(A 股)而言,1990 年到 1996 年间平均初始收益率最高,达到 388%;1996 到 2007 年间,初始收益率为 148%;2007 年到 2012 年,为 119%。

表 2.3 33 个国家和地区 IPO 的平均初始收益率

国家或地区	样本规模	时间	平均初始收益率	国家或地区	样本规模	时间	平均初始收益率
澳大利亚	266	1976—1989	11.9%	日本	975	1970—1996	24.0%
奥地利	67	1964—1996	6.5%	韩国	347	1980—1990	78.1%
比利时	28	1984—1990	10.1%	马来西亚	132	1980—1991	80.3%
巴西	62	1979—1990	78.5%	墨西哥	37	1987—1990	33.0%
加拿大	258	1971—1992	5.4%	荷兰	72	1982—1991	7.2%
智利	19	1982—1990	16.3%	新西兰	149	1979—1991	28.8%
中国(A 股)	226	1990—1996	388.0%	挪威	68	1984—1996	12.5%
丹麦	32	1989—1997	7.7%	葡萄牙	62	1986—1987	54.4%
芬兰	85	1984—1992	9.6%	新加坡	128	1973—1992	31.4%
法国	187	1983—1992	4.2%	西班牙	71	1985—1990	35.0%
德国	170	1978—1992	10.9%	瑞典	251	1980—1994	34.1%
希腊	79	1987—1991	48.5%	瑞士	42	1983—1989	35.8%

(续表)

国家或地区	样本规模	时间	平均初始收益率	国家或地区	样本规模	时间	平均初始收益率
中国香港	334	1980—1996	15.9%	中国台湾	168	1971—1990	45.0%
印度	98	1992—1993	35.5%	泰国	32	1988—1989	58.1%
以色列	28	1993—1994	4.5%	土耳其	138	1990—1995	13.6%
意大利	75	1985—1991	27.1%	英国	2133	1959—1990	12.0%
美国	13308	1960—1996	15.8%				

资料来源：Ritter（1998）。

较高的初始收益率说明了首日的开盘价和收盘价都显著地高于发行价格，或者说，发行价格的定价过低。这一现象体现了对发行进行定价的投资银行和市场上投资者之间对股票估值的差异。对于投资银行和发行公司来说，新股的抑价发行不仅损失了大量的收益，还造成了股权的稀释。那么，为什么会出现这一现象呢？

其中一种解释是投资者的非理性心态。一般观点认为，IPO 经常发生在投资者的心态比较乐观的时候。当投资者热情高涨时，市场上就会出现大量对 IPO 的认购，同时推动股票价格在短期内迅速上涨。从公司的角度来看，通过选择合适的发行时机，可以获取超额利润。

另外的解释认为，新股抑价发行也是一种理性的策略，具体体现在下面几个方面。

首先是赢家的诅咒。1971 年，三位工程师爱德华·凯本（Edward Capen）、罗伯特·克拉普（Robert Clapp）和威廉·坎贝尔（William Campbell）首次提出了"赢家诅咒"这一概念，用于解释在对石油和天然气等项目的投标活动中，中标公司往往获得低回报的现象（Capen, Clapp and Campbell, 1971）。他们注意到，在一般的拍卖会上赢家往往是遭受损失的一方。他们高估拍卖品的价值，出价较高从而中标，所以赢家支付的价格常常高于拍卖品的实际价值。相对于发行公司和投资银行，在 IPO 中一般的个体投资者常常处于信息劣势，他们属于不知情的一方，这就会带来负面选择问题。面对如此众多的 IPO，哪一个是好的 IPO，哪一个是坏的 IPO？作为对一旦购买坏 IPO 的风险补偿，投资者只愿意购买抑价销售的股票，因为他们是风险规避的。从这个角度上看，抑价发行和较高的初始收益率就是吸引投资者的一种有效手段。另外,股票市场是一个"柠檬市场"。在这样的市场中,劣质公司会伪装成优质公司,这就使投资者面临着选择难题。优质公司会采用抑价发行的方式,以释放出自己是优质公司的信号,因为对于他们来说,在发行后的很短时间内,股价会大幅度上涨,这样后续发行的股票就会以一个较高的价格得到发行。而对于劣质公司来说,在抑价发行后股价一般不会大幅上涨,只会给他们带来较大损失。所以一般来看,优质公司的抑价幅度较大,劣质公司的抑价幅度较小。

其次是市场反馈假说。为了更好地对IPO定价,投资银行在询价过程中倾向于对IPO低估,这样可以鼓励投资者揭示他们所知道的信息。如果投资者正确地显示了对IPO的真实估计,那么投资银行就会以较低的定价作为回报。研究发现,投资者的估计越准确,IPO的定价就会越低。

再次是流行效应假说,也称为羊群效应。投资者对IPO的需求不仅取决于他们自己,还取决于其他投资者的行为。如果其他投资者都购买某一IPO,那么他也会购买;如果其他投资者都不购买,那么即使他对该公司的未来看好,也不会购买。这样,通过抑价发行就可以吸引到第一批投资者前来购买,并带动后续投资者前来购买,从而产生流行效应。

最后,对新股抑价发行的解释还体现在以下方面。比如,大卫·巴伦(David Baron)提出了投资银行模型,认为新股抑价实际上是投资银行的一种垄断行为(Baron,1982)。投资银行在信息方面往往有着绝对的优势,所以定价权通常交给投资银行。作为信息垄断者,投资银行一定会出于自身利益来为新股定价,这时他们会倾向于折价发行,这样做能给投资银行带来两个好处:第一,投资银行承销股票之后仍然面临着新股发行失败的风险,如果发行当日认购交易惨淡,会给投行带来声誉上的影响,所以为了成功发行新股,吸引投资者的认购,投行会适当将发行价格压低;第二,如果该投资银行承销的股票在发行日价格一路飙高、大获全胜,既可以向市场传递该公司值得投资的良好信号,也可以提升投行自身的声誉,同时还能为投资者提供超额收益,于三方而言都是有益之事。从投资银行的角度来看,以较高的成功概率获得一定的管理费用,要好于以较低的成功概率获得较高的管理费用。现实中监管部门和上市公司对投资银行也缺乏有效监督,进一步加剧了投行对发行抑价的垄断。另外,还有所有权分散化假说。抑价发行可以使公司股票获得超额需求。在这种情况下,投资者实际购买的股票数额就会按照申购数额按比例分配,这就使发行公司拥有了大量的小股东,避免了大部分股票被少数人持有,使得所有权实现分散化。这一方面可以增加股票市场的流动性,另一方面也使内部管理层能够继续控制公司,避免外部人对管理层形成挑战。

2. 热卖市场

新股发行异常的另一个表现是,平均的初始收益率和上市规模都呈周期性变化。通常把较高的初始收益率和递增的新股上市规模,称为热卖市场。研究发现,在美国等国,当股票以高于账面价值的水平销售,或者说,股票市场的收益率比较高时,IPO 的发行规模比较大。比如,英国从 1986 年 10 月固定佣金时代结束到一年后崩盘的这段时间,就存在一个热卖市场。韩国在 1988 年的牛市后期也存在着一个热卖市场。

行为金融学认为,热卖市场这一现象与投资者心态和机会窗口理论密切相关。公司管理者在 IPO 时会进行时机选择。在投资者比较乐观时发行股票,可以获得较高的市场价值,这对发行公司是非常有利的,因此,在投资者情绪高涨的热卖市场中,就会出现很多 IPO。米歇尔·洛瑞(Michelle Lowry)发现了影响 IPO 数量变化的两个重要原因:公司对资本需求的变化,和投资者需求的变化(Lowry,2003)。一方面,IPO 总体数量的跨期波动反映了发行公司对资本需求的波动性变化。经济环境比较好时,实际投资机会比较多,IPO 的发行规模就比较大。另一方面,当公司管理者认为该公司股票价格被高估时,IPO 的发行规模比较大,这与股权融资中的市场时机选择问题是相吻合的。

3. 长期表现不佳

新股发行异常的第三个现象是长期业绩不佳。图 2.8 是从 1970 年到 1993 年在美国进行 IPO 的公司和没有进行 IPO 的对照公司在发行后五年内的年度平均收益率。可以看出,进行 IPO 的公司的平均年度收益率是 7.9%,而具有类似市场规模的对照公司的年度平均收益率是 13.1%。另有数据显示,从 1980 年到 2001 年间美国平均每天有超过一家公司上市。在这二十年里,通过 IPO 获得的总收益超过 4880 亿美元,平均每笔交易的收益是 7880 万美元。IPO 首日的收盘价格比发行价格要高出 18.8%。如果一个投资者以首日收盘价购买这些IPO,并在接下来的三年内持续持有,那么他将获得大约22.6%的回报,这比同期市场指数要低23.4%。

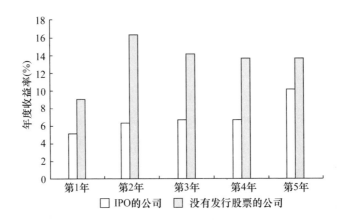

图2.8　1970年到1993年美国进行IPO的公司和对照公司发行后五年内的年度平均收益率

资料来源:Ritter(1998)。

事实上,长期表现不佳与热卖市场密切相关。公司管理者常常利用投资者的心态变化对IPO进行时机选择。当投资者对上市公司感到乐观时,或者说,在股票市场的高涨期,IPO的发行数量比较高,就会出现热卖市场。这样,在热卖市场时期进行IPO的公司就很有可能被高估,导致后续的长期表现低迷。研究发现,长期业绩不佳主要集中在市场高涨期进行IPO的公司和比较年轻的公司,而对于那些在市场淡季进行IPO的公司和比较成熟的公司,长期业绩不佳表现得并不显著。

IPO市场也受流行效应的影响。为了创造出超额需求并产生流行效应,投资银行常常对IPO的定价较低。投资银行就像剧院经理一样,通过降低门票的价格来吸引更多的观众,以使演出获得成功。这样,投资者最初对股票的高估在未来必然会得到纠正,从而带来较低的长期收益。

还有一种理论是意见分歧假说。假定市场上存在两类具有不同信念的投资者:乐观投资者和悲观投资者。在对IPO的价值非常不确定的情况下,乐观投资者的评估要远远高于悲观投资者。那些最为乐观的投资者往往成为股票上市首日的买家,他们的出价大大高于悲观投资者的出价,从而推动了股票价格的上涨。而随着时间流逝,越来越多的信息被揭示出来,乐观投资者和悲观投资者的意见分歧逐渐缩小,市场价格开始下调,使得股价回落到基本价值,带来较低的长期收益,导致新股长期表现不佳。

4. 两个小案例

第一个是波士顿烤鸡公司的例子。波士顿烤鸡公司是美国一家著名的特许连锁店,曾被视为麦当劳和肯德基的强有力的竞争对手。它为消费者提供了一系列种类多样、营养丰富的套餐,包括主辅食、汤和甜点等,但是却和快餐一样便捷且物美价廉,因此很受消费者青睐。在很多经销店中,一份包括1/4烤鸡、两块鸡翅和谷物在内的套餐的售价仅为3.99美元!

1993年11月8日波士顿烤鸡公司以每股20美元的价格上市发行,共募集到160万股。股票在交易首日立刻受到了投资者的疯狂追捧,当天的开盘价就达到45.25美元,收盘价为48.5美元,涨幅高达142.5%,成为两年里IPO首日表现最好的股票。图2.9是波士顿烤鸡公司股票在接下来五年里的走势,这其中包括一次2∶1的股票分拆。可以看出,在经过1995年到1996年的显著爬升后,1997年其股价开始出现回落,到11月10日收盘价为8.47美元。在整个1997年里,其股价下降了82%,成为NASDAQ市场表现最差的10只股票之一。而到1998年10月5日,其股价更是跌至46.75美分!波士顿烤鸡公司不得不宣布破产,关闭了全国178家分店。

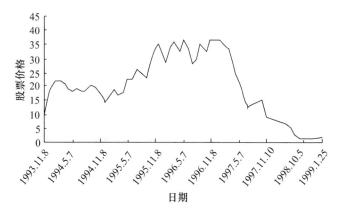

图2.9　从1993年到1999年波士顿烤鸡公司的股票价格
资料来源:Shefrin(2002)。

1996年,在美国肥皂剧《单身汉》中,男主角的父亲回忆到,他一生中有两大遗憾:没有用更多的时间陪伴儿子和没有购买波士顿烤鸡公司的股票。在这个小案例中,我们可以清晰地看到IPO抑价发行和长期表现不佳等现象。事实上,这些现象与投资者心态的变化是密切相关的。这次新股发行的承销商是美林公司。同年,美林公司也承销了另外两家公司的股票:室内运动运营商探索地带(Indoor-Playground Operator Discovery Zone)和卡拉维高尔夫(Callaway Golf)。这两家公司的股票都在交易首日创造了最高涨幅,前者的首日涨幅为61%,后者涨幅为62%。基于此,分析师们一致认为波士顿烤鸡公司的股票也应该有如此令人羡慕的业绩。一旦错过购买,投资者将后悔莫及。出于对后悔的厌恶,人们便争先购买波士顿烤鸡公司的股票。

当时,波士顿烤鸡公司的董事会主席是新上任的斯考特·贝克(Scott A. Beck),他曾任百视达娱乐公司(Blockbuster Entertainment)的主席。百视达娱乐公司是一家影碟出租连锁店,在经营管理和销售业绩上都取得了巨大的商业成功。出于对贝克的信任和对百视达模式的期盼,投资者理所当然地期待波士顿烤鸡公司也会取得成功。而且,当时波士顿烤鸡公司发行的股票数量比较少,低于200万股,仅占总股本的10%。在发行价格上,投资者的需求远远大于供给数量,这也导致了首日价格的上涨。最后,在IPO的过程中原始股东的所有权被稀释,这些原始股东并没有从首日股价的上涨中获利。在考虑到美林银行收取7%的承销费以及相关的上市费用后,他们获得的实际回报甚至低于发行价格,因为比起在更高的价位上发行新股,他们必须出让更多的公司股份。

第二个是西部证券的例子。西部证券是经我国证券监督管理委员会批准成立、于2001年1月正式注册的证券经营机构,在北京、上海、深圳、山东和陕西等省市设有62家证券营业部。2012年5月西部证券登陆我国中小版,在深圳证券交易所正式挂牌上市。2012年5月3日西部证券的发行价格为每股8.7元。按照2011年的业绩来看,其市盈率为48.33倍。IPO共发行2亿股,募集资金17.4亿元。交易首日的开盘价为14.46元,比发行价格上涨了66.21%!开盘仅仅6分钟后,换手率就超过了50%,西部证券不得不临时停牌。其首日的最终收盘价为14.5元,初始收益率达到66.67%。

我们先尝试从标准金融学的角度对西部证券的抑价发行进行解释。根据赢家诅咒理论,抑价发行是对处于信息劣势的投资者购买坏IPO的一种补偿;根据流行效应理论,抑价发行可以使公司成功地吸引到第一批投资者,从而得到更多后续投资者的关注;根据投资银行垄断势力理论,抑价发行可以降低发行风险、回馈大客户以及降低诉讼风险等。但在西部证券的这次发行中,共有51家询价对象管理的92个配售对象参与询价,在发行价格8.7元之上的超额认购倍数达到8.8倍。这意味着投资者的认购在这个发行价位上已经相当活跃,发行方并不需要对投资者进行信息风险补偿,也不需要再利用价格优势来吸引投资者,同时投资银行也不存在任何发行风险。所以标准金融理论下的解释是行不通的。

而从行为金融学的角度来看,西部证券开盘后的表现非常符合流行效应假说。较高的开盘价格说明该股票得到了投资者的广泛关注,他们争相买进该股票,这种非理性情绪进一步推高了首日的上涨幅度,其突出表现就是高换手率。比如,开盘后仅6分钟换手率就超过50%,这充分说明了投资者的狂热程度。正是这种高涨的乐观情绪,推高了首日的初始收益。在首日之后,西部证券的股价曾上涨到18.67元和19.26元。接下来股价出现下跌,最低探至10元,之后的一年里股价在14元左右波动,到2013年底和2014年,股价在11元左右浮动。可以看出,虽然首日股价上涨幅度很高,且后来表现欠佳,但股价都明显地高于初始的发行价格8.7元。这也说明8.7元的发行价格与股票的基本面价值间的差距非常大,是造成股价首日大幅上涨的一个重要原因。那么,对西部证券的初始定价为什么比较低呢?资料显示,最初西部证券的发行价格定在10元以上。但根据当时的新股发行政策,新股发行的市盈率不能超过行业平均市盈率25%。2011年,西部证券的每股收益从上一年的0.54元降为0.22元,行业市盈率是30倍左右,由于市盈率不应超过37.5,所以发行价应该在8.4元左右。后来在监管部门的质疑下,西部证券将最终的发行价格定为8.7元。

综上所述,在流行效应等因素的影响下,西部证券的股票受到了投资者的狂热追捧,投资者对待新股的过度乐观的情绪,导致新股在短期内被高估,推高了首日涨幅。另外,监管部门对一级市场的定价监管在某种程度上会造成二级市场的高额套利,对市场的稳定性造成不利影响。

(五)封闭式基金之谜

在一般形式下,投资基金管理公司通过发行基金将投资者的资金集中起来,统一进行管理和运作,从事股票、债券等投资,共担投资风险并分享收益。封闭式基金是投资基金的一种形式。封闭式基金是相对于开放式基金而言的。封闭式基金和开放式基金的共同之处在于,它们都是持有其他公开交易的证券的投资基金。不同于开放式基金,封闭式基金的基金总份额在合同期限内保持固定不变,在股票市场上交易的基金份额是固定的。在发行完毕后的规定期限内,基金购买者只能从市场中的其他投资者手中买入,基金的持有者也只能将基金卖给其他购买者,而不能通过基金公司申请赎回。封闭式基金的基本价值一般是用基金份额净值或称为净资产价值(Net Asset Value,NAV)来衡量的。净资产价值是指每单位基金组合所持有资产的市场价值。与其他资产类似,当封闭式基金份额的市场价格超过NAV时,我们说基金在市场上溢价销售;当市场价格低于NAV时,基金以折价销售。然而,经济学家发现封闭式基金的价格经常系统性偏离其基本价值,这被称为封闭式基金之谜。一直以来,对封闭式基金之谜的研究,是对标准金融学和有效市场理论的重大挑战。

1. 封闭式基金之谜的四个部分

在现实市场中,封闭式基金的价格并不与其基本价值相吻合。尽管有时候基金是以高于NAV的价格在市场上溢价销售,但在大多数时间里,基金是以10%到20%的折价水平来交易的。从基金的周期来看,封闭式基金之谜主要由下述四个部分构成。第一,一般来看,封闭式基金最初发行时的溢价水平是10%左右。仔细想一下,这非常令人费解:面对市场上已经大量存在的其他的折价交易基金,为什么投资者还愿意以溢价方式购买新基金呢?第二,折价交易是普遍现象。尽管基金最初以溢价发行,但在开始交易的120天之后,基金的折价幅度会达到并逐渐超过20%。第三,基金的折价幅度表现出很强的波动性。折价水平不是固定不变的,也不是净资产价值的一个固定比例,而是随着时间呈现出一种均值回归的趋势。第四,当基金进行清算或转化为开放式基金时,每单位基金价格会上涨,同时折价幅度会缩小,但是,基金的折价现象最终并不会完全消失。

下面,以三大陆公司为例来看封闭式基金之谜(Lee,Shleifer and Thaler,1991)。三大陆公司(Tri Continental Corporation,TRICON)曾是美国交易规模最大的分散化封闭式基金。该基金的净资产在1986年12月已超过13亿美元。图2.10是该基金从1960年到1986年的折价或溢价水平。其中,折价水平是通过市场价格与净资产价值之间的差额来衡量的。折价率(DISC)是指市场价格和净资产价值的差额与净资产价值的比率,即 DISC=[(NAV−SP)/NAV]×100,其中 SP 是市场价格。DISC 为正,意味着折价销售;DISC 为负,意味着溢价销售。数据显示,DISC 的均值和中间值分别是14.43和15.0,最大值是25.0,最小值是−2.5,标准差是8.56。尽管在1985年后的一段时间里,相对于 NAV 来说基金是溢价销售的,但在大多数时间里,都是以20%左右的折价水平在销售。而且,折价水平并不是固定不变的,在25%和−2.5%之间上下波动。

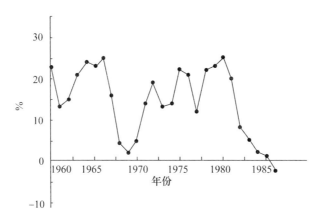

图2.10　1960年到1986年三大陆基金公司的折价水平
资料来源:Lee,Shleifer and Thaler(1991)。

标准金融理论主要从代理成本、资产的非流动性和资本税赋理论等方面,对基金的估价方法提出了质疑,认为净资产价值(NAV)是被高估了,从而导致了折价的存在。代理成本理论认为,最初的溢价可能来自于发行时的承销和初始成本。尽管在发行过程中,经纪人声称没有直接对投资者收取佣金,但事实上占基金价值6%到7%的佣金是隐含在基金收入中的。这些成本和佣金的存在,会在一定程度上降低按股票价格计算的净资产价值。另外,过高的管理费用和对未来经营业绩的担忧也都可能降低 NAV。资本税赋理论认为,由于在计算 NAV 的过程中,没有考虑到未实现收益应缴纳的资本利得税,所以 NAV 实际上是被高估了。根据这一理论,在牛市时未实现的收益比较高,故折价幅度也应该比较大,但事实却与之相反。另外,如果 NAV 是被高估的话,那么当转化为开放式基金时,NAV 应该向下调整,而这也与事实相反。非流动性理论认为,一些基金持有非流动资产,而这些资产的价值低于基金中的流动性资产,这也使得整体的 NAV 被高估。但事实上很多大型的封闭式基金例如 TRICON,并没有显著地持有非流动性资产。

可以看出,标准金融学下的这些理论可以解释封闭式基金之谜的某一方面,比如为什么会出现折价现象,但是,对谜团的其他部分尚不能给出合理和全面的解释,比如为什么基金会以溢价发行,为什么折价会有波动性,为什么当基金转为开放式基金时会产生正的超额收益,等等。因此,如何对封闭式基金之谜进行解释,是标准金融理论面临的一大难题。

2. 投资者心态理论

投资者心态理论认为,封闭式基金之谜的存在与噪声交易者风险和不完美的套利行为有关。布拉德福德·德龙(Bradford De Long)、安德烈·施莱弗、劳伦斯·萨默斯和罗伯特·沃德曼(Robert J. Waldmann)指出,噪声交易者的存在使得市场中的错误定价得以长期存在,从而导致市场趋于无效(De Long et al., 1990a)。在此基础上,查尔斯·李(Charles Lee)、安德烈·施莱弗和理查德·塞勒从投资者情绪的层面对封闭式基金之谜进行了解释(Lee, Shleifer and Thaler, 1991)。

投资者心态的波动性,使得对封闭式基金的需求产生波动性,这就表现出折价和折价水平的波动性。投资者比较乐观时,容易推动价格向上爬升,表现为较低的折价水平或者一定程度的溢价水平;投资者比较悲观时,就容易表现为较高的折价水平。正是投资者心态的不确定性,导致了折价水平的随机波动。所以说噪声交易者的不稳定情绪导致了基金价格较大幅度的波动。这样,出于对基金价格过度波动的风险进行补偿,投资者必然会要求一个相应的折价水平。于是对于投资者来说,持有封闭式基金相当于承担两种风险:持有基金中股票本身的风险,以及噪声交易者心态对整个基金组合造成的风险。那么现在的问题是:既然持有基金组合比持有其股票本身更具有风险,为什么套利者不进行套利操作呢?他们为什么不买入折价交易的基金,同时卖出相应的股票组合呢?答案是,套利行为是不完美的。在现实的市场中套利行为是存在一些风险和成本的,尤其是在面对噪声交易者时。比如,购买基金的套利者应该意识到,在不久的将来噪声交易者可能变得更加悲观,使得折价水平进一步恶化。只要噪声交易者风险是系统性的和不可消除的,套利行为就是不完美的。

现在,我们从投资者心态的角度对封闭式基金之谜的四个部分给出解释。首先,投资者心态理论可以解释封闭式基金的折价交易现象。持有基金比直接持有其股票组合更具有风险,作为对承担风险的补偿,持有基金就应该提供较高的收益率和较低的价格水平。同时,基金折价销售也是吸引投资者的一种手段。需要特别说明的是,这里并没有假定噪声交易者整体上对基金感到悲观,而是噪声交易者心态的随机性导致了基金价格波动的随机性,才使得持有基金更有风险。

其次,投资者心态可以解释最初发行时的溢价现象。在发行基金时,基金管理者会对市场进行时机选择。他们倾向于在投资者情绪比较乐观时发行基金,以获得较高的市场价值和超额收益。投资者之所以愿意支付一个较高的价格,是因为他们对基金的预期表现过于乐观。从这个角度来看,基金发行是"聪明"的管理者从"愚蠢"的投资者手中获利的一个手段。事实上,这与新股发行时的热卖市场及其类似。在进行 IPO 时,上市公司也会进行市场时机选择。经济学家李、施莱弗和塞勒发现,当投资者的整体情绪比较乐观时,新的 IPO 数量上升,同时伴随着封闭式基金折价水平的降低。

再次,投资者心态解释了折价水平的波动性。正是投资者心态的随机性和不可预测性,导致了折价水平的随机波动,从而,持有基金才更具有风险。反之,如果折价水平是固定不变的,那么,即使对短期投资者来说,套利行为也是没有风险的,于是完美的套利交易就会使折价现象彻底消失。

最后,投资者心态也解释了最终基金价格上升、折价水平减少的原因。当宣布进行清算或者转化为开放式基金时,担心折价会进一步恶化的噪声交易者风险就不再存在了,于是套利交易将趋于完美,折价水平随之逐渐降低。但是最终,小幅度的折价水平仍可能存在,这可以用套利行为的其他风险和成本来解释。

3. 启示研究

与标准金融理论相比,投资者心态理论能够更好地解释封闭式基金之谜的四个部分。由于折价水平的变化反映了投资者整体心态的变化,而不是个别基金在管理、运作或业绩上的差异,所以,投资者心态理论可以带给我们很多启示。大量的事实表明,封闭式基金主要是由个体投资者持有和交易的,所以,折价水平主要反映了个体投资者整体心态的变化。这意味着不同封闭式基金的折价水平及其变化应该是高度相关的,因为它们是受同样的投资者心态所影响,正是这种心态的变化决定了折价水平。

另外,个体投资者还持有大量的小规模公司股票,故折价水平的波动也应该与小公司股票的收益存在着相关关系。研究发现,当封闭式基金的折价水平比较低时,小公司股票的收益比较高;当折价水平比较高时,小公司股票的收益比较低。这与投资者心态理论相吻合。由于投资者心态理论还与IPO中的热卖市场密切相关,所以,受同样的投资者心态影响的小市值股票的收益也应该与IPO的注册数量密切相关。如果对小市值公司的需求继续增加,那么IPO的注册数量将更多。在最近的研究中,很多经济学家都把基金的折价水平看作是投资者心态的替代变量。折价幅度的减少,或者溢价幅度的扩大,意味着投资者心态比较乐观;而折价幅度的扩大,或者溢价幅度的减少,意味着投资者比较悲观。

有趣的是,为了消除封闭式基金的异常现象,近些年来一些基金做了新的尝试,但不幸的是,都以失败告终。我们看德绍尔全球股票基金(The Dessauer Global Equity Fund)的例子(Shefrin,2002)。为了吸引投资者购买基金,1997年5月德绍尔基金明确指出,如果在基金发行的18个月后折价水平连续15天达到5%或者更高,那么该基金就转化为开放式基金。仔细想一下,这在理论上是行不通的。因为投资者都清楚,如果转化为开放式基金,就将以净资产价值来交易,这样套利行为就不再具有风险了。所以折价水平一旦达到5%,投资者就会购买德绍尔股票基金来进行套利交易。这时,来自买方的压力反而会降低折价水平,使其低于5%。那么,事实是怎样的呢?1997年5月30日德绍尔股票基金以每股12.5美元的价格进行发售,这相当于5%的溢价水平。10月份溢价水平降为2%。到1997年年底基金以16%的折价水平进行交易。在1998年最初的10个月里折价水平大约在7.8%左右。在18个月即将来临时的1998年10月9日到11月13日间,折价水平在8.3%和16.7%之间波动。但是在刚好第18个月的12月1日,折价水平回到8.5%,到1999年2月26日折价水平是6.2%。可见,封闭式基金的折价现象确实是难以消除的。

4. 国家基金的案例

最后,我们来看两个国家基金的案例:德国基金和第一以色列基金。这里的国家基金主要是指在美国纽约股票交易所进行交易的、以美元定价的、投资于其他某一国家或地区的股票型基金。图2.11是从1986年7月到1998年4月德国基金的价格走势。现在,请观察这个图形并回答,柏林墙是什么时候倒塌的?很多人回答是图中的最高点。这非常接近正确答案。事实上,柏林墙倒塌发生在1989年11月9日,而最高点是柏林墙倒塌的几个月后,这时价格从13.75美元飙升到24.5美元,溢价水平从17%涨到100%!现在再考虑,这一显著的价格变化是来自于投资者心态的变化,还是来自于净资产价值的变化呢?答案是前者。事实上,柏林墙的倒塌和冷战的结束影响到的不仅仅是德国基金,还有意大利、西班牙、泰国等国家的国家基金的价格变动。有趣的是,这些基金都是在大约同一时间达到最高值,这说明它们受到同样的投资者心态的影响。

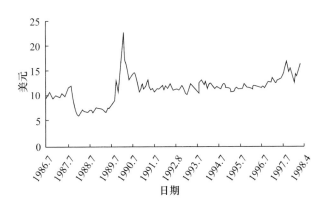

图2.11 德国基金的每股价格走势

资料来源:Shefrin(2002)。

再看另一个国家基金——第一以色列基金(The First Israel Fund)的例子。一项有趣的研究发现,封闭式国家基金的投资者心态受到新发生的事件的显著性的影响,这里的显著性可以用媒体的报道篇幅来衡量。1992年12月18日美国《纽约时报》出现了这样的新闻标题——"以色列从占领的土地上驱逐了400人,部署阻碍巴勒斯坦人进入",并以三个专栏的篇幅进行报道。之后的一个星期内,第一以色列基金的折价水平从14.87%扩大到15.55%。很显然,三个专栏的报道没有六个专栏那样显著。1993年9月14日《纽约时报》以六个专栏的篇幅报道了以色列政府和巴勒斯坦解放组织达成和平协议这一事件。之后的一个星期该基金的溢价水平从1.7%上涨到7.7%。图2.12是第一以色列基金的价格变化情况,从中很容易看出显著性事件对价格的影响。研究还发现,尽管基金的净资产价值主要取决于当地国家市场,但是在美国交易的国家基金却更多地受美国投资者心态而不是当地投资者心态的影响。即使当地市场出现利空消息,使基金的净资产价值发生变化,并使当地投资者心态受到影响,但该基金的美国交易价格却仍可能保持不变。比如,在上述12月18日新闻出现的前一周,第一以色列基金的净资产价值从14美元下降到13.95美元,但是基金价格却仍然保持在11.88美元。

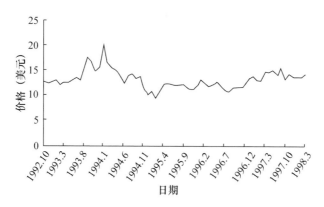

图2.12　第一以色列基金的每股价格走势

资料来源:Shefrin(2002)。

（六）股利之谜

对于公司管理者而言，留存利润和股利决策一直是令人头疼的事情。要决定合理的留存比例实属不易：如果留存利润太高，股利分发不足，会引起股东的不满；如果股利分发过多，留存利润不足，又不利于公司的再投资。但是，根据弗兰科·莫迪利安尼和默顿·米勒提出的莫迪利安尼-米勒定理（MM 定理），在完美市场和忽略税收的情况下，投资者对于未来有准确、理智的预期，资本利得与股利可以相互替代，公司的股利政策将不会影响公司价值。因为股票的价值应该为未来所有股利现金流的折现值，即使当期不分发股利，该资金也会被用于再投资，从而产生更多的现金流，将来以股利的形式支付给股东。因为这些新增的现金流，股票的价值将会上升，即使当期无法立刻得到股利，也能得到由股票增值带来的资本利得。资本利得与股利是完美替代的，因为投资者随时可以通过卖出股票而"自制股利"。如此看来，若仅依据 MM 定理，公司管理者根本无须为股利的分发头疼。可是，现实中却往往观察到这样的现象：投资者更倾向于投资能够支付稳定股利的股票；那些刚刚派发了股利的股票往往会经历价格的小幅上涨。因此，标准金融学的 MM 定理在这里失去了解释能力。进一步地，假如放松 MM 定理中忽略税收的假设，现实中资本利得税率是低于收入税率的，为什么投资者仍然热衷于需要缴纳更高税赋的股利呢？这一谜题被称为"股利之谜"（Black，1976）。

事实上，投资者对于股利的偏执和热衷屡见不鲜。每当提到股利之谜，几乎都会提到 1973 年至 1974 年能源危机期间发生的事情。当时纽约城市电力公司准备取消股利支付，结果在该公司的股东大会上，许多中小股东对此表示强烈不满，甚至扬言要对公司董事会成员采取暴力行动。赫什·舍夫林和迈尔·斯塔特曼指出，按照标准金融学的分析框架，股东将只关心能源危机对公司股价的影响，而不应该为公司暂停支付股利的决定如此激动（Shefrin and Statman，1984）。的确，投资者似乎应该只关心公司价值的变化，倘若能源危机使公司经营状况一落千丈，届时投资者既不能得到股利支付，也不能获得资本利得，但如果仅仅是股利政策的变动，将不会给投资者带来任何实质性的损失。

迈克尔·约瑟夫指出股利政策将会影响到三个方面：公司的投资决策、

财务杠杆和代理成本(Rozeff,1982)。这三个因素并不是相互独立,而是互相影响的,最终解释的关键落在了代理成本之上。公司若不支付股利,必定将留存利润用于再投资,这就会涉及投资决策。投资者担心公司管理者将留存利润运用到效率低下的项目之中,从而降低公司的价值,因此对留存利润的态度会有所保留。同时,因为"同股不同质"现象的存在,中小股东担心内部股东利用留存收益进行不合理的投资,因此他们更偏好现金股利。不仅如此,在委托-代理机制中,普通公司往往存在两层委托-代理关系,中小股东作为委托人、董事会作为代理人,和董事会作为委托人、经理人作为代理人。复杂的委托-代理关系使三者之间存在严重的信息不对称,当涉及股利和留存利润时,利益冲突就会变得非常激烈:股东的目标是公司价值最大化,而经理人目标是自身利益最大化。中小股东担心董事会成员与公司经理人将留存利益用于一己私利,若从监督下手,其监督成本和代理成本又会非常高,所以,对股利的偏好实际上是中小投资者的一种自我保护的手段。另一方面,弗兰克·伊斯特布鲁克(Frank Easterbrook)指出,如果公司将现金流以股利的形式派发出去,出于内部资金需求,公司必须在外部市场上进行融资(Easterbrook,1984)。若进行债务融资,无论是向银行借贷还是发行商业票据等证券,公司都必须保证自身的经营状况良好且新投资的项目能产生稳定的现金流,因为银行与证券持有者将会考察公司资历并进行各方面的审核,否则不予融资;若进行股权融资,监管部门也会起到审核和监督的作用,这有助于降低公司股东的监督成本。因此,从这三个方面来看,投资者都应更加偏好现金股利。

  行为金融理论对股利之谜也有较好的解释。赫什·舍夫林和迈尔·斯塔特曼引入了"自我控制说"(Shefrin and Statman,1984)。人的行为总是受情绪驱动,常常因此做出错误决策,招致不利后果。经历过太多次失误,人往往渴望"自我控制",试图避免下一次再犯。对于投资者而言,存在一项普遍的自控准则,那就是"尽量使用股利,避免动用资本利得"。当产生不得已的资金需求时,使用股利会给资产组合带来最低的影响,而变卖股票以实现资本利得将会使持有的资产组合发生变化。倘若将来股价上涨,投资者会因为过早变卖股票而后悔不已,因为人们都是厌恶后悔的。即使股价上涨还未发生,投资者也会存在担心和焦虑。因此,为了保持资产组合不变,避免后悔心理的产生,以及实现自我控制,股东会更偏好股利的派发。

除了"自我控制说",舍夫林和斯塔特曼还利用"心理账户"来解释股利之谜。"心理账户"最早由塞勒提出(Thaler,1985)。这位芝加哥大学行为科学教授曾讲述过一个故事来阐明心理账户的作用。一次他去瑞士讲课,收到的报酬不错,他便在瑞士旅行了一番,整个旅途非常愉快,而实际上瑞士是全世界物价最贵的国家。后来他在英国讲课也收到了不错的报酬,于是再去瑞士旅行了一次,但这一次到哪里都觉得贵,整个旅途很不舒服。为什么去同一个地方,花同样的钱旅行,前后两次差别这么大呢?原因就在于第一次他把在瑞士的报酬和旅途花费放在了同一个心理账户中,同一账户先是挣了钱然后花掉,结果并没有导致其他账户的损失。但是第二次他把英国讲课的报酬放在了一个账户,把瑞士的旅途花费放在了另一账户中,英国账户的钱因为瑞士账户的旅行开销而减少了,这带来某种"损失"的错觉。实际上,人的内心往往有很多的心理账户,不同的资产、花费都会被自动归于不同的账户之中。神奇之处在于,人们对待不同的账户往往有不同的态度,某些账户被看成意外之财,例如赌博所得,使用时显得更随心所欲,某些账户却被看成辛苦收入,例如工资,使用时不自觉地小心翼翼,并表现为风险厌恶。事实上,股利收入和资本利得常常被投资者放入了不同的心理账户之中。当面对日常开销时,投资者更倾向于使用"股利账户"的资金,因为这一账户属于安全、固定的收入。而"资本账户"的钱往往被看成未来的收入,人们不愿意透支未来的收入用于当前消费,所以股东希望公司按时支付股利。

二、个体股票异象

(一)规模溢价

规模溢价是指与大规模公司相比,小规模公司的股票收益率较高。这里的规模主要是指公司的总市值。规模溢价最初是由罗夫·本兹(Rolf W. Banz)在1981年提出的(Banz,1981)。他发现在20世纪大部分时间里,总市值较小的公司股票获得了较高的收益,即小公司比大公司有着更高的经风险调整后的收益率,而这种收益率的差异并不是线性的。这是与标准金融学的理论预期相悖的,标准金融学中的资本资产定价模型(CAPM)假定预期收益率与风险之间存在简单的线性关系。本兹指出,规模溢价并不能完全说明市场无效,但至少表明 CAPM 存在偏误,尽管他无法证实规模溢价中是规模本身在起作用,还是规模是另一个未知变量的代理变量。从马克·雷因格纳姆(Marc R. Reinganum)的研究来看,当控制了规模之后市盈率不再对收益率起作用,但控制了市盈率之后仍然存在规模效应,这说明市盈率效应是规模效应的一个代理变量(Reinganum,1981)。丹尼斯·斯塔特曼(Dennis Stattman)对账面市值比做了同样的处理,发现账面市值比效应也是规模效应的一个代理变量(Stattman,1980)。本兹基于罗吉·克莱因(Roger W. Klein)和维杰伊·巴瓦(Vijay S. Bawa)的理论来解释规模效应:当一部分股票无法得到充足信息时,投资者为了避免估计的误差会选择不持有该股票。现实中的投资者在信息获取方面存在差异,这给他们充分持有股票组合以分散个体风险施加了限制。如果一只股票的信息获取的便捷程度与其规模大小有关,换句话说,如果对小公司的信息获取不够充分,那么投资者就会减少持有小公司股票,这样,为了吸引投资者,小公司股票将提供较高的收益率(Klein and Bawa,1977)。本兹的研究也证实了只被小部分投资者持有的股票比那些受欢迎的股票有更高的经风险调整后的收益率。

事实上,雷因格纳姆的研究支持了本兹的结论,他们两人都默认规模效应在样本期间是稳定的。但是菲利普·布朗(Philip Brown)、艾伦·克莱顿(Allan W. Kleidon)和特里·马什(Terry A. Marsh)却发现小公司效应在某些特定年份的逆转,否定了该效应在不同年份之间的稳定性(Brown, Kleidon and Marsh,1983)。唐纳德·凯姆(Donald B. Keim)利用 1963 年至 1979 年美国股票市场的数据,检验以月为单位的规模效应的稳定性,结果表明接近 50% 的规模效应都来源于一月效应,而且 26% 以上的规模溢价来源于新年第一周的交易,大概 11% 的规模溢价来源于第一个交易日(Keim, 1983)。尤金·法玛和肯尼思·弗伦奇发现了类似事实。他们利用 1963 年到 1990 年的数据,把在纽约股票市场、美国股票市场和纳斯达克市场中交易的股票按照总市值进行分组,并考察每一组股票在下一年里的平均收益。研究发现,平均来看规模最小的一组股票的月收益,要比规模最大的一组股票的月收益高出 0.74%(Fama and French,1992)。这一现象明显地违背了有效市场假说。通过对不同国家和不同时间段的数据进行类似的分析,经济学家发现规模溢价是普遍存在的。

根据有效市场假说和传统的资产定价理论,股票之间的收益率差异应该是由风险的差异决定的。这样,小规模公司股票的超额收益就应该来自于其较高的风险水平。研究发现,小公司的风险水平确实可以部分地解释其超额收益,但却不能解释全部的超额收益,因此规模溢价是存在的。

一些学者尝试对规模效应进行解释,主要有以下几种观点。第一,规模效应来源于买卖价差。在做市商制度的市场下,做市商因为提供了流动性和立即交易的可能,会要求一定程度的买卖价差以视作佣金。亚米哈·雅可夫(Amihud Yakov)和门德尔松·海姆(Mendelson Haim)把买卖价差看成反映市场稀薄程度的指标,与该市场的成交量、股票持有人数、做市商数目等流动性指标负相关。他们检验了买卖价差和收益率之间的关系,发现两者之间存在显著的正相关,而由于小公司股票存在流动性差的普遍问题,所以规模效应实际上是来源于流动性导致的买卖价差(Yakov and Haim,1986)。第二,规模效应与股价最小变动单位有关。威廉·克罗斯(William Kross)考察了单个股票的超额收益与股价、流通股数量与每股收益之间的关系,发现股价的解释力显著高于其他几个变量。进一步检验之后,他认为当市场收益率整体发生变化时,反映在低价股票上的值太小,导致低于价格最小变动单位(1/8美元)的部分被忽略,因此产生了参数估计风险,使得投资者要求更高的收益(Kross,1985)。第三,规模效应来源于基本面风险。成(K. C. Chan)和陈乃富(Nai-Fu Chen)研究发现小公司投资组合中存在大量的边际企业,这些企业的杠杆率高、经营效率低下,因此对整体经济的变动非常敏感,风险也相应更高,他们认为小公司的超额收益是投资者对边际企业所要求的风险补偿(Chan and Chen,1991)。

(二)价值溢价

经济学家发现,股票的账面价值与市场价值的比值与收益率呈正相关关系。账面价值与市场价值的比值即账面市值比,可以作为衡量股票价格便宜与否的指标,因为账面价值反映的是股票的基本价值,而市场价值则反映了投资者的实际交易价格。账面市值比越高,股票价格越便宜。一般观点认为,账面市值比较高的股票是价值型股票,其价值存在一定低估;而账面市值比较低的股票是成长型股票,其价值可能存在高估。价值型股票的收益要明显地高于成长型股票的收益,这被称为价值溢价。

尤金·法玛和肯尼思·弗伦奇研究了1963年至1990年纽约股票市场和美国股票市场的数据,把股票按照账面市值比进行分组,并考察每一组股票在下一年里的平均收益(Fama and French,1992)。研究发现,最高账面市值比的一组股票的月平均收益,要比最低账面市值比的股票高出1.53%。这无法完全用β系数来解释。随后,他们还对包括英国、法国、德国、意大利、澳大利亚、日本、新加坡等在内的全球主要证券市场进行了检验,发现在13个市场中有12个是存在价值溢价的。

对价值溢价现象的解释大概有三种。第一,费雪·布莱克和克雷格·麦金利(Craig A. Mackinlay)认为是样本区间的特殊性造成了统计误差,但该误差不具有持续性,因此预言美国股市将来不大可能出现价值溢价。从后续学者的研究来看,美国股市的价值溢价确实存在下降趋势,似乎验证了这种观点的正确性(Black,1993;Mackinlay,1995)。第二,价值溢价的提出者法玛和弗伦奇认为该现象是对财务风险的补偿,该观点与成和陈乃富对规模效应的解释类似(Chan and Chen,1991)。第三,维纳·德·邦特和理查德·塞勒从行为金融学的角度来解释,认为高账面市值比的公司总是不被市场看好,所以存在价值低估,而当市场校正价格错误时,该类股票便获取了额外的收益(De Bondt and Thaler,1987)。尽管这些经济学家尝试从股票间的风险差异或者数据选择偏差等角度进行解释,但都没有得到有说服力的结论。事实上,价值溢价是非常显著又是普遍存在的,是不能用标准金融理论和有效市场假说来解释的。

(三) 日历异象

投资者常常觉得股票市场是一个复杂、陌生、未知和变幻莫测的地方,股价每天的变化看起来毫无规律,甚至总是与预测背道而驰。但是,经济学家却发现股价变化与一些特定日期存在关联,随着时间的流逝、日历的翻动,股价变化呈现出某种规律性。日历异象是指股票收益率受不同的交易日、月份、季节或节假日等因素的影响,呈现显著的规律性变化。

1. 一月效应

一般来看,股票市场一月份的平均收益率要显著地高于一年中其他月份的收益率,这被称为"一月效应"。最早发现该现象的是西德尼·瓦赫特尔(Sidney B. Watchel)。他发现1927年至1942年纽约股票市场的道琼斯工业平均指数在12月至1月期间表现出明显的牛市倾向,更确切地说,在这15年中有11年都存在该现象。他还注意到这11年之中每次股价的上升幅度都差不多,大概在5%至10%之间,而另外4年股价的下降却不那么显著,且下降幅度不会超过4%。瓦赫特尔将这种现象归因于五个原因:第一,投资者在12月中旬大量出售持有股票是为了规避税收,而新年之后投资者又将其购回,导致股价的上升;第二,在圣诞节前夕,大部分家庭有现金需求,所以提前出售股票换取流动性;第三,已有文献表明工业股在节日前存在异常的价格上升,因此可以推断每年的圣诞假期能够将股价从12月中旬的低迷中带出;第四,投资者会根据他们对未来公司利润的预期来安排投资行为,年初的股价上升可能源于投资者对于春季业务乐观的预期;第五,圣诞节带给投资者的愉快心情将影响其决策,使股票市场也弥漫着普遍的乐观情绪(Watchel,1942)。

迈克尔·约瑟夫和威廉·金尼(William Kinney)对1904年到1974年纽约股票交易所的股票指数进行研究,发现一月份的平均收益率是3.5%,而其他月份的平均收益率仅为0.5%,年收益率超过三分之一的交易日都集中在一月份(Rozeff and Kinney,1976)。他们认为这种现象是由于投资者的年末避税行为。唐纳德·凯姆对美国股市的一月效应与公司规模做了详细研究,不仅证实了一月效应的存在,还发现公司规模与股票收益率呈负相关,小公司的一月效应比大公司更明显(Keim,1983)。许多学者的研究表明,不仅在股票市场,债券、期货市场同样存在一月效应,不仅是美国,包括加拿大、日本在内的许多国家同样存在一月效应。

2. 周内效应

周内效应又称为"周日效应"或"周一效应",指一周之内星期一的平均收益率比其他任何一天的收益率都要低得多,而且在统计上显著为负。克罗斯·弗兰克(Cross Frank)最早提出周内效应(Frank,1973)。他发现一周之内股价的运动并不是随机的。他研究了纽约股票交易所1953年至1970年的股指数据,从1953年开始纽约股票交易所采取周六休市制度,结果表明62%的周五都经历了股价上涨,只有39.5%的周一存在同样的表现,而且周五的平均收益率在18年中的17年都高于周一的平均收益率。肯尼思·弗伦奇发现了同一现象。他研究了1953年至1977年之间S&P500指数的周运动,发现周二到周五的平均收益率都为正,而周一的平均收益率显著为负(French,1980)。周内效应在不同市场、不同国家中广泛存在。杰弗瑞·贾菲(Jeffrey Jaffe)和兰道夫·韦斯特菲尔德(Randolph Westerfield)对四个国家的股票市场进行了周内效应的研究,发现英国、加拿大市场与美国最为相似,仍然是周一的收益率最低,但是在日本和澳大利亚,最低收益率发生在周二(Jaffe and Westerfield,1985)。布鲁诺·索尼克(Bruno Solnik)和劳伦斯·波斯恺(Laurence Bousguet)发现巴黎证券交易所的最低收益率发生在周二(Solnik and Bousguet,1990)。艾米利奥·巴罗内(Emilio Barone)指出意大利股票市场也是周二的收益率最低,因此可以认为周内效应在不同的国家中有不同的表现(Barone,1989)。

为了确认周一收益率为负并不是因为周一为休市后开始的第一天,弗伦奇还将假日休市后第一天的收益率与不包含假日的收益率进行了对比,证实了周一效应并不是源于闭市效应。他认为周一显著的负收益率是市场无效的证据。尽管基于周五正收益率和周一负收益率的交易策略,即在周一买入股票、周五卖出股票的套利交易可能会使投资者获得超额利润,但是交易成本的存在却使投资者不一定能实现套利。尽管如此,这一策略能够成为指导投资者更改交易时间和增加预期收益的有效原则(French,1980)。

行为金融学家对周一效应的解释集中在投资者情绪理论,因为周一往往是一周工作的开端,投资者面对即将开始的辛苦工作感到疲惫而失落,这种悲观情绪传染到股票市场上,便表现为股价的低迷。类似地,经济学家还发现月内效应,这是指一般来看股票市场在每月最初几个交易日的收益率,平均来看要高于月内其他交易日的收益率。另外,每月最后几个交易日的收益率也可能为正。

3. 节日效应

节日效应是指节日对股票价格造成的影响。一般来看,节日前和节日后第一个交易日的收益率与市场收益率都存在显著的差异。比如,每当节日来临,交易所的股票都呈现出节前上涨的趋势。对节日效应的研究最早可以追溯到迈克尔·菲尔兹(Michael J. Fields)在1934年的研究,他将道琼斯指数在纽约股票交易所假日休市前一天的收益率与前后相邻两天的平均收益率进行比较,结果表明,1916年至1932年之间一共316次假日当中,大约有三分之二的比例,节日前一天的收益率比相邻两天的平均收益率更高(Fields,1934)。此后的几十年间,许多学者对节假日附近股票的异常收益率进行了研究。诺曼·福斯巴克(Norman Fosback)对S&P500指数进行检验,证实了较高的节前收益(Fosback,1976)。约瑟夫·兰考内斯克(Josef Lakonishok)和西摩尔·斯密特(Seymour Smidt)对1897年至1986年近一个世纪的道琼斯工业平均指数进行检验,发现了同样的规律——节前的平均日收益率为0.22%,而普通工作日的收益率大概是0.0094%,意味着节前收益率高于普通工作日收益率23倍之多(Lakonishok and Smidt,1988)。为了将节前收益率与周内收益率区分开(两者都处于交易所即将关闭之前),他们指出节日效应比周内效应高出两到五倍,说明节前具有某种附加影响力。经济学家发现,在其他国家和地区的市场也存在节日效应,比如艾米利奥·巴罗内、威廉·津巴、查尔斯·卡茨比和米切尔·拉特纳等人的研究分别发现,意大利、日本、加拿大和澳大利亚等地的市场上存在相似的节日效应(Barone,1989;Ziemba,1991;Cadsby and Ratner,1992),说明这种现象不是因为制度因素而产生的。崇等人发现,1991年至2003年之间美国、英国等地股市都存在节日效应,但这种效应呈现下降趋势(Chong et al.,2005)。

对于节日效应的解释大概有以下三种。第一,节日效应与其他日历效应存在相关性,例如休市,但是如上文所述,兰考内斯克和斯密特否定了这种观点。第二,节日效应与股市制度有关。唐纳德·凯姆认为,节日效应可能与竞价系统有关,但是在不同国家的不同制度之下均验证了节日效应的存在,也否定了这种观点(Keim,1989)。第三,节日效应与投资者情绪有关。正如一月效应,投资者在节前普遍存在的乐观情绪致使股价上扬。

(四)动量效应

动量效应是指在短期内赢家股票继续跑赢,而输家股票继续遭殃。纳拉辛汉·杰格迪什和谢里丹·蒂特曼考察了纽约股票交易所从 1963 年 1 月到 1989 年 12 月的数据(Jegadeesh and Titman,1993)。他们把股票按照过去 6 个月的收益进行分组,并计算在分组后的 6 个月里每组股票的平均收益。他们发现,平均来看,前 6 个月业绩最好的一组股票比业绩最差的一组股票的年收益率要高出 10%。他们指出,动量效应的存在,是因为投资者对于市场上新释放的信息反应不足,所以股票的价格并不能在第一时间充分调整,往往经历较长时间之后才运动到其基本价值,所以短期内股价的表现存在某种持续性,利好公告的出现会使价格在很长一段时间内持续走高,反之则会持续走低。股票价格运动像是有某种惯性,因此他们将此现象称为"动量效应"。杰格迪什和蒂特曼验证了动量交易策略的可行性,发现购买过去 6 个月表现良好的股票并卖出表现较差的股票,再持有这个投资组合 6 个月,平均每年可以得到 12.01% 的超额收益。这个无成本的买入加卖空组合在 1 年之后仍然存在超额收益,但是该收益将会在 3 年之内逐渐消散直至消失。也就是说,投资者对于信息和公告大约需要 3 年的时间来进行充分反应,而在 3 年之内都存在反应不足的现象,因此,短期内的动量投资组合能够带来超额收益。

(五)长期趋势逆转

从长期来看,股票的收益呈现逆转的趋势:输家股票能够跑赢市场,而赢家股票的表现却逊于整体市场。维纳·德·邦特和理查德·塞勒指出股票市场存在严重的长期逆转现象(De Bondt and Thaler,1985)。他们利用纽约股票交易所 1926 年至 1982 年的普通股数据,将时间分成 16 个区间,将每个区间的起始点作为资产组合形成的起点,然后衡量每个起点前 36 个月股票的表现,将表现最好的 35 只股票划入赢家股票组合,表现最差的 35 只股票划入输家股票组合,最后将这些组合在今后区间中的表现与市场平均水平进行对比。结果发现,在长达半个世纪的区间当中,输家股票组合比市场表现更好(见图 2.13)。

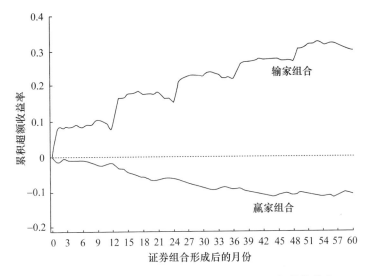

图 2.13 赢家股票组合和输家股票组合的累积超额收益率

资料来源：De Bondt and Thaler (1985)。

经济学家普遍认为市场上的投资者存在反应过度的倾向。基于代表性偏差，大卫·格雷瑟(David M. Grether)得出结论：人们倾向于根据传统或类似的情况对事件分类，并且过度相信历史重演的可能(Grether，1980)。人们总是相信历史会重演，过去的赢家仍然会是赢家，过去的输家仍然会是输家，而我们知道股票市场价格的运动实际上是与投资者预期相关的，存在一种自我实现的机制，投资者将历史重演的想法运用到自己的投资策略之中，持续买入过去的赢家股票，卖出过去的输家股票，从而将赢家股票价格持续推高，输家股票价格持续压低，其预期似乎得到了实现与证实。但是，错误的预期不能永远持续下去。投资者对于赢家股票和输家股票的过度反应使双方的股价均偏离了基本价值，当价格偏离到一定程度时，相对理性的投资者结合市场中的信息公告能够很容易发现高估与低估的存在，从而进行反转操作，使原趋势逆转。

德·邦特和塞勒认为过度反应是造成长期逆转的根本原因。他们指出，过度反应产生的效应是不对称的，人们倾向于对输家股票持有过度悲观的态度，这比对赢家股票的过度自信更强烈，导致了输家股票长期低估的现象相比之下更加严重。德·邦特还分析了美国个人投资者协会(AAII)从

1987年至1992年对125个投资者每周一次邮寄的调查问卷,随机抽取AAII会员询问他们对美国股市未来六个月走势的看法,答案选择有牛市、熊市与中性三种。结果表明,选择牛市与选择熊市的比例之差与问卷前一周的道琼斯指数高度有关,道琼斯指数每上升一个百分点,比例之差就会增加1.3%,这进一步验证了代表性偏差的存在——投资者总是喜欢用历史信息代表未来走势,过于相信历史重演的可能(De Bondt,1993)。此外,纳文·乔普拉(Navin Chopra)、约瑟夫·兰考内斯克和杰·里特的研究也表明,表现差与表现好的股票在给定的一段时间内会经历较大的反转。这些研究使研究者对"个人对信息倾向于过度反应"深信不疑(Chopra,Lakonishok and Ritter,1992)。

如果股票未来的收益是可以预测的,那么投资者就能够根据其运动规律构造出战胜市场的组合。基于长期逆转现象的存在,行为金融学家提出了"反转投资策略":与历史重演正好相反,过度反应的存在说明历史将会反转,因此持有过去的输家组合将会得到超额收益。也有学者对短期的价格反转进行研究。纳拉辛汉·杰格迪什与布鲁斯·莱曼(Bruce N. Lehmann)的研究表明,即使在一周内或者一个月内,持有反转投资组合也能得到超额收益(Jegadeesh,1990;Lehmann,1990)。但是杰格迪什和蒂特曼证明了这种短期反转并不是出于过度反应,而是因为买卖价差。安德鲁·刘和克雷格·麦金利认为造成短期反转的原因并不是过度反应,恰好是一种反应不足(Lo and Mackinlay,1990)。实际上,与流行的反转交易组合相对,早期学者的研究集中在"相对实力策略"上,即购入过去的赢家股票并卖出过去的输家股票。罗伯特·利维(Robert A. Levy)曾指出,如果购买那些当前价格比他们过去27个月的平均价格更高的股票,将会得到显著的超额收益(Levy,1967)。马克·格林布拉特(Mark Grinblatt)和谢里丹·蒂特曼发现,大部分的共同基金都倾向于持有那些相对于上一季度价格有所提升的股票(Grinblatt and Titman,1989)。除此以外,美国著名的投资研究公司"价值线"(Value Line)在对上市公司表现进行预测和排名时,也会将它们过去的表现作为主要依据之一。

可见,从长期看股票收益呈现了与短期截然相反的结果。不同于动量效应中的6个月,在长期趋势逆转中对业绩的评判区间是3年,故选取不同的时间段对研究结果起着至关重要的作用。一种情况下,过去的赢家持续表现良好,而另一种情况下,过去的赢家却表现不佳。如何对这种现象进行合理的解释,对标准金融学和行为金融学来说,都是一个巨大的挑战。动量效应和长期趋势逆转的现象,在实践中也得到了广泛的应用。为了获得超额收益,很多投资者交替地采用动量效应和长期收益逆转的交易原则,这就会带来非常高的换手率。比如,投资咨询公司在为客户推荐股票时,会较长时间地保持所推荐的股票不变,还是会不断地更新股票呢?结果表明,在被考察的16家咨询公司中,更新率达到100%或以上的公司在1996年里有9家,而在1997年达到了11家!

长期逆转和短期动量效应说明股票市场的价格运动是有迹可循的,投资者可以依据不同的规律持有不同的资产组合来获得超额收益。但是,根据有效市场假说,即使是弱有效市场形式,价格也充分反映了过去的信息,这意味着投资者无法从过去价格的运动轨迹推断其将来的运动趋势。有效市场真的成立吗?实际上,即使有效市场假说的创立人法玛最终也不得不承认,股票的收益在某种程度上是可以被预测的。

(六)收入公告后漂移

收入公告后漂移(Post-Earnings-Announcement Drift,PEAD)是指股票价格对收入公告的一种反应。在发布公告后,意外收入为正的公司的股票价格持续向上漂移,而意外收入为负的公司的股价持续向下漂移。维克多·伯纳德(Victor L. Bernard)和雅各布·托马斯(Jacob K. Thomas)考察了从1974年到1986年在纽约股票交易所和美国股票交易所进行交易的所有股票(Bernard and Thomas,1989)。他们把这些股票按照每一季度盈利公告的"意外程度"来进行分组,其中"意外程度"是指公告后的盈利与简单随机游走模型所预测的盈利之间的差值。研究发现,在公告发布后的60天里,意外程度高的好消息股票获得的平均收益,要比意外程度高的坏消息股票的收益高出4%。为了更好地研究这一现象,一些经济学家尝试用其他方式对盈利的"意外程度"进行衡量,比如,将盈利与分析师的预期相比较或者考察价格的变化幅度等,都得出了类似的结论。这一现象也是不能用标准金融理论来解释的。

1. 一个小案例：普莱克萨斯公司的收入公告

普莱克萨斯公司（Plexus Corporation）是美国一家提供设计、生产和测试等服务的合同供应商。1997年1月16日公司宣布每股盈利为40美分，这是一个非常意外的利好消息，远远超出了人们的想象。公告发布后，股票交易量出现大幅度攀升。发布公告的前一天成交量为19 200股，但在公告当天成交量就跃升为420 500股。接下来的三天里，成交量分别为718 400、391 000和142 600股。但是，股价的变化与成交量相比却非常不显著。公告当天股价仅从25.5美元上升至27.5美元。接下来三天里，股价也仅仅爬升到28.75美元。然而在接下来的时间里，意外开始接二连三地发生了！分析师预测第二季度末的每股盈利为50美分，但公告显示为56美分，创下了11.8%的正意外，而下一个季度，正盈利意外更是达到了15.4%。在1998年的第四季度，尽管也有意外发生，但却是一个负盈利意外。

图 2.14 是该公司从1995年中期到1998年年底分析师的盈利预测、实际盈利以及股票的价格水平。值得注意的是，图中的预测水平是经分析师调整后的预测，而不是原始预测。可以看到，在连续的五个季度中，该公司呈现出利好的盈利意外，推动股价在这一期间里保持上涨。正的盈利意外伴随着同方向的超额收益并带来动量效应。尽管第六个季度也表现为正盈利意外，但由于事先有一个预告，其实是一个负盈利意外，导致价格出现较大幅度的向下调整，出现了长期逆转的现象。

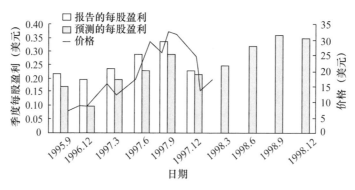

图 2.14 普莱克萨斯公司的每股盈利和股价水平

资料来源：Shefrin（2002）。

2. SUE 交易策略

SUE(Standardized Unexpected Earnings)是指标准化了的意外盈利。根据定义,它等于实际盈利与预期盈利的差额除以盈利意外的标准差。比如1997年4月16日普莱克萨斯公司宣布第一季度的每股盈利为25美分,而分析师的预期盈利是20美分,这意味着盈利意外为5美分,相当于25%的水平。假定盈利意外的标准差是2.5%,那么SUE值就是10。也就是说,第一季度的盈利意外相当于标准化意外水平的10倍。

SUE交易就是基于收入公告后漂移现象而产生的一种交易策略。因为较高SUE值的公司股票的收益率要好于市场平均水平,而较低SUE值的股票收益率低于平均水平,所以投资者可以通过卖出较低SUE值的股票组合同时买入较高SUE值的组合来进行套利操作,从而获得超额收益。

SUE交易策略在现实中的表现怎样呢?我们看富勒和塞勒资产管理公司(Fuller & Thaler Asset Management)的业绩。该资产管理公司是SUE交易策略和行为金融理论的践行者,其创始人和主要管理者是经济学家罗塞尔·富勒(Russell Fuller)和理查德·塞勒。富勒曾任美国华盛顿州立大学教授,拥有43年的实际投资经验,而塞勒任职于芝加哥大学,是著名的行为金融学家,并于2017年获得诺贝尔经济学奖。富勒和塞勒资产管理公司的主要业务是持有行为增长基金,该基金主要是由较高SUE值的公司股票组成的。从1992年1月发行基金到接下来的7年里,如果不扣除手续费的话,该基金的年度收益率大约是28.4%。而同期S&P 500指数的收益率是19.5%,拉塞尔2500增长基金的收益率是11.7%。同时数据表明,该基金的风险水平与拉塞尔2500基金等市场指数没有显著差异,所以,富勒和塞勒基金的良好表现应该来自于一些非风险因素。

第三章 行为金融学理论体系

当今,行为金融学已发展成为一门相对成熟的热门学科。它的研究领域已经逐渐从对金融市场中的异象进行简单的实证分析,过渡到对理论模型的构建;它的研究对象已经逐渐从单一的个人投资者行为,过渡到包括投资者、金融机构和金融市场在内的全面的金融体系;它的研究范围已经逐渐从着重于分析发达国家的健全市场,过渡到研究新兴国家的较不理性和较不健全的市场。这些新的发展趋势拓展了行为金融学的研究视野,同时也凸显了行为金融学在实践中的重要作用。

然而,行为金融学仍是一个相对较新的研究领域,迄今还没有形成一套类似于标准金融学的完整且公认的理论体系。本章将围绕行为金融学的理论基础,从套利行为的有限性、投资者行为理论、行为资产定价理论和行为公司金融理论等角度,尝试对行为金融学的理论体系进行梳理。

第一节 有限套利理论

在标准金融学理论中,市场是有效的。资产的价格永远等于其基本价值,即未来现金流的净现值。市场的有效性是建立在三个假设之上。第一,投资者是理性的。第二,即使存在非理性投资者,只要他们的交易是随机的和不相关的,就可以相互抵消。第三,套利行为是有效的。这意味着即使第二个假设不能够得到满足,即非理性投资者的交易是不能相互抵消的,但只要市场上存在完美的套利行为,价格还是能回归到基本价值,市场还是有效的。可见,套利行为的有效性是市场保持有效的一个重要条件。然而近年来,理论和实证研究发现,市场是无效的,套利行为并不是完美的、有效的。

一、套利行为的有限性

套利是指投资者在不同的市场中利用价格差异同时买入和卖出本质相同或者相似的资产的交易策略。套利者通过以较低价格买入并以较高价格卖出相同或相似的资产,能够立即获得超额利润并使风险得到规避。从理论上讲,套利交易不需要任何资本投入,也不存在任何风险。在标准金融理论下,投资者是完全理性的,且资产价格永远等于其基本价值,即未来现金流的现值。一旦市场上出现错误定价,也就是说,当价格偏离其基本价值,理性交易者会立刻识别出这一有利可图的投资机会,通过套利行为对错误定价进行修正。在这一过程中,理性交易者被称为套利者,非理性交易者被称为噪声交易者。套利在金融市场中发挥着至关重要的作用,它能够使资产价格与其基本价值保持一致,从而保证了市场的有效性。

假设网易公司每股股票的基本价值是 70 美元。一些非理性的投资者即噪声交易者对网易的前景感到非常悲观,于是他们卖出股票,把每股价格压低到 60 美元,使得网易的交易价格低于其基本价值,市场就出现了有利可图的套利机会。假定搜狐公司的股票是网易股票的完美替代品,它们在未来会产生相似的现金流,故具有相同的基本价值。那么,套利者就会以 60 美元的价格买入网易股票,同时以 70 美元的价格卖出搜狐股票进行套期保值。于是,在套利行为的驱使下,买方压力将使得网易公司的股价逐渐回归其基本价值,即 70 美元,使得市场恢复有效。

然而,在现实市场中,套利行为是有限的。用来修正错误定价的套利行为存在一定风险和成本,使得套利行为不再那么具有吸引力,导致错误定价得以长期存在。所以,市场上很容易观察到价格与基本价值相偏离的情况。

二、噪声与噪声交易

我们常说,人们是基于信息进行交易并试图获得超额收益。然而,市场上的信息总是正确的吗?在金融模型中,噪声是与信息相对照的字眼。在一些情况下,人们会把噪声误认为是正确的信息,而基于噪声进行交易,这很显然是错误的。

一方面,噪声使金融市场的存在成为可能,并对市场的流动性起了至关重要的作用。假定一个投资者需要进行交易,他拥有某特定公司的信息。那么,谁会与他进行交易呢?如果其他人拥有和他同样的信息,那么交易就不会实现。交易在什么情况下会实现呢?一个很可能的情况是,交易双方都拥有自己认为是正确的信息。当然从第三方角度来看,至少一方是错误的,其拥有的应该是噪声而不是信息。可见,如果没有噪声和噪声交易,资产的交易就会迅速减少。噪声和噪声交易越多,市场的流动性就越强。正是噪声交易的存在,保证了市场和交易的存在。因此,噪声交易者利用噪声进行交易。即使从客观上看,不进行交易会获得更多的收益,但是他们愿意交易,一方面是因为他们把噪声误认为是正确的信息,另一方面,也可能仅仅出于希望交易的意愿。而大量噪声交易者的存在,对于基于信息来交易的人们来说,是非常有利的。因为在大多数情况下,交易行为会使噪声交易者遭受损失,而基于信息的交易者会获得超额收益。

另一方面,噪声交易又使得金融市场变得不完美。因为噪声交易把噪声带到了价格之中。股票价格不仅反映了基于信息的交易者的信息,还反映了噪声交易者的噪声。这种噪声是累积性的,虽然它可以被理性交易者的套利行为部分地抵消,但随着时间变化,它更可能导致股票价格与基本价值偏离得越来越远。另外,噪声也妨碍了人们对资产收益的了解,不利于投资目标的实现。值得说明的是,那些基于信息的交易者,其实并不能确定他们拥有的究竟是信息,还是噪声。如果这些信息已经被反映到价格之中,那么,他们拥有的就是噪声。事实上,究竟谁是基于信息的交易者,谁是噪声交易者,一直是一个令人困扰的问题。

三、噪声交易者风险

套利交易的一个重要风险是噪声交易者风险。这是由布拉德福德·德龙、安德烈·施莱弗、劳伦斯·萨默斯和罗伯特·沃德曼等人在1990年提出来的(De Long et al., 1990a)。噪声交易者风险是错误定价在短期内进一步恶化的风险,或者说是噪声交易者的判断更加偏离正常水平的风险。比如,在上述网易股票的例子中,那些最初对网易股票感到悲观的噪声交易者,通过卖出股票将价格打压到60美元。但接下来,他们可能感到更加悲观,导致股票被进一步低估,价格甚至可能跌至50美元。而那些已经以60美元买进网易股票的投资者,如果在这时需要平仓的话,就会遭受10美元的损失。

从这个角度上看,噪声交易者风险对短期套利者尤为重要。买入资产的套利者应该意识到,噪声交易者的心态在短期内有可能变得更加悲观,导致价格进一步下跌。这样,如果需要在价格回归基本价值之前进行平仓的话,套利者就会遭受损失。同样,乐观的噪声交易者可能推动某种资产价格过分上涨,卖出这项资产的套利者应该意识到,噪声交易者可能在将来变得更加乐观,导致价格进一步上涨。出于这种考虑,套利行为就会受到限制。因此,噪声交易者风险在一定程度上抑制了套利行为的有效性。

在德龙等人的模型(简称 DSSW 模型)中,有两类投资者:一类为理性交易者,一类为噪声交易者。噪声交易者错误地认为他们拥有关于风险资产未来价格的特殊信息。他们对这种特殊信息的信心可能是来自技术分析方法、经纪商或者其他咨询机构的虚假信号,而他们的非理性之处正在于他们认为这些信号中包含了有价值的信息,并以此作为投资决策的依据。作为对噪声交易者行为的回应,理性投资者的最优策略应该是利用噪声交易者的这些非理性信念作为自己赚取利润的机会。他们会在噪声交易者压低价格的时候买进而在相反的时候卖出。这种反向交易策略有时会使资产价格趋向其基本价值,但并不总是能达成这种效果。DSSW 模型可以证明,即使在不存在基本面风险的情况下,仅仅是噪声交易者的行为也会让从事套利活动的理性投资者面临风险,从而限制其套利的效果。

具体来说,DSSW 模型是一个两期生存的迭代模型。假设投资者是风险规避的,在第一期没有消费,其唯一的决策是在年轻时选择的一个证券组合。模型中包含两种支付完全相同股利 r 的资产:一种是无风险资产 s,每期支付固定的实际股利 r,其供给完全弹性,价格恒为 1;另一种是风险资产 u,支付同样的股利,但供给非完全弹性,价格不为 1。市场中有两类交易商:噪声交易者 n 和套利者 a,所占的比例分别为 μ 和 $1-\mu$。年轻的套利者在 t 期对持有的风险资产收益分布的预测是准确的,他们试图使预期效用水平实现最大化,而年轻的噪声交易者对风险资产存在错误的估计,其估计价格是独立同分布的正态随机变量 $\rho_t : \rho_t \sim N(\rho^*, \sigma_\rho^2)$。假设每个交易者是风险规避的,其效用函数是其年老时的财富的函数:$U = e^{-(2\gamma)w}$。因为风险资产的收益呈正态分布,所以最大化 $E(U)$ 相当于最大化 $\overline{w} - \gamma \sigma_w^2$,可以求得,套利者和噪声交易者对风险资产 u 的需求数量分别为 λ_t^a 和 λ_t^n:

$$\lambda_t^a = \frac{r + {}_tp_{t+1} - (1+r)p_t}{2\gamma({}_t\sigma_{p_{t+1}}^2)}$$

$$\lambda_t^n = \frac{r + {}_tp_{t+1} - (1+r)p_t}{2\gamma({}_t\sigma_{p_{t+1}}^2)} + \frac{\rho_t}{2\gamma({}_t\sigma_{p_{t+1}}^2)}$$

第二个等式右边的第二项说明了噪声交易者在持有风险资产中对预期收益

的错误认识。当他们高(低)估预期收益时,对风险资产的需求就会更多(少)。上面两个需求函数的分母中的价格方差是风险资产未来价格的不确定性,它依赖于下一代年轻的噪声交易者的错误估价。这种噪声交易风险的存在限制了理性交易者的套利活动。进一步地,风险资产 u 的最终定价公式为:

$$p_t = 1 + \frac{\mu(\rho_t - \rho^*)}{1+r} + \frac{\mu\rho^*}{r} - \frac{2\gamma\mu^2\sigma_\rho^2}{r(1+r)^2}$$

上式第二项表示因噪声交易者的错误预期改变而引起的风险资产 u 的价格波动。对后市看涨,则推动 u 价格上升;对后市看跌,则推动 u 价格下跌。第三项表示当噪声交易者错误估价的均值不为 0 时, p_t 对基本价值的偏离程度。最后一项是模型的核心所在,即由于下一代噪声交易者心理的不确定性使得无风险资产 u 变得有风险,套利者因此会降低对 u 的需求,从而其价格走低,收益提高。在这种情况下,噪声交易者就为自己的操作创造了空间,并使他们可能获得比套利者更高的收益。由这个公式可以看到,噪声交易者的行为或者其信念的不确定性可以对风险资产的价格产生影响,这就反驳了法玛认为噪声交易者对资产的定价不重要的观点,同时也验证了费雪·布莱克的一个重要论断:构造一个基于信息而没有噪声的交易模型是没有意义的(Black,1986)。

米尔顿·弗里德曼(Milton Friedman)指出,噪声交易者获得的收益要低于套利者的收益,最后噪声交易者会被市场淘汰(Friedman,1953)。然而在 DSSW 模型中噪声交易者不一定获得较低的收益,由于噪声交易者判断的集体性变化会增加整个资产的风险性,他们就可能获得比套利者更高的收益。具体推导如下:噪声交易者和套利者相对收益的差别是由风险资产决定的,是风险资产 u 持有数量差别与每单位该资产的超额收益之积,记作 ΔR_{n-a}:

$$\Delta R_{n-a} = (\lambda_t^n - \lambda_t^a)[r + p_{t+1} - p_t(1+r)]$$

噪声交易者和套利者对风险资产需求的差别是:

$$\lambda_t^n - \lambda_t^a = \frac{\rho_t}{(2\gamma)_t\sigma_{p_{t+1}}^2} = \frac{(1+r)^2\rho_t}{(2\gamma)\mu^2\sigma_\rho^2}$$

通过无条件期望预期可以求得

$$E(\Delta R_{n-a}) = \rho^* - \frac{(1+r)^2(\rho^*)^2 + (1+r)^2\sigma_\rho^2}{(2\gamma)\mu\sigma_\rho^2}$$

上式描述了噪声交易者获得较高的预期收益的条件，通过分析可以得到如下结论：① 持有更多效应：等式右边第一项显示，当 $\rho^* > 0$ 时，噪声交易者可以通过持有更多的风险资产来获得更多的收益。② 价格压力效应：从分子第一项可以看出，当噪声交易者对后市更加乐观时，他们会需求更多的风险资产并推动资产价格上扬，从而降低相对预期收益。③ 高买低卖效应（即弗里德曼效应）：噪声交易者的错误预期是一种随机现象。分子第二项显示，噪声交易者的投资信念越易变，越可能产生错误的择时，使其相对预期收益减少。④ 创造空间效应：等式右端的分母是模型的核心，它表明噪声交易者的信念改变得越频繁，价格风险就越大，套利者利用噪声交易者的错误预期来牟利所承受的风险也就越大。而套利者又是风险规避的，所以他们对风险资产的需求自然下降，这样就给噪声交易者的获利创造了空间。如果这个效应足够大，就可以减少价格压力效应和高买低卖效应所造成的损失。

上述四个效应存在着此消彼长的关系，没有哪一种占有明显的优势。比如，当噪声交易者对市场过于乐观时，则价格压力效应将占主导地位。只有当对市场看涨的程度中等时，噪声交易者才能获得相对高的预期收益。同时，如果 ρ^* 值越大，风险规避型投资者越多，ρ^* 值的变动范围也越大，噪声交易者的平均收益也就越高。另外，令上式等于 0，可以得到：

$$\mu^* = \frac{((\rho^*)^2 + \sigma_\rho^2)(1+r)^2}{2\rho^*(\gamma\sigma_\rho^2)}$$

这说明当市场中的噪声交易者比例大于 μ^* 时，噪声交易者将创造较大的价格风险，这将限制套利者的交易动机，这样噪声交易者将获得更高的平均收益。否则，套利者的预期收益会高于噪声交易者。

经过上述讨论，我们发现噪声交易者的确在很大程度上限制了套利行为。那么噪声交易者可以长期存在吗？最初德龙等人假设新一代投资者将采用下面两种方法收集上一代人的信息以决定采取何种策略：（1）以实现收益为基础的策略。在这种情况下不能得出噪声交易者的影响会随时间的推移而减少的结论。（2）以实现的效用水平差异为基础的策略。在这种情况下噪声交易者的影响必然随时间的推移而减少。德龙等人在 1991 年提出了一个新的资产组合配置模型,并证明了噪声交易者作为一个整体不仅可以得到更高的预期收益,而且还可以占支配地位。但是,此模型的一个重要假设是噪声交易者不会影响价格(De Long et al.,1991)。费雷德利克(Palomino Frédéric)通过改变 DSSW 模型中的完全竞争条件,得出在不完全竞争的资产市场上,噪声交易者不仅可以获得更高的预期收益,而且还可以得到更高的预期效用,因此可以长期存在于市场。因此,研究金融市场的套利行为时,无论长期还是短期都不能忽略噪声交易者的存在和影响(Frédéric,1996)。

四、套利行为的其他风险和成本

在现实的市场中,套利行为是不完美的,存在一定的风险和成本,使得错误定价得以长期存在,市场的有效性难以实现。除了噪声交易者风险,套利行为还存在下面的风险和成本。

第一,基本面风险。这是指资产的基本价值发生变化的风险。假设套利者以低于基本价值的 60 美元买入网易股票。但不久后政府就出台了一项抑制互联网过度发展的政策。这一重大的利空消息,将导致股价进一步下跌。这样,来自基本面的风险就会导致套利者遭受损失。当然,一些套利者早已意识到了这种风险,于是他们在买入一项资产的同时,为了对冲风险就已经卖出了另一种替代资产,例如搜狐公司的股票。这样,套利者就可以免受整个互联网行业利空消息的影响。比如,套利者在以 60 美元买入网易股票的同时,以 70 美元的价格卖出搜狐股票。如果某种利空消息使整个互联网行业都遭受了打击,网易和搜狐股票的基本价值都跌至 50 美元,那么,投资者在接下来需要买入搜狐股票进行平仓时,仍然可以获得 10 美元的利润。然而还有一种情况,就是利空消息仅仅影响某一资产,而不是替代资产。例如,网易宣布上季度利润没有实现预期目标,或者董事会进行意外的人事调整等,这些消息只对网易公司股票的基本价值造成影响,而搜狐的基本价值仍将保持在 70 美元的水平。在这种情况下,当套利者不得不以 50 美元卖出网易股票进行平仓交易时,就会遭受 10 美元的损失。

第二,投资者时间期限的影响。即使投资者确信发生偏离的股票价格最终会回归基本价值,但是他们很难确定错误定价会恶化到什么程度,以及什么时候会结束。事实上,这一过程是需要一定时间的,回归的过程并不是及时的、平缓的过程。而投资者的存在期限是相对短暂的,这就意味着在大多数情况下他们没有机会等到价格回到基本价值之后再进行交易。如果投资者的资金不能使他熬过亏损期,就会被迫平仓并遭受巨大损失。因此一般来看,时间期限越长,套利行为就会越有效。

另外,由于受自身素质和资金力量等因素的限制,现实中的套利者大都采取委托-代理模式。大多数套利者并非管理自己的资产,而是作为代理人管理投资者的资产,这就必然会产生委托-代理问题。一般来说,作为委托方的投资者会根据投资机构过去的业绩情况决定投资还是撤资,从而限制了套利者的套利范围。同时,投资者经常以较短的时间期限对套利者的业绩进行评估,并根据评估结果对其支付报酬。而在大多数情况下,错误定价得到完全纠正所需要的时间,例如三年、五年,要远比评估期限——例如一般的评估期限是一年——更长。这样,如果在短期内错误定价出现进一步恶化,就很可能降低套利者的报酬。换句话说,在大多数情况下,投资者不能忍受套利者的暂时亏损,这不仅限制了套利者运作资金的能力,使套利者的收入受到影响,也会大大降低套利者进行套利的积极性,导致套利机制难以有效地发挥作用。另外,很多套利者采用杠杆方式进行套利。他们从金融机构借入资金或资产来进行交易,这样,他们不仅需要对借入的资金支付利息,一旦形势不利,还会面临被清算的风险,这也在一定程度上限制了套利的规模。

第三,模型风险。以上分析都假定套利者知道如何对资产进行正确的估值,假定投资者了解所持有资产的基本价值。但是在大多数情况下,套利者面临着模型风险,这意味着模型本身可能是不正确的,或者在对模型进行应用的过程中存在一定错误。理论上看,一只股票的基本价值由未来现金流的贴现值决定,但是无论股票未来的现金流还是合适的贴现率,都是无法确定的,用这种方法确定股票的基本价值是不可行的。因此,人们建立了一系列模型来计算股票的基本价值,例如经典的资本资产定价模型(CAPM)和套利定价理论(APT)等。然而现实中,具体用哪个模型以及模型的参数都是不确定的,或者套利者对模型的应用存在一定的错误,这就导致了模型风险。

模型风险的具体表现如下。(1) 投资者心态的不确定性导致模型本身很可能也是不确定的。(2) 模型中的数据可能是不准确的,这样利用这些数据计算出来的基本价值也是不准确的。(3) 模型往往是以一定的假定为前提的,例如市场的充分竞争和有效性,但是在现实中,这些假定往往难以得到满足,所以,直接对模型加以应用也存在一定的风险。基本价值估算错误,会让套利者对某种股票的持有头寸判断失误。如果套利者已经意识到这种风险,就会反方向操作替代证券,在卖出高估的金融资产的同时,买进同样或相似的价值没有被高估的替代资产,这样就会消除某一个行业的利空消息或利好消息的影响。一般金融衍生品比如期货、期权的替代品比较容易找到,但是在股票市场上,股票的合适替代品却很难找到,即使找到也会受到该股票特定的利空消息的影响,还要承受系统性风险。理论上看,在有效市场上,股票的替代品要求股价不随供求关系波动而且价格弹性无穷大,这种完美替代品显然在现实中不存在。因此,套利者不能从整体上对股票进行准确定价,同时也无法找到有效的替代组合,一旦投资者对股票走势判断失误,就无法进行无风险的对冲交易,基本面风险难以消除。(4) 市场限制风险。这主要来自于两个方面。① 卖空限制:卖空是套利行为关键的一环。为了顺利地进行套利交易,套利者需要进行卖空操作。他们先从经纪人或其他中介机构那里借入资金或资产,再在市场上卖出。但在很多市场中,卖空行为都会受到限制,甚至是被禁止的。比如,借入股票需要收取一定的费用,这些费用至少是在 10 个到 15 个基点之间。当费用过高时,套利者将资不抵债。另外,即使没有对卖空的限制,套利者也很难找到可以借入并卖出的资产。同时,卖空的前提是经纪人或中介机构手头有多头头寸,才能借出去卖空。万一客户突然从经纪人那里提取股票,那么套利者就不得不买回卖空的股票,轧平头寸,在流动性差的市场或者当持有该股的交易者企图挤兑卖空的套利者时,套利者回购的代价是十分高昂的。因此卖空限制会大幅增加套利行为的成本。② 履行成本或交易成本。佣金、询价差等与市场相关的成本,都会对套利行为产生或多或少的限制。虽然在流动性较强的市场中,交易成本可能不是很高,但在流动性不强的市场中,这种成本可能非常高,会对价格产生很大的影响。考虑到交易成本,价格对基本价值的偏离会形成一个套利的中立地带,实际上套利者的套利空间就会被限制在很小的范围,套利者的行为也就存在很大风险。

第四,影响套利行为的其他因素,这包括发现和识别错误定价的成本,以及为了纠正错误定价所耗费的资源的成本。事实上,发现错误定价并不是一件很容易的事情。比如,有些资产不存在完全替代品,或者仅存在本质上相近但并非完美的替代品。这样,套利行为就存在基本面风险。值得一提的是,如果套利者能够成功地预测错误定价结束的时间,他们很可能就转变为噪声交易者,主动拉高错误定价,使股价进一步偏离基本价值,等到股价接近反转之时,猛赚一笔后逃之夭夭,这样原来的套利者不仅不能够稳定市场,反而加剧了市场的波动。

第二节 投资者的心态与行为

投资者的心态与行为是行为金融学的重要研究内容,该理论主要研究在不确定情况下市场中的投资者如何进行决策,如何形成投资理念,以及如何对资产进行分析和判断。在决策目标上,投资者不仅追求预期效用的最大化,而且还追求主观价值的最大化。比如,行为金融学中的展望理论从价值函数和权重函数两个方面来解释人们的投资行为。

与标准金融理论的认识不同,情绪会影响人们的认知和行为,进而影响到投资决策。如果投资者意识到自己决策的结果不如另一种决策的结果好,就会产生后悔的情绪,反之则会产生愉快的情绪。与此类似,乐观、自傲、对熟悉事件的偏好和对损失的厌恶等,这些情绪也都会对投资决策造成一定的影响。这些情绪以及对情绪的预期会使投资者的效用函数发生改变。比如,在投资过程中人们会尽量使预期的后悔情绪降至最低。另外,人们的认知方式也会影响投资者行为。在紧张的投资和交易过程中经常存在着大量的信息,而投资者用于加工信息的资源是有限的,他们很难在短时间里准确无误地处理所有的信息,所以常常采用启发式偏差和拇指法则之类的便捷方法,而不是运用贝叶斯法则等科学方法理性地进行决策。在很多情况下,这些启发式偏差,例如代表性偏差和锚定效应等,会产生严重的投资偏误,甚至会带来不可弥补的投资错误。在这一部分,我们将分别介绍股票市场中的投资者行为,包括羊群行为、处置效应和注意力效应等,以及投资决策理论。

一、投资者行为

(一) 羊群行为

学者们习惯于将行为金融学的开端追溯到19世纪和20世纪之交法国著名心理学家古斯塔夫·勒庞所著的《乌合之众：大众心理研究》。勒庞用直白激烈的语言解析了现代社会的群体行为，其最重要的观点便是"群体智力的低劣性"(Le Bon,1896(2002))。在文明诞生之初一群来源不同的人聚集在一起，并因获得了某种共同理想而形成一个民族。个人一旦融入群体，他的个性便被淹没，群体的思想便占据绝对的统治地位，与此同时，群体行为也会表现出排异性、极端化、情绪化和低智商化等特点，进而对社会产生破坏性的影响。随着古老理想的消失，这个种族的才华也完全消失，因而回到了自己的原始状态，即一群乌合之众。查尔斯·麦凯的《非同寻常的大众幻想与全民疯狂》也阐述了类似的观点：群众一旦开始集中疯狂，那么只有在付出巨大代价之后才会找回自觉(Mackay,1841)。

这两本书被认为是行为金融学观念最早的孵化器。不难发现，勒庞与麦凯指向了同一个关键词：从众。在金融学领域，从众行为被称为"羊群行为"。众多历史现象表明，人类的行为在很多情况下并不是独立决策的，而是基于对周围人行为的一种"模仿"。这种模仿可以带来两个好处：第一是安全感，第二是某种真正的利益。对于安全感的解释我们并不陌生，实际上现代很多基金经理都不会采取太过激进的投资策略，而会保守地选用大部分基金所选择的投资策略，原因便是即使出错也不会被责备，因为大家都是这么做的。从众的第二个好处，可以从凯恩斯的"选美比赛"例子得到解释。凯恩斯认为金融投资如同选美比赛，赢家是那个押赌注在冠军身上的竞猜者，那么如何才能赢呢？不要猜你认为最漂亮的美女，而应该猜大家认为最漂亮的美女。只要你猜对了大家的选美倾向，你就能获得大奖。同样，在金融市场上，只要你去买大家觉得能赚钱的股票，那你就会是成功的投资者(Keynes,1936)。也就是说，凯恩斯把投资与大众心理分析联系在了一起。

波顿·麦基尔(Burton G. Malkiel)把凯恩斯的观点归纳成"最大笨蛋理论"：一个人在明知一个东西不值那么多钱的情况下还把它买下来，这看起来似乎是大笨蛋,但他的目的是让一个更大的笨蛋出更多的钱把这东西买走。从这个角度来看,有时理性并不意味着收益,很可能是一意孤行,正如凯恩斯所言,大多数时候,洞察力,尤其是对他人心理的洞察力,才能带来收益(Malkiel,2003)。

1. 羊群行为的概念

羊群行为可以通俗地理解为从众行为。人们容易受到群体情绪的影响,放弃自身的信念和偏好,选择与群体行为相似的行为。处于群体中的人们经常相互模仿和相互传染。通过情绪感染和行为感染的循环反应和刺激,人们的情绪逐渐高涨,羊群行为得到进一步的加剧。然而,目前金融领域对羊群行为的定义很难统一。大卫·沙尔夫斯坦(David S. Scharfsterin)和杰里米·斯坦(Jeremy C. Stein)认为羊群行为的投资人不关注自己已获得的信息,而只知道跟随别人行动,是不遵循贝叶斯概率公理的交易者(Scharfstein and Stein,1990)。杰格迪什和蒂特曼强调,羊群行为是根据同一信息产生了相同行为而并非效仿(Jegadeesh and Titman,1993)。约瑟夫·兰考内斯克、安德烈·施莱弗和罗伯特·维什尼(Robert W. Vishny)定义羊群行为为在同一时间段内投资者采取相同的行动购买或出售相同的股票(Lakonishok,Shleifer and Vishny,1992)。罗伯特·希勒认为,羊群行为是指人们趋向于与社会群体中的其他人保持相似的思考和行为方式,比如在一个群体决策中多数人意见相似,个体即使意识到该决策是不正确的,也趋向于支持该决策而忽视反对者的意见(Shiller,2000)。

一般来看,羊群行为是指人们的行为趋同的现象,也就是说,人们的决策会受其他人的影响。股票市场的羊群行为是指市场中投资者在进行决策时,影响他人或受他人影响,使得市场交易结果与部分人的决策相关,最终反映到资产价格上的现象。事实上,每个人的思想、感觉和行为等都会对其他人造成一定的社会影响。从这个角度上看,羊群行为是由人们之间的相互影响和相互协调而导致的行为趋同。比如,一个人已经决定投资,但在观察到其他人都不投资后,便决定也不投资;或者这个人已经打算不投资,但在观察到其他人都投资后,也跟进投资。

图3.1是羊群行为的二重分类法。图中的矩形是从信息来源的角度对羊群行为按照包容性的强弱进行的分类。包容性的强弱依次为A、B、C和

D。最大的矩形是包容性最强的等级"A. 羊群行为"。比如,人们都去餐馆甲。其次是包容性次强的等级"B. 基于观察的羊群行为",意味着羊群行为来源于对语言、行为或行为结果的观察,所以B是A的子集。比如,在观察到前面的人都去餐馆甲后,你也决定去餐馆甲。再次是等级"C. 基于观察的理性的羊群行为"。粗略地讲,基于观察的羊群行为可分为理性的羊群行为和非理性的羊群行为。理性的羊群行为是在既定信息集下,人们经过理性的分析使其经济利益有所增加的行为。而非理性的羊群行为是不经过分析的、盲目的从众行为。比如,在看到前面的人都去餐馆甲后,你对两个餐馆做了非常详尽的考察,发现餐馆甲确实要更好一些,所以也去餐馆甲,这就是理性的羊群行为。所以,C是B的子集。在大多数情况下,我们主要关注理性的羊群行为。最后是等级"D. 信息瀑布"。这是指在观察到前面的人的行为后,人们放弃自己的私人信号或者事先决定,而跟随前面的人的行为,并认为这是理性的最优选择。与等级C相比,这里多了一层含义:放弃自己的私人信号或事先信念。所以,D是C的子集。在信息瀑布下,投资者

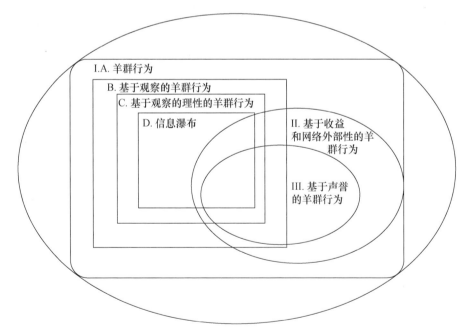

图 3.1 羊群行为的二重分类法

资料来源:Hirshleifer and Teoh (2003)。

的私人信号没有任何提示作用,没有给后面的人带来任何信息上的好处。比如,你事先决定去餐馆乙,但是在观察到前面的人都去餐馆甲后,你经过认真的思考放弃了事先决定,也决定去餐馆甲。

在日常生活中,不仅人们的行为是相互影响的,而且行为的结果即收益也是相互影响的。图3.1中的椭圆形是从收益关联性的角度对羊群行为按照包容性强弱所进行的分类。包容性的强弱依次为Ⅰ、Ⅱ和Ⅲ。包容性最高的等级是"Ⅰ.羊群行为"。其次是"Ⅱ.基于收益和网络外部性的羊群行为"。在很多情况下,羊群行为会受到前面采取同样行动的人所获得的收益的影响。最后是"Ⅲ.基于声誉的羊群行为"。每个人都希望给后面的人留下好的声誉。这种良好的意愿会产生收益间的相互关联并带来羊群行为。因此,Ⅲ是Ⅱ的子集,Ⅱ是Ⅰ的子集。

值得注意的是,这里的羊群行为不同于"伪羊群行为"。"伪羊群行为"是指拥有相同信息集的人们在面临相同的问题时做出相同的决策。比如,如果利率突然上升,那么股票就变成了不受欢迎的投资。于是,投资者会减少股票在投资组合中的比例。这种行为从表面上看是羊群行为,但实际上是伪羊群行为,因为投资者并不是在观察到前面的人的决策后选择盲目地跟从,相反,这是一种由基本面信息驱使的理性选择,所以它是伪羊群行为。

2. 羊群行为的产生

在现实的市场中,羊群行为产生的原因有很多。粗略地讲,羊群行为的产生有下面几种可能。第一,从众的本能。人们与生俱来地有一种与其他人做同样的事情并和其他人保持一致的本能。实践证明,在历史发展中这种本能确实能带来一些好处。科学家发现,集体狩猎的成功概率要大于单独狩猎的成功概率,并可以节省大量的时间和精力。第二,人们之间的交流和信息传递。人类学家认为,群体内的信息传递主要通过谈话分析和社会认识这两种方式,逐渐形成以集体为单位的共同行动和信息共享机制。这种机制在某种程度上限制了个人思想的表达和个人情绪的反映,导致群体行为发生收敛。第三,信息的不确定性。标准金融学的一个基本假设是完全信息。但即使是在信息迅速传播的现代社会,信息也是不充分的,且获得完全信息的成本非常高。在这种情况下,就容易滋生羊群行为,而且市场上信息的变化越快,羊群行为就越容易产生。第四,出于对声誉与报酬的需要。如果一个人的决策与其他人不同并遭受损失,人们会认为这个人的能力很差,而如果一个人与其他人行为保持一致,即使遭受损失,他会因看到其他人也有同样的命运而不那么难过,同时对自己的声誉和报酬也不会造成太大的影响。所以,人们更愿意与其他投资者的行为保持一致,以推卸本该由自己承担的责任。

从金融学的角度看,羊群行为产生的原因,主要有三种:基于信息不对称的羊群行为、基于声誉的羊群行为和基于补偿机制的羊群行为。金融市场中不断充斥着大量的信息,而且信息变换的速度和方向都非常快,即使成熟投资者也不可能在短期内掌握所有的信息,所以信息不对称是非常普遍的现象。在信息不对称的情况下,投资者就倾向于观察和模仿其他人的决策,而不是根据自己拥有的信息来进行决策,这就表现为羊群行为,或者称为"跟风""跟庄"等行为。基于声誉和补偿机制的羊群行为,在基金经理中最为常见。在很多情况下,基金经理的真实投资能力对于其雇主甚至是基金经理本身来说,都是未知的。一旦出现投资失误,将损毁自己的声誉,进而影响到自己的报酬,所以,基金经理们常常模仿其他基金经理的投资行为,从而产生羊群行为。

3. 信息不对称下的羊群行为

1992年,阿比吉特·巴纳吉(Abhijit V. Banerjee)提出了一个羊群行为的模型,从信息不对称的角度阐述了羊群行为产生的原因(Banerjee,1992)。同年,苏希尔·比赫昌达尼(Sushil Bikhchandani)、大卫·赫什莱佛和伊沃·韦尔奇(Ivo Welch)等也提出了类似的模型(Bikhchandini, Hirshleifer and Welch,1992)。尽管这两个模型不尽相同,但都把羊群行为归因于信息不对称和信息瀑布。信息瀑布是羊群行为产生的一个重要原因。这里我们主要考虑后一个模型,采用三个作者的首字母,记为BHW模型。为了简单起见,我们用下面的实验对BHW模型进行较为形象的介绍。在这个实验中,受试者们依次从一个坛子中抽取一个球,根据球的颜色,判断这个坛子是坛子A还是坛子B。具体过程如下。假定教室里有两个坛子:A和B。坛子A中有2个红球和1个黑球;坛子B中有1个红球和2个黑球。在实验开始时,工作人员抛一枚硬币,根据硬币的正反面,选择坛子A或者B。如果正面朝上,就选择坛子A;如果反面朝上,就选择坛子B。一旦选定了坛子,工作人

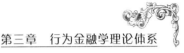

员将这个坛子中的3个球倒入一个新的坛子中。接下来,受试者们来到了教室。他们按照事先安排好的顺序,依次从这个新的坛子中抽取一个球,观察球的颜色后并放回。他们需要根据球的颜色,判断这是来自于坛子 A 还是 B,并公布给其他受试者。需要强调的是,受试者抽取的球的颜色为私人信息,不能公布给其他人。这样,每个受试者在进行判断时都有一个属于自己的私人信息,并能够观察到前面所有人的判断。在所有人都做出判断后,工作人员把正确答案公布给大家。

现在,我们来分析受试者们的判断。首先,工作人员选择坛子 A 和坛子 B 的概率都是 0.5,因为这是由抛硬币的结果来决定的,记作 $P(A)=0.5$ 和 $P(B)=0.5$。根据实验的设定,有 $P(\text{red}/A)=2/3$,$P(\text{black}/A)=1/3$,$P(\text{red}/B)=1/3$,$P(\text{black}/B)=2/3$,其中,$P(\text{red}/A)=2/3$ 意味着如果选择的是坛子 A,那么从中抽到红球的概率是 2/3。不失一般性,我们将 2/3 记作 p,1/3 记作 $1-p$。假定第 1 个人抽到了红球,她的判断应该是什么?我们需要计算概率 $P(A/\text{red})$。根据贝叶斯法则,可以得到

$$P(A/\text{red}) = \frac{P(\text{red}/A) \times P(A)}{P(\text{red})}$$

$$= \frac{P(\text{red}/A) \times P(A)}{P(\text{red}/A) \times P(A) + P(\text{red}/B) \times P(B)}$$

$$= \frac{p \times 0.5}{p \times 0.5 + (1-p) \times 0.5} = \frac{p \times 0.5}{0.5} = p$$

由于 $p > 1/2$,所以如果第 1 个人抽到了红球,那么说明更有可能是坛子 A,第 1 个人的判断应该是坛子 A。同样,我们有

$$P(B/\text{black}) = \frac{P(\text{black}/B) \times P(B)}{P(\text{black})}$$

$$= \frac{P(\text{black}/B) \times P(B)}{P(\text{black}/B) \times P(B) + P(\text{black}/A) \times P(A)}$$

$$= \frac{p \times 0.5}{p \times 0.5 + (1-p) \times 0.5} = \frac{p \times 0.5}{0.5} = p$$

这说明如果第 1 个人抽到黑球,她的判断应该是坛子 B。由此,第 1 个人的判断应该与她的私人信号相一致。

接下来考虑第 2 个人的判断。假定第 1 个人的判断是坛子 A。如果第 2 个人抽到了红球,那么第 2 个人如何判断呢?运用贝叶斯法则,可以得到

$P(A/A_1, red_2) = \dfrac{p^2}{p^2+(1-p)^2} > 0.5$，所以更有可能是坛子 A，故第 2 个人的判断也是坛子 A。那么，如果第 2 个人抽到了黑球呢？类似地，可以得到 $P(A/A_1, black_2) = 0.5$。直觉上看，第 2 个人的私人信号黑球，可以与第 1 个人的私人信号红球相抵消，这就相当于没有任何信息出现，因此根据最初的抛硬币的结果，有一半的可能是坛子 A，一半的可能是坛子 B。受试者猜测坛子 A 和 B 的概率都应该是 0.5。同样，假定第 1 个人的判断是坛子 B，如果第 2 个人抽到了黑球，他也应该判断是坛子 B；如果第 2 个人抽到了红球，他将以 0.5 的概率判断是坛子 A，0.5 的概率判断是坛子 B。

现在，第 3 个人面临四种情况。如果第 1 个人的判断是 A，第 2 个人的判断是 B，或者第 1 个人的判断是 B，第 2 个人的判断是 A，那么，第 3 个投资者可以推测出，前两人中必然一人抽到红球，一人抽到黑球。由于私人信号的准确性是一样的，这些信号可以相互抵消。于是，第 3 个人就面临着和第 1 个人同样的情形，她将根据私人信号来进行判断；第 4 个人面临着和第 2 个人同样的情形；第 5 个人面临着和第 3 个人同样的情形……以此类推。当然还有两种情况。假定第 1 个人和第 2 个人的判断都是坛子 A，在这种情况下，不管抽到红球还是黑球，第 3 个人都应该判断坛子 A，因为通过计算，可以得到 $P(A/A_1, A_2, red_3) > 0.5$ 和 $P(A/A_1, A_2, black_3) > 0.5$。其中，后者意味着即使第 3 个人抽到了黑球，坛子 A 的概率仍然大于 B。这样，第 3 个人的判断就没有给后面的人提供任何信息。于是，第 4 个人面临着和第 3 个人同样的情形，所以，第 4 个人的判断也是坛子 A……以此类推，后面所有人都会判断坛子 A，从而产生了坛子 A 的信息瀑布和羊群行为。类似地，假定第 1 个人和第 2 个人的判断都是坛子 B，那么不管抽到红球还是黑球，第 3 个人都应该判断 B。同理，后面所有人的判断都是 B。这样，判断是 B 的信息瀑布和羊群行为，也从第 3 个人那里开始产生了。由此可以得出：当判断是坛子 A 的人比判断是 B 的人多于两个时，后面的人的判断都是 A，便产生了判断是 A 的信息瀑布和羊群行为；当判断是坛子 B 的人比判断是 A 的人多于两个时，后面的人的判断都是 B，便产生了判断是 B 的信息瀑布和羊群行为。

将这一实验扩展到金融学领域，就是 BHW 模型的基本框架。投资者按照事先排好的顺序，决定是否购买某种股票。在这里，购买股票相当于判断为坛子 A,不购买股票相当于判断为坛子 B。在做决策之前,投资者不仅可以观察到前面所有人的决策,还可以收到一个私人信号,这个私人信号的准确性是 p,且 $p>0.5$,意味着这种股票以 p 的概率是好股票,故应该购买,以 $(1-p)$ 的概率是坏股票,故不应该购买。在所有投资者都做出决策之后,投资结果被公示给大家。在这个序贯决策的模型中,模型结构和贝叶斯理性都是公共信息。在观察到其他投资者的决策后,每个投资者都会利用贝叶斯法则更新自己对投资结果的信念,并做出投资决策。研究发现,当私人信号的准确性 p 比较大时,信息瀑布和羊群行为发生得比较早;p 越接近 0.5,信号的噪声就越大,投资者对投资结果越不确定,羊群行为就发生得越晚。另外,随着投资者人数的增加,不发生羊群行为的概率大幅度地降低。比如在第 10 个投资者后,不发生羊群行为的概率小于 0.1%。图 3.2 是正确的信息瀑布和错误的信息瀑布发生的概率。可以看出,正确信息瀑布的发生概率随着 p 和投资者人数的增加而增加。当 $p=1$ 时,发生的概率接近 1。可以看出,如果一个投资者已经处于信息瀑布中,那么他和他后面的人的决策就不会反映出任何私人信息,对其他人的决策就没有任何的信息提示作用,这就会产生负的外部性。从这个角度上看,信息瀑布的存在阻止了私人信息的正常累积过程,所以会导致错误信息瀑布的发生。而在理想状态下,如果私人信息可以充分累积,就非常可能发生正确的信息瀑布。

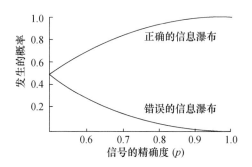

图 3.2 正确的信息瀑布和错误的信息瀑布发生的概率

资料来源:Bikhchandani, Hirshleifer and Welch (1992)。

在上述模型中,只有投资者的行为可被观察到,即为可观察行为(Previous-actions-observable,PAO)框架(PAO 框架);另一种框架是可观察信号(Previous-signals-observable,PSO)框架(PSO 框架)。在 PSO 框架中,投资者的私人信号随着人数增多,不断在公共信息池中累积,根据贝叶斯公式最终总会引发正确的信息瀑布。信号噪声或准确性的强弱只会影响信号累积的快慢,但不会改变最后正确的信息瀑布的结果。在 PAO 框架下,信息瀑布一旦形成就不会逆转,因为信息累积过程停止。而在 PSO 框架下,即使处于信息瀑布中,投资者虽不再依赖自身的信号,但是私人信号仍在公共信息池内累积。如果大量与信息瀑布相悖的信号相继出现,那么就可能逆转信息瀑布的结果。因此,PAO 框架下羊群行为的范围更大、更明显。

在现实市场中,当然我们可以逐步放开传统 BHW 模型的限制条件。比如,第一,假设投资者获得的信号精确度存在不同。如果一个人具有更加精确的私人信号,就可能会逆转信息瀑布中的既有决策。第二,假设投资者对于收益和结果的偏好不同。如果投资者的偏好完全相反,且这种投资者的类型可以被公众识别,那么就不会影响信息瀑布的产生;如果类型不可识别,就会加大信息累积的模糊性和复杂程度,但一般认为投资者行为不是连续、无限制的,这样跟从前面的人的决策就是理性的选择,信息瀑布就会形成。第三,假设投资结果在决策过程中可以改变。在这种情况下,信息瀑布累积的信息将大大减少,一旦投资者对结果的预期改变,就会发生信息瀑布的逆转。第四,允许决策时间的选择。如果投资者可以选择决策时间,那么信息瀑布就可能在短时间内大范围地发生。

4. 基于声誉的羊群行为

我们先看下面两种情况。第一种情况:一位投资者的行为与其他投资者保持相同,但遭受损失。第二种情况:一位投资者的行为与其他投资者不同,但遭受损失。哪一种情况下,投资者会感到更加糟糕?很显然,应该是第二种情况,因为看起来这位投资者的能力很差。而在第一种情况下,投资者就不会感到那么难过,因为其他人和自己遭受了同样的打击,自己看起来就不是那么愚蠢,这不会对自己的声誉造成太大的影响。所以,出于维护声誉的需要,人们更愿意与其他人的行为保持一致。

凯恩斯曾指出,遵循常规的失败比违反常规的成功更有利于维护职业声誉(Keynes,1936)。相对于不完全信息的羊群行为,维护声誉的羊群行为研究不多,且侧重模型分析。大多数相关研究集中于对经理人不同职业生涯阶段、不同机制下的羊群行为的研究。因为在相关经理人的能力信息不对称且经理人的相对行动与相对业绩挂钩的评估系统下,经理人为了增加或维护自己的职业声誉而有动机发生羊群行为。

1990 年大卫·沙尔夫斯坦和杰里米·斯坦提出了一个基于声誉的羊群行为理论(Scharfstein and Stein,1990)。该理论认为,对投资经理人来说,在人们对他的投资能力未知的情况下,与其他经理人的行为保持一致是一个不错的选择,从而出现羊群行为。基于声誉的羊群行为在基金经理和投资经理人中非常普遍。考虑两个投资经理人 I_1 和 I_2 的行为。他们受雇于同一家公司 E,面临着同样的投资机会且投资能力是相互独立的。但是,投资经理人 I_1 和 I_2 的投资能力,对于雇主 E 甚至他们自己来说,都是未知的。他们既可能是高能力的,也可能是低能力的。如果是高能力,那么得到的私人信号就是比较精确的;如果是低能力,那么得到的信号就是纯噪声。在进行投资之前,每个投资经理人和雇主 E 对 I_1 和 I_2 的能力都有一个事先评估。投资之后,投资结果被公示出来,同时对 I_1 和 I_2 的能力评估得到更新,然后雇主根据对 I_1 和 I_2 的能力评估支付给他们相应的报酬。

假定 I_1 先于 I_2 进行决策,那么会发生什么结果呢?先从 I_2 的角度来看。如果 I_2 的行为与 I_1 不一致,且事后证明 I_2 是错误的,但 I_1 是正确的,那么 I_2 将感到非常懊恼。人们会认为他的投资能力很差,对他的声誉产生非常不利的影响。而如果 I_2 的行为与 I_1 保持一致,且事后证明 I_1 和 I_2 都是错误的,那么雇主 E 会认为,这很可能是因为他们都不幸地得到了同样的糟糕信号,故不会对 I_2 的声誉造成太坏的影响,同时也增加了他们被认为是高能力的概率。所以,即使 I_2 的私人信号与 I_1 的行为不一致,I_2 也会跟随 I_1 的行为。再从 I_1 的角度来看,她非常认同和享受 I_2 的行为。因为 I_1 对自己的投资能力是不确定的,I_2 对她的行为的模仿有利于增加她的信心,并维护她的声誉。所以,可以得到羊群行为的均衡结果:I_1 会根据自己的私人信号进行决策,I_2 将忽略自己的私人信号,完全模仿 I_1 的行为。以上分析可以扩展到多个投资经理人的情况。我们采用类似的分析,也可以得出羊群行为的均衡结果:所有投资经理人都忽略自己的私人信息,而模仿第 1 个人决策。值得一提的是,这里的羊群行为是无效率的和易变的,因为后面所有人都模仿第 1 个人的行为,羊群行为建立在非常少的信息之上,这种均衡是非常不稳定的。

基于声誉的羊群行为的发生机制之一是信息的不对称。大卫·赫什莱佛、阿瓦尼德哈·苏布拉马尼亚姆(Avanidhar Subrahmanyam)和谢里丹·蒂特曼研究发现,出于承担共同风险的考量,经理人往往集中于投资某一资产(Hirshleifer,Subrahmanyam and Titman,1994)。因为报酬与良好的声誉挂钩,低能力经理人为了隐藏自己的能力缺陷,趋向于服从高能力投资者的投资决策。约翰·格雷厄姆(John R. Graham)也得出相似结论:高能力分析师之间的私人信号呈正相关,故趋向于相同的投资策略;而低能力分析师之间的私人信号不相关,从而趋向于跟从高能力分析师的投资策略而独立于自己的私人信号(Graham,1999)。马库斯·斯皮沃克斯(Markus Spiwoks)、克利安·比泽尔(Kilian Bizer)和奥利弗·海因(Oliver Hein)认为基于声誉的羊群行为是由于经理人与委托人之间的信息不对称(Spiwoks,Bizer and Hein,2008)。由于客户不知道分析师的预测是跟从其他人行为还是自己判断,所以如果预测与他人不同,一旦失误就会损害分析师声誉,而如果预测相同,则发生的损失会被客户归于不可控因素,与分析师能力无关。

除了信息缺失外,建立在相对行动或相对业绩上的声誉评估系统也是引起经理人羊群行为的重要原因。杰里米·茨维博(Jeffrey Zwiebel)认为经理人是从相对业绩和绝对行动中提高或维护声誉的(Zwiebel,1995)。相对业绩是与市场标准相比较,且建立在其他经理人的整体业绩之上。绝对行动一般是指出于对声誉的维护和自身能力的不自信,公司中的保守主义者避免进行改革创新,而在固有技术上发生羊群行为。因为创新项目在带来高收益的同时,不能弥补声誉被误评带来的风险,一般的经理人更愿意经营固有技术项目。

此外,还有部分基于声誉的羊群行为来自于先行者行动。布雷特·特鲁曼(Brett Trueman)发现基于声誉的羊群行为和年龄相关,一般与先行者的行动一致(Trueman,1990)。即使收到相悖的信息,年长的分析师也不愿意修改以前的决策,因为这意味着以前的预测不准确,会降低其声誉。接下来,他又通过三个实验证明了先行者行动的羊群行为,发现高能力分析师往往会更早给出预测,低能力分析师进而模仿并得出相同预测(Trueman,1994)。加尼斯·普伦德贾斯特(Canice Prendergast)和拉斯·斯托尔(Lars Stole)研究了个体接受到新信息后的学习能力。他们发现年轻的经理人为了证明自己学习能力的快速,容易夸大获得的私人信息,投资变化频率高,而到了后面的阶段,他们不愿意对以前已证明是错误的行为做出改变,表现为过于保守,由此产生了羊群行为(Prendergast and Stole,1996)。

5. 基于补偿机制的羊群行为

基于补偿机制的羊群行为理论认为,如果投资者的收益不仅依赖于他自己的投资业绩,还依赖于其他投资者的业绩,那么,他就会模仿其他投资者,从而产生羊群行为。

恩斯特·茅格(Ernst Maug)和纳拉扬·奈克(Narayan Naik)考察了一个风险规避投资者的模型(Maug and Naik,2011)。在模型中投资者的收益与他的相对业绩而不是绝对业绩密切相关。这里的相对业绩是指他与基准投资者之间的业绩差距。这意味着,他的收益一方面随着自己投资业绩的增加而增加,另一方面随着基准投资者业绩的增加而减少。该模型假定基准投资者先做决策。在观察到基准投资者的行为后,投资者再选择自己的投资组合。研究发现,投资者倾向于模仿基准投资者的行为,他所选择的投资组合和基准投资者的组合极其相似。在道德风险和逆向选择的约束下,这种补偿机制追求委托人利益的最大化,是有效率的。但是阿娜特·阿德玛蒂(Anat R. Admati)和保罗·普夫莱德雷尔(Paul Pfleiderer)在放松了持有单一资产的假定后,证明这种机制下的羊群行为是无效率的(Admati and Pfleiderer,2000)。

6. 股市中的羊群行为

想一想,在看到其他人纷纷入市的时候,你是不是也禁不住诱惑,盲目入市?在感到经济形势不好,其他人纷纷抛售的时候,你是不是也容易跟风抛售?在现实中,人们的情绪、思想和行为很容易受到周围人、媒体和社会环境等因素的影响,羊群行为已逐渐成为市场上很常见的现象。羊群行为会放大投资者的心理偏差。在羊群行为的影响下,人们的行为是建立在群体认知的基础上,而不是建立在理性分析的基础之上。包括郁金香疯狂、南海公司泡沫、1929年的华尔街崩盘和20世纪90年代末互联网泡沫在内的历次经济泡沫的产生和破灭,都可以证明这一点。

有趣的是,羊群行为还体现在对公司名字的选择上。在互联网泡沫时期,很多公司为了追随潮流,把名字改为带有"电子""科技"和"互联网"等字眼。从1998年中期到1999年中期,在美国有大约150家公司更改了名字,它们或者在名字的中间加入"Internet",或者在结尾处加上".com"和".net"等。在宣布改名后的三个星期里,这些公司的股票获得了大约38%的超额收益,而公司的主营业务和经营策略等基本信息却没有发生任何变化。更有趣的是,在2000年互联网股票泡沫破灭后又有67个公司进行改名,把"电子"等字眼从名字中去除了。在接下来的两个月里,这些公司的股票获得了大约65%的超额收益!

自20世纪90年代起,经济学家对金融市场中的羊群行为进行了研究。约瑟夫·兰考内斯克、安德烈·施莱弗和罗伯特·维什尼考察了美国市场上的羊群行为(Lakonishok,Shleifer and Vishny,1992)。他们利用20世纪80年代后期的数据对341个共同基金经理人的行为进行了分析。他们把羊群行为定义为相对于独立交易而言,基金经理在同一时间里买入或者卖出某些特定股票的整体倾向。研究发现,从整体上看羊群行为并不显著,但如果把所有股票按照公司的规模来分类,在小公司股票中存在明显的羊群行为。他们认为,这是因为相对于大公司股票而言,关于小公司股票的公共信息比较少,所以基金经理人在做投资决策时就会过多地关注其他交易者的行为,羊群行为就更多地发生在小公司股票中。在上述研究的基础上,马克·格林布拉特、谢里登·蒂特曼和罗斯·沃莫斯(Russ Wermers)利用美国20世纪70年代到80年代的数据,分析了274个基金的股票投资组合中的羊群行为,并考察了羊群行为与动量交易策略和股票业绩之间的关系。他们发现投资者倾向于卖出过去业绩较差的股票,买入过去业绩较好的股票。相对于卖方而言,在买方存在着显著的羊群行为(Grinblatt, Titman and Wermers,1995)。

除了考察股票市场中的羊群行为之外,一些文章还对投资分析师的羊群行为进行了研究。比如,约翰·格雷厄姆分析了发生在投资分析师之间的羊群行为,发现了下述几个现象(Graham,1999):① 随着投资分析师的能力增加,羊群行为逐渐减弱。能力较低的投资分析师更有可能参与到羊群行为中。② 随着投资分析师的声誉增加,羊群行为得到增强。在进行投资决策时,那些声誉较高的投资分析师往往出于维持声誉的需要,表现得非常保守;而那些声誉较低的分析师就没有维持声誉的顾虑,他们更有可能遵循自己的私人信息，从而有助于其他人的决策。③ 随着公共信息的强度增加，羊群行为有所增强。在面对准确性很高的公共信息时，即使私人信息与之违背，投资分析师也愿意服从公共信息，从而产生羊群行为。

在我国的股票市场中，羊群行为也是一个非常普遍的现象。一些学者对我国市场上的羊群行为进行了研究，主要发现下述几点结论。① 我国市场中的羊群行为比美国市场中的羊群行为表现得更为明显；② 相对于机构投资者而言，羊群行为在个人投资者中表现得尤为明显；③ 卖方的羊群行为要强于买方的羊群行为。同时，羊群行为还与两个因素密切相关：公司规模和收益率。一方面，在高增长行业股票、低价股票和小公司股票中，羊群行为表现得比较严重；另一方面，在市场整体收益率比较低时，羊群行为表现得比较严重。另外，我国市场中的羊群行为还表现在证券投资基金上。我国投资基金的羊群行为要高于美国同类基金的羊群行为。从本质上看，证券投资基金反映的是一种委托-代理关系，投资者委托经理人进行投资并获得回报。而在我国由于对基金业绩的评价尚缺乏有效的指标，故投资者往往通过与其他基金业绩相比较来判断经理人的能力。在这种情况下，经理人就倾向于与其他经理人保持一致，以获得行业的平均收益，从而产生羊群行为。

（二）处置效应

通过对资本收益和损失的研究，经济学家发现了一个在市场上普遍存在的现象——处置效应，这是一种"售盈持亏"的行为。投资者更愿意卖掉已经盈利的股票，而不愿意卖掉已经亏损的股票。或者说，投资者倾向于较早地卖掉赢家股票，实现盈利，而较晚地卖掉输家股票，实现亏损。假设一位投资者持有两只股票。现在他急需现金，必须卖出两只股票中的一只。相对于购买价格而言，一只股票是账面盈利，而另一只股票是账面亏损。想象一下，他会卖出哪一只股票呢？调查显示，大多数投资者在面临选择时，都会卖出盈利的股票，而不是亏损的股票。

处置效应最早由赫什·舍夫林和迈尔·斯塔特曼在 1985 年提出来 (Shefrin and Statman, 1985)。他们对美国 1964 年到 1970 年个人投资者的交易数据进行研究发现，在总交易量中实现盈利的交易所占比例约为 60%，实现亏损的交易占约 40%。而后，他们又考察了 1961 年到 1981 年共同基金的月度购买和赎回数据,得到了相似的结论。投资者往往对亏损股票有着较强的惜售心理,愿意继续持有亏损股票,不愿意实现损失,而在盈利股票面前往往规避风险,愿意较早卖出股票来锁定收益。

特伦斯·奥迪恩提出了一种广为接受的度量处置效应的方法(Odean,1998)。他对盈利实现比例(Proportion of Gains Realized,PGR)和亏损实现比例(Proportion of Losses Realized,PLR)进行了定义:

$$盈利实现比例 = \frac{实现盈利}{实现盈利 + 账面盈利}$$

和

$$亏损实现比例 = \frac{实现亏损}{实现亏损 + 账面亏损}$$

如果PGR>PLR,则存在处置效应。处置效应的程度可以用PGR-PLR或PGR/PLR来衡量。研究发现,在一年中投资者实现收益的次数比实现损失的次数高出1.68倍,卖出价值上涨股票的可能性比卖出价值下跌股票的可能性要高出70%。也就是说,相对于实现损失,投资者更愿意实现收益。在奥迪恩之后的许多研究,也都证明了处置效应的存在。

那么,处置效应是投资者的正确选择吗?答案是否定的。事实显示,投资者卖出的赢家股票的未来收益常常比较高,而继续持有的输家股票的未来收益却比较低。可见,投资者卖出股票并不是因为掌握了关于股票基本面的利空信息,而买入股票也不是因为掌握了利好信息。特伦斯·奥迪恩对6380个个人证券账户进行研究后发现,被卖出的盈利股票在之后一年里的收益要比市场平均水平高出2.3个百分点,而持有的亏损股票的收益则比市场平均水平低1.1个百分点。也就是说,如果反过来操作,即卖出输家而持有赢家股票的话,那么投资者的年平均收益率可以提高3.4个百分点(Odean,1998)。另一方面,处置效应也与税收优化策略相矛盾。根据美国的税法,对长期资本利得所征收的税率要低于对短期资本利得所征的税率。因此,为了降低税收负担,投资者应该尽量长期持有盈利股票,晚些实现盈利,而在短期内应逐步实现亏损。也就是说,应该卖掉输家而不是赢家股票。很显然,这与观察到的处置效应是不一致的。

1. 处置效应产生的原因

处置效应是与标准金融理论相违背的。根据标准金融学的有效市场理论,在做投资决策时,投资者应该基于对未来股价的预期而不是过去的股价来进行判断。投资者卖出股票是追求投资组合多元化的需要,或者是出于流动性的原因。他们不应表现出任何卖出盈利或者亏损股票的偏好。但在处置效应中,投资者并不是以当前价格来衡量预期的收益或损失,而是以某一参考价格来衡量实际的收益或损失的。

首先,用展望理论来解释处置效应。一般来看,投资者会把购买股票时的价格作为参考价格。根据展望理论,当股票价格高于购买价格,即投资者处于盈利区间时,他是风险规避的;而当股价低于购买价格,即投资者处于损失区间时,他是风险偏好的。假定一个投资者以 50 美元的价格购买了一只股票。现在股价涨为 55 美元。他预计在下一期股价有 50% 的可能跌回 50 美元,有 50% 的可能涨到 60 美元。这时他应该怎样决策呢?他会现在卖出股票,还是等到下一期再卖出股票呢?我们计算一下这两种情况下投资者的效用水平。如果现在卖出股票,他会获得 5 美元的收益,根据展望理论,效用函数可以表示为 $v(5)$;如果等到下一期,他的收益是 0 或者 10 美元,效用函数为 $0.5v(0)+0.5v(10)$。由于投资者在盈利区间是风险规避的,所以有 $v(5)>0.5v(0)+0.5v(10)$,故投资者应该现在卖出股票。

反过来,假设现在股价已降到 45 美元。他预计在下一期股价有 50% 的可能继续下降到 40 美元,有 50% 的可能涨回到 50 美元。这时他应该怎样决策呢?同样,可以得到:如果现在卖出股票,就意味着实现 5 美元的损失,效用函数为 $v(-5)$;如果等到下一期,他的损失是 0 或者 10 美元,效用函数为 $0.5v(0)+0.5v(-10)$。由于投资者在损失区间是风险偏好的,所以有 $v(-5)<0.5v(0)+0.5v(-10)$,故投资者应该等到下一期再卖出股票。直觉上看,继续持有已遭受损失的股票,意味着投资者在未来的股价变化趋势上打赌,希望股价能够回升,至少实现盈亏平衡以免遭受损失,这也被称为"扳平症"。这种"扳平症"常常给投资者造成非常不利的影响,因为大部分情况下,股价并不会涨回到最初的购买水平,相反会进一步下跌,使投资者遭受更大的损失。尽管实现损失会得到税收的优惠,但会给投资者带来后悔和痛苦,因此,投资者常常面临一个自我控制的问题。

其次,处置效应还可以用心理账户理论来解释。根据心理账户理论,投资者倾向把投资组合中的不同资产区分开来,放入不同的心理账户,而不是从整个投资组合的角度来考虑问题。一般情况下,一旦购买了某种新股票,就会形成一个新的心理账户,参照点是初始的购买价格,所以,每个账户的业绩就是通过相对于购买价格的收益或损失来衡量的。同时,美国税法规定短期收益或损失是按照正常收入来征税,而长期收益或损失却是按照较低的税率来征税的。出于税收的考虑和对税收掉期的需要,投资者应该卖掉输家股票。这样,实现损失所带来的税收优惠,可以对未来实现收益所带来的税收负担进行缓冲,从而降低投资者的税收压力。

但是,投资者常常把收益和损失分别放在不同的心理账户,并对这两个账户区别对待。对于盈利的账户,投资者表现得比较保守,想尽快获利了结;而对于亏损的账户,则表现得比较冒险,宁愿继续持有,以期待有朝一日能实现盈亏平衡。另外,卖出盈利股票相当于关闭一个已经获利的账户,投资者会感到非常欣慰和自豪,认为这是对自我能力的肯定;而卖出亏损股票相当于关闭一个遭受损失的心理账户,这对投资者来说是十分困难的,因为这是对自我能力的否定。

最后,处置效应也可以用避免后悔和追求自豪感的心理来解释。考虑在未来不确定的情况下,在面对已经盈利的股票时,为了避免价格下跌带来的后悔,人们倾向于风险规避,实现确定性收益进行获利了结;而在面对遭受亏损的股票时,投资者担心卖掉后股价有可能上涨,为避免立即实现亏损、丧失最终获利的机会而带来的后悔,人们倾向于风险偏好而继续持有亏损股票。进一步地,投资者不想卖出亏损的股票,因为他们不想失去获利或至少实现盈亏平衡的希望。一旦实现了损失,就意味着向自己和其他人承认自己的投资是失败的,这会让他们对自己最初的判断感到非常后悔,这相当于自我否定。对这种自我否定的回避,会抵减一部分因价格进一步恶化而引起的后悔。在后悔厌恶机制中,投资者对没有避免本可以避免的亏损的后悔程度,要高于没有实现本可以实现的盈利的后悔程度。而与后悔形成对照的是自豪感。当实现收益时,投资者会感到自豪,这种自豪或满足的感觉,会抵减一部分因股价进一步上涨所引起的后悔的感觉。

2. 止损策略

鉴于处置效应具有一定的普遍性,又是导致个体投资者盈少亏多的主要原因之一,于是,如何避免和减弱处置效应已成为金融学界的一个重要话题。其中,广受研究者关注的是"止损策略",也称为"割肉"。近年来,止损策略在金融市场中非常流行。止损策略是指投资者在买入股票后,应当预设一个心理价位作为股票的最大亏损点。如果股价下跌到这个价位,或者亏损达到一定的数额时,就应该及时斩仓出局,以免形成更大的亏损。止损策略可以把投资者失误时的损失控制在一定程度之内。通过止损可以控制损失,让利润奔跑。

一些投资者在遇到重大亏损时,常常急于挽回局面。为了挽回先前的损失,他们常常进行更加频繁的交易,这非常像在赌场中输钱后加倍下注的错误行为,结果往往使亏损愈加严重。事实上,当累积损失越来越严重时,最明智的做法是接受损失,暂时放手。一些专业交易者采用10%的止损策略,意味着一旦股票价格比购买价格下跌10%,就立即实现损失,这样就把损失控制10%的范围内。比如,如果一位投资者以10美元的价格购买了股票,一旦股价降至9美元,就应该立即卖出。当然,不同的投资者会选择不同的止损策略和止损价位,例如5%、10%和15%等。

近年来,国内外一些大型的证券交易所为投资者提供了止损指令,使得止损策略更加规范化和程序化。投资者需预先设定一个价位,当市场价格达到这个价位时,止损指令立即自动生效。止损指令主要有市价止损和限价止损两种。市价止损是指市场价格一旦触及预设的止损价位,就立刻以市价发送止损委托。比如,如果对可口可乐股票的预设止损交易指令为"Sell 100 KO stop 55",这就意味着一旦股价降到55美元时,该指令就会自动变为市场指令,经纪人就会帮助投资者卖出100股可口可乐公司股票。限价止损是指市场价格一旦触及预设的止损价位,就以限价发送委托。当市场价格达到或者超过止损价格时,止损限价交易指令就被激活,自动转化为限价指令而不是市场指令。比如,如果对可口可乐股票的预设止损交易指令为"Sell 100 KO at 55 stop, limit 50",这就意味着当股价跌落到55美元时,卖出100股可口可乐股票的限价指令被激活,这个指令可以在55美元到50美元的价格之间执行,但是不能在低于50美元的价格上执行。

(三)注意力效应

试问一下自己:你投资股票了吗?如果是,那么你是如何选择股票的呢?面对市场上成千上万只股票,你买哪一只股票呢?很可能,你的选择来自于某份财经报纸的头版报道,或者来自于电视上财经频道的特别推荐,或者来自于街坊邻里的推荐,甚至来自于你电子邮箱中的一封垃圾邮件……这就是注意力效应。简而言之,你购买这只股票,是因为它以某种方式吸引了你的注意。一般情况下,这种吸引注意力的股票可能是过去业绩比较极端的股票,既可能是极端好的也可能是极端差的。同时,这些股票可能是以某种信息方式吸引了投资者,例如非常高的交易量、极端的市盈率、近期发布收益公告或者在电视上被股票分析师提及,等等。

特伦斯·奥迪恩考察了个体投资者买入和卖出股票的情况(Odean, 1998)。一般来看,卖出的股票大多是盈利股票,而买入的股票既可能是盈利股票也可能是亏损股票。值得注意的是,这些交易都是比较极端的,也就是说,无论是盈利股票还是亏损股票,都是盈利或亏损程度比较高的股票。奥迪恩把这种现象总结为"注意力效应"。在买入股票时,人们并不是在成千上万只股票之间进行理性的选择,而是只关注那些吸引注意力的股票。但在卖出股票时,注意力效应表现得就不是那么明显。由于受市场上卖空等因素的限制,投资者的选择范围比较有限。他们只能在已经持有的股票中进行选择,而不像在买入股票时那样会有一个比较大的选择范围。这一现象在布拉德·巴伯和特伦斯·奥迪恩的一篇文章中得到了证实(Barber and Odean, 2008)。他们构造了"吸引注意力"的股票组合,其中,"吸引注意力"的标准主要是极端股票,例如,极端高或极端低的收益、极端高的交易量或者有重要信息公告的股票,等等。他们发现这些极端的股票,在接下来的交易日里更可能被买入。另外,与卖出股票相比,买入股票更容易受注意力效应的影响。

(四)过度交易

在标准金融理论的框架下,投资者应该理性地选择自己的投资组合:当股票价格低于基本价值时买入股票,当股票价格高于基本价值时卖出股票。但事实上,基本价值的变化非常小,所以金融市场中的交易行为和交易量都应该比较少、比较小,保持在一个较低的水平。另外根据有效市场假说,在充分信息和充分竞争的市场中,不同的投资者应该拥有相同的信息集。在没有新信息出现的情况下,即使有些投资者愿意卖出股票,但不一定有足够多的投资者愿意购买该股票。

然而在现实中,全球股票市场的交易量是非常巨大的。无论是成熟的股票市场还是新兴的股票市场,都存在短期内频繁交易股票的现象,导致整体换手率居高不下。这一过度交易的现象,导致股市的反应过度和股票价格的剧烈波动。从个体投资者和机构投资者的角度来看,交易量也非常大,但获得的收益却非常有限。研究发现,全球外汇市场的日交易量大约是年度世界贸易总额和投资流动总额之和的四分之一。1998年美国纽约股票交易所的换手率超过75%。而我国的数据更是惊人,以1996年为例,上海股票交易所的换手率是591%,深圳股票交易所的换手率是902%。由于手续费用和交易成本的存在,过度交易会严重地损害投资者的收益。

布拉德·巴伯和特伦斯·奥迪恩考察了从1991年到1996年美国一家全国折价交易经纪公司账户中的交易行为,发现投资者的平均收益水平比较低,而交易最频繁的投资者获得的收益率最低(Barber and Odean, 2000)。这在很大程度上是因为交易成本的存在。平均来看,在不考虑交易成本的情况下,个体投资者可能会获得高于市场60个基点的收益,但交易成本大约占240个基点!尤其是那些交易量很多的投资者,损失就更为严重,他们的收益甚至比市场要低500个基点!换个角度来说,如果他们能够减少一些交易量,收益可能会好一些。

对过度交易的一种解释是过度自信。过度自信的投资者常常夸大他们控制形势的能力,相信自己可以挑选出赢家股票。他们常常高估自己拥有的信息,即使这些信息可能很弱并且不足以进行交易。所以,过度自信会导致过度交易,而交易成本的存在会降低投资者的收益率。这一观点得到了巴伯和奥迪恩的证实。利用一家美国大型全国折价交易经纪公司从1991年2月到1997年1月关于个人投资者的交易记录,他们将投资者按照交易的频繁程度分为五组,观察不同组别的收益率情况,并将他们的收益率与S&P 500指数收益率进行比较(图3.3)。可以看出,随着交易量的增加,投资者的净收益明显下降。有趣的是,由于男性比女性更加自信,所以男性投资者的交易量明显高于女性投资者的交易量。数据显示,交易的年周转率从高到低分别为:单身男(85%)、已婚男(73%)、已婚女(53%)和单身女(51%)。但是,男性投资者的收益率却显著地低于女性投资者。

对过度自信的另一种解释是控制力幻觉。人们都希望对他们所处的环境有一种控制感,尤其是在面临新机会和新技术的时候,而交易股票的行为

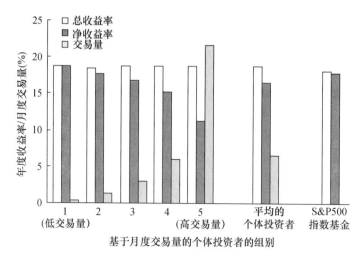

图 3.3　基于交易量的个体投资者的年度收益率、平均收益率与 S&P500 收益率
资料来源：Barber and Odean（2000）。

可以满足这种对控制力的渴望。在考虑到网络交易、互联网股票以及日内交易时，这种控制欲望和控制力幻觉就表现得非常强烈。所以，那些控制力幻觉比较强的投资者，更容易过度交易。

（五）分散化不足

赫什·舍夫林发现，他的一位好朋友——一位毕生致力于研究标准金融理论和均值-方差有效资产组合的金融学家，在他的个人退休投资组合中，竟然仅仅持有一只股票！舍夫林非常好奇地问他："这究竟是哪一只股票？"这位金融学家回答："是微软公司的股票，我想让比尔·盖茨管理我的资产。"诺贝尔经济学奖获得者、现代投资理论创始人、著名的金融学教授哈里·马科维茨如何进行他的资产配置呢？他是在风险与收益之间进行权衡吗？答案并非如此。他说："我将我的资产五五对开，分别投资在股票和债券上，以使我未来可能遭遇的后悔感觉最小化。"的确，如果马科维茨将全部资产都投资在股票上，如若股票的表现极为糟糕，他就会感到相当后悔（Shefrin，2002）。

根据标准金融学的资产组合理论，投资者应该采取分散化的投资策略，以实现最优的资产组合。然而在现实中，投资者的分散化程度明显不足，远远低于标准金融理论所要求的程度。大量研究发现个人投资者仅持有为数不多的几种资产,资产组合中的平均股票数量仅为3.41。马歇尔·布鲁姆(Marshall E. Blume)、吉恩·克罗基特(Jean Crockett)和欧文·弗兰德(Irwin Friend)考察了一个包含17056个投资者的样本,发现34.1%的投资者仅持有一种支付股利的股票,50%的投资者持有不多于两种股票,而仅有10.7%的投资者持有多于10种股票(Blume,Crockett and Friend,1974)。在《投资者俱乐部手册》中,一家代表着美国8000家投资俱乐部的投资公司建议,投资者应该选择五种股票,这被称为"五股规则"。理论上看,在这五种股票中有一只股票可能会是输家,有三只的表现可能比较平庸,但最后一只会是真实的赢家。

一些经济学家认为,尽管资产组合中的股票数量比较少,但分散化的投资策略也可能得到实现。比如,分散化也可以通过持有债券、房地产等其他资产来实现。但是即使考虑到这些其他资产,投资者仍然表现为分散化不足,正如马科维茨的资产组合一样。也有些经济学家认为,分散化程度不能仅仅用持有股票的数量来衡量。因为通过明智的选股,仅仅持有几只股票也可能使非系统性风险显著地降低,从而实现分散化。但事实是即使在考虑这种因素的情况下,投资者的实际分散化程度仍很低。

在某种程度上,分散化不足来自于投资者的路径依赖心理。一方面,如果投资者在近期发现某种资产给他带来了较高的收益率,他就倾向于在下一期继续持有或加大对这种资产的投资比例;另一方面,在积累了一定投资经验后,投资者倾向于对自己熟悉的资产增大投资比例。

1. 本土偏差

分散化不足的一个重要表现是本土偏差,即投资者倾向于将大部分资金投资于本国、本地区或者本公司股票。尽管美国股票只占全球股票市场总市值的45%,但美国投资者投资于美国股票的比例却远远高于45%。肯尼思·弗伦奇和詹姆斯·波特伯发现,美国投资者仅持有不到7%的外国证券。类似地,日本投资者和英国投资者投资于本国股票的比例也分别高达98%和82%(French and Poterba,1991)。马克·格林布拉特和马蒂·科罗阿路(Matti Keloharju)对芬兰的数据进行了考察,发现芬兰投资者更愿意持有和交易他们比较熟悉的公司的股票,这包括在地理位置上相邻近的公司、报表中采用本土语言的公司以及拥有同样文化背景的公司(Grinblatt and

Keloharju,2001)。

标准金融学认为信息理论可以解释本土偏差。比如,对于公司管理者来说,那些在地理位置上距离其公司比较近的公司更受欢迎,因为获取这些公司的信息成本比较低。类似地,对于本国股票市场上的公司或者本地区的公司,获取信息的成本也比较低,所以管理者就更可能关注这些公司,并挑选出有投资价值的股票。但是随着全球经济一体化的快速发展,信息在全球范围内得以迅速传播,这一解释越来越站不住脚。

而行为金融学试图从现状偏差、熟悉性思维和模糊规避的角度来解释这一现象。模糊规避的投资者厌恶不确定的情况,他们对熟悉的情况更有把握和自信,表现出较强烈的偏好。从这个角度上看,本土偏差可以理解为对熟悉情况的偏好。比如,投资者对本国股票市场更加熟悉,对在地理位置上比较近的公司更加熟悉,对自己所在的公司更加熟悉,等等。所以,在熟悉性思维和模糊规避心理的影响下,投资者就表现出本土偏差和分散化不足。

2. 简单分散化:1/n 投资策略

当进行分散化投资时,投资者常常采用很幼稚的"1/n 法则"。假定有 n 个可行性投资选择,投资者倾向于将总资产进行平均分配,对每个投资选择的分配比例是 1/n。施莫·贝纳茨和理查德·塞勒对简单分散化进行了实验室研究(Benartzi and Thaler,2001)。受试者需要在下面三种情况下进行资产分配:第一,在股票基金和债券基金之间进行选择;第二,在股票基金和平衡基金之间进行选择,其中平衡基金是指 50% 投资于股票、50% 投资于债券的基金;第三,在债券基金和平衡基金之间进行选择。那么,受试者是怎样分配资产的呢?结果显示,绝大多数受试者都是以 50:50 的比例在两种基金之间进行分配,尽管这最终导致对股票的平均投资比例分别是:54%、73% 和 35%。这就意味着人们的资产选择完全依赖于这些选择是如何构造的。不难看出,这也是框架偏差的一种表现,导致投资者承担过多的风险,不利于投资目标的实现。

二、投资决策理论

(一) 投资者偏好模型

1. BT 模型

1995 年施莫·贝纳茨和理查德·塞勒发表了题为《短视性损失规避和

股权溢价之谜》的论文,这是最早将展望理论应用于金融市场研究的文献之一(Benartzi and Thaler,1995)。人们常常用作者名字的首字母来命名理论模型,故称其为 BT 模型。他们用展望理论来模拟投资者的偏好,考察投资评估期限对投资结果的影响。进一步地,他们将损失规避和短期评估期限结合在一起,称为"短视性损失规避",这种心理特征能够影响投资者对风险资产的选择,可以在一定程度上解释股权溢价之谜等现象。

在标准金融理论下,投资者的投资期限通常是给定的。投资者需要估算各种资产在该期限内的收益率分布,并通过使未来的期望财富实现最大化来找到最优的投资策略。在理性假设下,投资者的评估期限与投资期限是否吻合,对投资策略并没有显著影响。但是在展望理论的框架下,多长时间对投资业绩进行一次评估,却对投资策略的选择有着重要的影响。因为投资者的效用与投资的损益情况直接相关,对业绩进行评估的频率将影响收益和损失出现的频率,而投资者又是损失规避的,因而评估期限会对投资者效用产生直接影响。

假设有这样一个博彩:50%的机会获得 200 元,50%的机会失去 100 元。你会接受这个博彩吗?调查显示,大多数人不会参与这样的博彩。但这一结果与标准金融理论发生了矛盾,因为在标准金融理论下,预期效用为 $E(w)=0.5\times200+0.5\times(-100)=50$,这一数值是大于零的,故应该选择参与。

现在,从展望理论的角度来分析。假定人们的偏好可以用展望理论来表达。为了简单起见,设权重函数为 $\pi(p)=p$,价值函数为:

$$v(w) = \begin{cases} z & \text{if} \quad z \geqslant 0 \\ \lambda z & \text{if} \quad z < 0 \end{cases}$$

其中 λ 是损失规避程度,实证数据显示 $\lambda=2.5$。那么,展望理论下的效用为 $V(w)=0.5\times200+0.5\times2.5\times(-100)=-25$。由于效用为负,故人们不愿意参与博彩,这与调查结果相吻合。

接下来,继续考虑这样的情况:面对上面的博彩,如果你可以连续赌博两次,那么你愿意参与吗?调查显示,大多数人的回答是愿意。因为在这次博彩中,人们可以直接把两次博彩的结果加总起来考虑,而不需要知道每一次博彩的结果。这就相当于最终有 25%的机会获得 400,有 50%的机会获得 100，还有 25% 的机会失去 200。那么，根据展望理论，效用为：
$$V(w') = 0.25 \times 400 + 0.5 \times 100 + 0.25 \times 2.5 \times (-200) = 25$$
因为效用为正，所以人们愿意参与博彩。从这个例子中可以看出，选择合适的评估期限对于投资者来说是十分重要的。

类似地，考虑两个投资者：精力充沛的投资者甲，他每天都需要计算投资的收益和损失，而相对懒惰的投资者乙，每十年才计算一次投资的收益和损失。哪一个投资者更可能投资股票呢？答案应该是投资者乙。投资者甲比较频繁地评估投资组合的业绩，他能够观察到比较频繁的收益和损失，而出于对损失的厌恶，对他来说股票就不是很有吸引力。而若以十年为单位来进行评估的话，股票遭受损失的概率就比较小，因为从长期看股票的业绩会好些。这样，与投资者甲相比，投资者乙对股票的看法就不是那么悲观。

在 BT 模型中，金融市场中的投资者需要在股票和债券之间进行财富分配。投资者通过计算每一种财富分配的潜在收益和损失，选择出可以实现最高效用的财富分配。具体的效用函数如下：
$$E_\pi v[(1-\omega)R_{f,t+1} + \omega R_{t+1} - 1]$$
其中，ω 是投资于股票的财富比例，$R_{f,t+1}$ 和 R_{t+1} 分别是从时间 t 到 $t+1$ 期间债券和股票的总收益。π 和 v 分别对应着展望理论中的权重函数和价值函数。

由于对于评估期限不同的投资者来说，股票和债券的吸引力是不同的，为了分析评估区间 $[t, t+1]$ 的实际长度，贝纳茨和塞勒进行了大量的模拟运算，发现对于较短的评估期限，债券更具有吸引力。而当评估期限超过一年，则股票更有吸引力。因此，合理的评估区间应该是一年。事实上，这是非常自然和合理的，因为大多数投资者都是以每年为单位收到完整的财务报表，同时也是以每年为单位来缴纳税款的。另外，如果以一年为评估期限的话，最优的股票投资比例应该在 30% 到 55% 之间，这与现实是吻合的。因此，如果投资者是以每年为单位来评估投资业绩的话，那么这种"短视性"使他不仅要面对一般意义上的投资风险，还要面对过于频繁的损失，即短视性损失。出于对风险和损失的厌恶，投资者就会要求一个较高的溢价水平作为补偿，因此 BT 模型可以部分地解释股权溢价之谜。

2. BHS模型

在 BT 模型的基础上,尼古拉斯·巴伯瑞斯、黄明和塔诺·桑托斯发表了论文《展望理论和资产价格》。他们把展望理论引入股票收益的动态均衡模型中,提出了 BHS 模型。不同于 BT 模型,BHS 模型采用了动态的损失规避的概念,即损失厌恶的程度不是一成不变的,而是依赖于前期财富。一般看来,在获得了收益之后,损失似乎就不再那么可怕了,人们对损失的承受能力会增强,同时风险厌恶程度会降低,这也被称为"赌场资金效应"。正如参加一场赌博,投资者在赢钱之后往往继续参与赌博,把好运继续下去,哪怕要承受更大的风险。而如果前期遭到了损失,情况则正好相反,人们就容易变得畏首畏尾,风险承受能力大大降低,不敢再贸然接受损失。

BHS 模型论证了损失厌恶程度的变化可以导致股票价格的过度波动,而损失厌恶本身又使投资者不愿意接受股市中频繁出现的损失,因此投资者就会对持有风险资产要求更高的溢价水平。具体来看,在 BHS 模型中投资者的偏好如下:

$$E_0 \sum_{t=0}^{\infty} \left[\rho^t \frac{C_t^{1-\gamma}}{1-\gamma} + b_0 \bar{C}_t^{\gamma} \tilde{v}(X_{t+1}, z_t) \right]$$

这里,投资者的效用来自于两个部分:第一部分是消费所获得的效用,即上式中的第一项,第二部分是投资所获得的效用,即第二项,这是所持有的风险资产的价值变化所带来的效用。其中 z_t 是获得的收益或损失的状态变量,用来衡量投资者对损失的敏感度。

可以看出,BT 和 BHS 理论下的投资者都依赖心理账户并且是框架依赖的。他们通常只关注某种特定账户的收益或损失,而不是总体财富的收益或损失。虽然投资者拥有包括金融资产和非金融资产在内的多种形式的财富,但 BT 模型中的投资者只关注金融财富,而 BHS 模型中的投资者只关注风险资产持有量的变化。另外,即使存在很长的投资期限,投资者只关注投资收益的年度变化。在 BT 和 BHS 模型中,投资者的评估期限都是一年。

BHS 理论具有广泛的适用性。它在解释股权溢价之谜的同时,还可以解释波动性之谜。假定在利好消息的推动下,股价出现了明显上涨,并为投资者带来了一定的收益。这就会产生赌场资金效应,任何未来可能产生的损失都可以被这些收益所稀释,投资者就不那么厌恶股票了,风险承受能力随之增强。这时投资者就会用较低的利率来对未来的现金流进行贴现,从而推动股票价格进一步上涨,产生短期的动量效应。而从长期来看,股票价格必然会回归其基本价值,这就带来长期趋势的逆转并增加了市场的波动性。可以看出,BHS模型是通过考察投资者在赢钱和输钱这两种情境中风险偏好的变化,来分析股票市场的波动性。当股市上涨时,投资者表现为风险偏好,进一步推动股市上涨;当股市下跌时,投资者表现为风险厌恶,导致股市不断下跌。

此外,关于投资者偏好的理论还包括投资者对模糊的规避。我们知道,人们厌恶模糊,更加偏好熟悉和确定性的事件。在现实市场中,投资者常常担心计算股票收益的模型是错误的。出于对这种不确定性的担忧,投资者就会要求比较高的股权溢价作为补偿。但是,模糊规避只能部分地解释股权溢价之谜,因为只有投资者对模型错误的担忧达到非常高的水平,才能解释实际市场中的全部溢价水平。

(二)投资者信念模型

1. BSV模型

尼古拉斯·巴伯瑞斯、安德烈·施莱弗和罗伯特·维什尼基于投资者的信念和一些认知偏误,提出了一个关于投资者心态的模型——BSV模型(Barberis,Shleifer and Vishny,1998),比较详细地探讨了反应不足和反应过度对股票市场的影响。

BSV模型认为,股票市场的异常现象源于投资者进行决策时所犯的系统性错误。在对未来现金流进行预测时,投资者存在两种心理偏差:保守主义偏差和代表性偏差。假定市场上存在一个非理性的风险中性投资者,BSV理论考察了在这两种偏差的作用下,投资者对公开信息进行信念更新时出现的偏误,以及价格如何偏离有效市场假说所预测的价格。根据保守主义偏差,投资者在面对新的信息时往往反应比较迟钝。他们认为新的信息只是暂时的现象,不会及时地对自己的预期进行调整,所以表现为反应不足。而代表性偏差是指投资者过分看重近期信息的变化,认为这种变化代表了总体趋势的显著性变化,所以表现为反应过度。

代表性偏差主要表现在投资者对趋势的推断上。投资者通常遵循"小数定律",从很小的变化中得出结论,更新自己的信念,并以此作为依据进行决策。在这种信念的作用下,投资者认为,股息平均增长率的变化非常大。

一旦股息发生变化,投资者就会立即认为股息的平均增长率发生了变化,进而调整投资决策,从而推高了股价的波动。

在BSV模型中,投资者认为股票市场的收益情况是由两种机制决定的:一种是"均值回归"机制,另一种是"趋势"机制,而收益的真实变化过程是随机游走的。趋势机制反映了代表性偏差的影响,意味着投资者倾向于根据少量的信息做出"趋势"的判断,即使这个趋势根本就不存在。均值回归机制反映了投资者的反应不足,这是保守主义偏差的影响,意味着投资者总是轻视最近的信息,认为这些信息的冲击会在下一时期发生逆转。在市场的正常运行中,"均值回归"机制和"趋势"机制随着时间交替地发挥作用,投资者需要决定在特定的时间里是哪一种机制在发生作用。

假定公司宣布一个超乎预期的利好消息。在短期(1到12个月)内,在保守主义偏差的影响下,投资者常常表现为反应不足,使得股价上涨非常缓慢。股价相对于基本价值而言是被低估了,于是接下来的收益就会比较高。类似地,一个超乎预期的利空消息会在短期内推动股价持续下降,表现为收入公告后漂移和动量效应。然而,在一系列的利好消息和动量效应之后,代表性偏差使得投资者逐渐变得疯狂,认为该公司是一个典型的高增长公司,故对未来的收益产生更高的预期,推动股价较大幅度地上涨。这种较大规模的动量效应就会带来反应过度,于是接下来的收益就会比较低,从而呈现长期的逆转趋势。类似地,在一系列的利空消息和动量效应之后,在代表性偏差的作用下我们也会观察到长期的逆转趋势。

2. DHS模型

肯特·丹尼尔(Kent Daniel)、大卫·赫什莱佛和阿瓦尼德哈·苏布拉马尼亚姆也从心理学的角度构造了投资者反应不足和反应过度的模型——DHS模型(Daniel,Hirshleifer and Subrahmanyam,1998),着重研究在对待私人信息时投资者所表现出的心理倾向。

在DHS模型中存在两类投资者:有信息的投资者和无信息的投资者。在股票市场中,价格是由有信息的投资者决定的。这些有信息的投资者在决策时受两种心理偏差——过度自信和自我归因偏差——的影响,而无信息投资者不容易受到心理偏差的影响。心理偏差对投资者的影响,主要体现在他们对私人信息和公共信息的不同态度上。过度自信的投资者倾向于高估股票的价值,同时高估私人信息的准确性。而自我归因偏差使投资者低估公共信息的价值,尤其是当私人信息和公共信息不一致时。这就表现为对私人信息的过度反应和对公共信息的反应不足,从而产生股票短期收益的连续波动,而随着公共信息的不断披露,投资者的行为偏差逐渐显露出来,表现为股票长期收益的逆转。

假定一个投资者尝试自己进行研究来预测公司未来的现金流。通过自己的努力,他获得了一些私人信息。在过度自信心理的影响下,投资者常常高估自己的判断能力和私人信息,低估或者忽视关于基本价值的公共信息。特别是当公共信息与私人信息相冲突的时候,投资者会明显地倾向于私人信息。如果私人信息是利好的,那么过度自信的投资者就会将股价推升至高于基本价值的水平。而随着未来公共信息的不断披露,股价会缓慢地回落到基本价值,从而产生长期趋势逆转的现象。这同时也解释了股票市场的过度波动性。另外,自我归因偏差意味着公共信息和私人信息对投资者自信心的影响是不对称的。如果公共信息与投资者的私人信息相吻合,这将极大地增加投资者的自信心;而如果公共信息与私人信息不相吻合,投资者会忽略公共信息而维持私人信息的正确性,所以自信心不会受到任何影响。这样,随着私人信息和公共信息的不断出现,最初的过度自信会伴随着接下来更大程度的过度自信,从而形成短期的动量效应。可以看出,BSV 和 DHS 方法都认为动量效应和长期趋势逆转的现象是由投资者对未来现金流过度乐观或过度悲观的心态造成的。在短期内,会产生一定程度的动量效益,但随着时间的推移,价格会向基本价值的水平进行修正,从而产生长期逆转的趋势。

3. 正反馈交易模型

正反馈交易模型最早是由布拉德福德·德龙、安德烈·施莱弗、劳伦斯·萨默斯和罗伯特·沃德曼等人在 1990 年提出来的(De Long et al., 1990b)。正反馈交易机制是指投资者倾向于在价格上升时购买资产,在价格下跌时卖出资产。比如,在利好消息的影响下,股价在当期出现上涨,正反馈交易者会在下一期购买股票,从而推动股价进一步上涨。粗略地看,正反馈交易在股市中表现为追涨杀跌的现象。一方面,正反馈交易会产生短期的动量效应和收入公告后漂移;另一方面,由于股票价格已经偏高,接下来的平均收益就会比较低,从而产生长期逆转的趋势。

对正反馈交易的一个简单解释是投资者预期理论。投资者常常根据过去的收益对未来的收益做出预期。受代表性偏差和小数定律等心理学偏差的影响,股票价格出现上涨会使投资者产生价格会进一步上涨的预期,增强了投资者的自信心和乐观情绪;反之,股票价格出现下跌会使投资者产生价格会进一步下跌的预期,加重了他们的悲观情绪。也有理论认为,新的信息在股价中得到完全反映需要一个过程,投资者消化新的信息也需要一个过程。而消息灵通的投资者可以利用这段时间获利,所以正反馈交易是有利可图的。虽然正反馈交易策略可能对某些投资者来说是一种理性的行为,但在市场势力操纵或是追涨杀跌现象普遍存在的情况下,会造成市场的波动性,甚至会产生价格泡沫,从而影响股票价格和市场的稳定。

4. HS 模型

在上述研究的基础上,哈里森·洪(Harrison Hong)和杰里米·斯坦提出了股票市场中的反应不足、动量交易和过度反应的统一理论(Hong and Stein,1999)。这个统一理论模型(被称为 HS 模型)把更多的注意力放在了不同交易者的相互作用的机制上。尽管在 HS 模型中正反馈交易也起着重要的作用,但不同于前面的研究,正反馈交易在这里是内生的。

假定市场上存在两类投资者:消息观察者和动量交易者。他们都是有限理性的,只能观察到所有信息中的一部分。消息观察者仅能利用私人信息来进行预测,他们观察不到现在和过去的股票价格信息,而动量交易者仅能利用过去的股价信息进行预测,他们没有私人信息。HS 理论认为,在消息观察者之间私人信息得到逐渐扩散,但扩散的过程是非常缓慢的。由于他们不能对过去的信息做出反应,也不能直接获取别人的私人信息,因此价格对新信息的调节也是一个缓慢的过程,只有反应不足,没有反应过度,于是产生短期的动量效应。这时动量交易者加入进来。由于过去的股价信息是他们唯一的信息来源,他们的最优交易策略就是正反馈交易:上一期的价格上涨说明利好的私人信息正在市场中得到扩散,于是买入股票并进行套利交易,从而推动价格进一步上涨。但由于观察不到信息扩散的程度,他们只能持续地买入资产,即使其价格已经超过了基本价值。这样随着时间的推移,当价格向基本价值回落时就会产生长期趋势的逆转。

综上所述，BSV 模型、DHS 模型、正反馈交易模型和 HS 模型都是基于投资者的非理性信念，也都是基于我们前面所说的心理偏差。它们都可以解释动量效应和长期趋势逆转等现象，但是内在的机制却不尽相同。在正反馈交易机制和 DHS 理论中，动量效应来自最初的反应过度，伴随着更大程度的反应过度。而在 BSV 和 HS 理论中，动量效应来自最初的反应不足，并伴随着接下来的修正过程。

第三节 行为资产定价和资产组合理论

金融资产定价是金融学研究的核心问题。以投资者理性和有效市场理论为前提，在标准金融学中，哈里·马科维茨于 1952 年发表的论文《资产组合的选择》标志着现代投资组合理论的开端（Markowitz，1952a），这种均值-方差的分析方法渐渐成为所有定价理论的出发点，该理论被誉为标准金融学最后的"免费午餐"。在此基础上，威廉·夏普建立了具有划时代意义的资本资产定价模型（CAPM），该模型简单直观、逻辑清晰，对投资实践产生了重要的指导意义（Sharpe，1964），但是其中对风险 β 的刻画受到了质疑。标准金融学一直在对该模型进行修正和完善，例如罗伯特·默顿（Robert C. Merton）的基于消费的跨期资本资产定价模型（ICAPM）把越来越多的因素纳入模型考虑范围之内（Merton，1973）。此后，先后出现了套利定价模型（APT）、布莱克-斯科尔斯（Black-Scholes）期权定价模型等一系列重要理论成果。但是，一些标准金融理论不能解释的异常现象，使这些资产定价模型和资产组合理论受到了冲击和质疑，于是，行为金融学开始从心理学和行为理论等角度，提出了行为资产定价理论和行为资产组合理论。

行为金融学家同时考虑理性交易者和噪声交易者共存的金融市场，研究在这种市场下的资产定价理论，其中市场上的理性交易者将严格按照贝叶斯公式和遵循正确的信息进行估值和判断，而噪声交易者则容易受错误信息影响，犯非理性的错误。比如，苏雷什·桑妲蕾森（Suresh M. Sundaresan）研究了基于习惯形成的资本资产定价模型（Sundaresan，1989）。约翰·坎贝尔利用随机贴现因子（SDF）回顾了资产定价模型，发现了影响同质投资和决策差异的唯一变量就是 SDF，并打破了之前对 SDF 的客观一致的处理,企图从偏好异质、收入异质和类型异质等主观假定上研究 SDF 的决定因素(Campbell,2000)。古迪普·巴克希(Gurdip S. Bakshi)和陈志武(Zhiwu Chen)提出了财富偏好的资产定价理论(Bakshi and Chen,1996)。安德鲁·阿贝尔(Andrew B. Abel)提出了基于追赶潮流的资产定价模型,并用习惯形成解释了股权溢价之谜(Abel,1990),随后他又成功构造了基于嫉妒和追赶时髦的效用函数,并研究了一般均衡条件下的资产风险溢价(Abel,1999)。同时,行为金融学还从心理学的角度研究资产定价的影响因素。比如,理查德·塞勒研究了股票回报率的时间序列、行为生命周期假说和投资者心理账户等(Thaler,2008)。赫什·舍夫林和迈尔·斯塔特曼首次提出了情绪测度的概念,并用"情绪"衡量资产价格对基本价值的偏差(Shefirn and Statman,2000)。肯特·丹尼尔提出了一个过度自信模型,用以研究过度自信者和风险厌恶的理性套利者的证券交易(Daniel,2001)。拉吉尼什·梅拉和拉吉·萨(Raaj Sah)用主观贴现因子波动代表情绪波动,发现投资者微小的情绪波动也可能对股票价格产生很大的影响(Mehra and Sah,2002)。维卡什·拉米亚(Vikash Ramiah)和辛克莱·戴维森(Sinclair Davidson)引入了投资者情绪的动量指数(DVI),解决了行为资产定价模型难以在现实中构建市场组合的问题,丰富了该领域的实证研究(Ramiah and Davidson,2003)。

一、行为资产定价模型

对应于标准金融学中的资本资产定价模型(CAPM),1994 年,赫什·舍夫林和迈尔·斯塔特曼建立了行为资产定价模型(Behavioral Asset Pricing Model,BAPM)(Shefrin and Statman,1994)。这一理论囊括了在噪声交易者存在的市场中均值-方差有效边界的确定、市场证券组合的收益率、期权的价格和利率的期限结构等,是行为金融学中重要的资产定价理论。该模型基于噪声交易者理论,研究理性交易者和噪声交易者两类投资者互动情况下的资产定价。理性交易者以贝叶斯法则作为决策基础,根据真实的信息进行交易。他们不犯认知错误,且个体之间呈现良好的均方差性,不会出现系统性偏差;噪声交易者的不同个体之间存在显著的异方差性,所以不能按照传统的 CAPM 框架来考虑。

在标准金融学中,证券市场是有效的,所以证券价格真实地反映了价值,舍夫林和斯塔特曼称这种市场是单因素驱动市场,这是指均值-方差有效前沿、收益分布和风险溢价等,完全是由推动市场组合收益变动的、仅仅反映新的信息所需的最小必要信息量这一因素决定,这一因素常常用证券市场指数来代替。而在 BAPM 中,噪声交易者的引入就是第二个驱动因素,他们错误的认知最终导致价格偏离基本价值。噪声交易者的错误认知包括两种:① 对基本信息的低估,即进行预测时高估最近发生的事件,低估较早发生的事件。② 对概率的错误认知,包含赌徒谬误和小数定律等。在舍夫林和斯塔特曼的模型中,证券 Z 的期望收益为:

$$E^* = E_\Pi \rho(Z) - 1 = i_1 + \beta^*(Z)(E_\Pi \rho^* - 1 - i_1) + A(Z)$$

其中,ρ^* 是当价格有效情况下的均值-方差因子 ρ_{MV},同时也是市场组合收益 ρ_ω 的函数,称为市场因子。$\beta^*(Z)$ 是证券 Z 的风险系数 β,通过市场因子 ρ^* 来衡量。i_1 是无风险利率,$(E_\Pi \rho^* - 1 - i_1)$ 可以看作每单位 β 风险的风险溢价水平,$A(Z)$ 是超额收益率。在无限套利的有效市场中,超额收益 $A(Z) = 0$,所以 ρ^* 可以衡量所有证券的风险价格。当市场无效时,假定 ρ^* 是衡量风险的唯一因子,但理性投资者持有投资组合的收益不再仅仅取决于市场组合的收益率 ρ_ω,还取决于噪声交易者的主观概率和客观概率之间的转换率 Λ_{ij},有 $\Lambda_{ij} \neq 1$,这时 $A(Z)$ 不为零且 ρ_{MV} 才是真正的风险因子。$\beta(Z) = \mathrm{Cov}(\rho(Z), \rho_{MV})/\mathrm{Var}(\rho_{MV})$ 是此种情况下证券 Z 的均值-方差的风险系数,即行为 β,而非 CAPM 模型中的 β 值。图 3.4 描述了均值-方差有效的风险收益线,该直线经过无风险收益和 ρ_{MV} 的风险收益组合 Z_{EF}。而 CAPM 中的资本市场线是经过无风险收益和市场因子 ρ^* 的风险收益组合 Z^* 的直线。

相对于均值-方差有效的收益 ρ_{MV} 来说,ρ^* 的 β 值 $\beta(\rho^*)$ 衡量了 ρ^* 有效性的程度,其中 $\beta(\rho^*) = \mathrm{Cov}(\rho^*, \rho_{MV})/\mathrm{Var}(\rho_{MV})$,且 $\beta(\rho^*) \leq 1$。当 $\beta(\rho^*) = 1$ 时,意味着 ρ^* 是均值-方差有效的,图 3.4 中的两条线重合;当 $\beta(\rho^*) = 0$ 时,意味着与有效市场因素 ρ^* 相关的风险都不会被定价。需要注意的是,不是所有的 ρ^* 中的风险都可以被定价,市场风险 $\beta^*(Z)$ 反映的是 $\rho(Z)$ 中的 ρ^* 风险,既包含可以定价也包含不可以定价的部分。$\beta(Z)/\beta(\rho^*)$ 衡量的是相对于 ρ^* 的风险溢价,$\rho(Z)$ 中所有可以被定价的风险,因此,$\beta(Z)/\beta(\rho^*) - \beta^*(Z)$ 可以看作对市场风险系数 β 值的修正。由此证券 Z 的超额收益可以

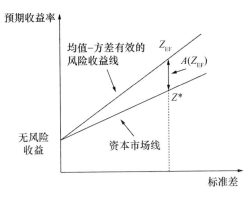

图 3.4　BAPM 下的真实资本市场线

资料来源：Shefrin and Statman（1994）。

表示为：

$$A(Z) = [\beta(Z)/\beta(\rho^*) - \beta^*(Z)](E_\Pi \rho^* - 1 - i_1)$$

在证券市场有效或者证券 Z 的收益与 ρ^* 完全相关的情况下,有超额收益 $A(Z)=0$。这个等式的重要理论意义在于,通过对传统 CAPM 中 β 值的修正,将市场 β 值与超额收益线性关联起来。可以看出,证券的超额收益是均值-方差有效的 β 值的增函数,是市场 β 值的减函数。实证研究中,给定 $\beta(Z)/\beta^*(Z)$ 时,超额收益与证券市场的 β 值成正比。可以看出,与 CAPM 相同的是,证券的期望收益也是由其行为 β 决定的,均值-方差有效的风险收益线同样相切于有效前沿,斜率为行为 β。

从 BAPM 可以推出,在市场有效的情况下,证券价格的单一驱动力是仅仅反映新的信息所需要的最小必要信息量。而引入噪声交易者后,新的信息不再是必要的统计量。历史信息会继续影响价格和波动性等,使得市场组合的风险溢价与长、短利率的差别变化之间的关系更为复杂。噪声交易者还可以通过影响相关收益的矩来扭曲期权的价格,所以布莱克-斯科尔斯期权定价模型公式也不成立。噪声交易者带来的冲击,可以反映在利率的期限价格、风险溢价和期权价格之间的相互作用关系和交易量等方面。另外,噪声交易者的存在在削弱了证券收益和风险系数 β 值之间的关系的同时,加强了超额收益与 β 值的正相关关系。此外,价格的有效性不仅不会驱逐噪声交易者,还会在某种程度上保护他们,但这种保护是有选择性的。

虽然舍夫林和斯塔特曼构建出了基本的行为资产定价模型,但在实际运用中还面临很多困难。最关键的是,如何界定噪声交易者存在时的行为市场组合,以及如何刻画他们的特殊行为偏好,否则无法正确估算行为 β。拉米亚和戴维森在这方面取得了一定的突破,提出了行为资产定价模型的实证研究方法(Ramiah and Davidson,2003)。他们引入了噪声交易者风险(NTR),即 CAPM 中的 β 值减去行为 β。通过对 NTR 进行度量,可以估算出噪声交易者对某种股票的偏好,其中 NTR 的估算是通过构建一个反映噪声交易者过度交易的新市场指数,进而算出行为 β。此外,他们还提出了动量指数(DVI)的概念。在噪声交易者存在的市场中,市场组合不能用简单的市场证券指数代替,所以需要重新构造市场组合。他们采用证券的交易量作为对投资者情绪的衡量,如果证券的交易量高于平均值,就能证明投资者对它们的偏好,投资这些证券的噪声交易者就可能很多。在此基础上,他们构建出一个 DVI 组合的证券组合代表市场组合。拉米亚和戴维森在完成以上改进之后,利用澳大利亚证券市场数据对 BAPM 进行了实证检验,其公式为:$E(R_i) = t_i + \tau_i [E(\beta_i^c) - E(\beta_i^B)]$,其中 $E(\beta_i^c)$ 和 $E(\beta_i^B)$ 分别表示证券的传统 β 和行为 β 的均值。经过回归分析,澳大利亚市场的 NTR 与证券收益显著相关,这证明了市场的非有效性,并且 NTR 的计算有助于寻找可以获得超额收益的证券。

二、行为资产组合理论

标准金融学中的资产组合理论和资产定价理论一样,起点也是马科维茨的均值-方差分析。然而正如前文所说,市场的非有效性等多种因素导致了资产定价的偏差,在此基础上的传统资产组合理论也遇到了很多难以解释的事实,比如著名的弗里德曼-萨维奇(Friedman-Savage)之谜,即为什么购买保险的投资者常常也同时购买股票(Friedman and Savage,1948)。基于弗里德曼-萨维奇之谜的启示,经济学家提出了另外两种资产组合理论:马科维茨的消费财富理论(Markowitz,1952b)和罗伊的安全第一理论(Roy,1952)。接下来,在安全第一理论、SP/A 理论和展望理论的基础上,赫什·舍夫林和迈尔·斯塔特曼于 2000 年提出了行为资产组合理论,分为单一心理账户资产组合理论(Behavioral Portfolio Theory with Single Account,

BPT-SA)和多重心理账户资产组合理论(Behavioral Portfolio Theory with Multiple Account,BPT-MA)(Shefrin and Statman,2000)。下面我们将分别介绍行为资产组合理论的具体内容。

(一)安全第一资产组合理论

资产组合理论是标准金融学和投资学的重要理论之一。在20世纪50年代哈里·马科维茨提出著名的现代资产组合理论之前,安德鲁·罗伊(Andrew D. Roy)就提出了安全第一资产组合理论(Roy,1952)。在安全第一资产组合理论中,投资者选择最优的资产组合,以使其财富水平低于某临界水平的可能性达到最小化。如果投资者的最终财富水平W跌破某临界水平s,就被认为是"破产"。所以,投资者的目标是使发生破产的概率$Prob\{W \leqslant s\}$达到最小化,这被称为罗伊的安全第一准则。

假定P是一个均值为μ_p、方差为σ_p的随机资产组合。对于所有的P来说,临界水平s都比较低且不存在无风险资产,即$s<\mu_p$,且$\sigma_p>0$。在这样的假定下,实现破产概率的最小化相当于使所获得收益不低于临界水平的概率实现最大化,也就是说,实现目标函数$(\mu_p-s)/\sigma_p$的最大化。$(\mu_p-s)/\sigma_p$被称为罗伊比率,即资产组合的预期收益与最低的临界收益之差除以资产组合收益的标准差。为了使破产概率最小化,要选择罗伊比率最大化的资产组合。假设一个投资者能够接受的最低临界收益是5%。他将在两个资产组合A和B之间进行选择。组合A的预期收益是10%,标准差是15%;组合B的预期收益是8%,标准差是5%。可以得出,资产组合A和B的罗伊比率分别为1/3和3/5(A:(10%-5%)/15%=1/3;B:(8%-5%)/5%=3/5)。所以,投资者应该选择罗伊比率较大的投资组合B。之后,片冈真二(Shinji Kataoka)、莱斯特·泰舍尔(Lester G. Telser)、恩里克·阿扎克(Enrique R. Arzac)和维杰伊·巴瓦等人都对安全第一理论做了进一步拓展,对原模型中生存条件s和破产概率α等假定进行了放松或进一步明确(Kataoka,1963;Telser,1955;Arzac,1974;Arzac and Bawa,1977)。

(二)SP/A理论

SP/A理论(安全、潜力/期望理论)是由罗拉·洛佩斯(Lola L. Lopes)于1987年提出来的(Lopes,1987)。它最初是在不确定条件下进行选择的一种心理学理论。其中,S代表安全(Security),P代表潜力(Potential),A

代表渴望(Aspiration)。最初的SP/A理论不是一种证券组合理论,而是在不确定情况下的心理选择理论。与安全第一理论相比,它考虑了实现较高财富水平的愿望—潜力,提供了比资产组合理论更为普遍的选择框架。

SP/A理论认为,投资者在选择资产组合时会考虑安全性、潜力性和渴望的利润水平这三个因素。安全性是指资产组合的收益大于某一临界收益的概率。概率越大,资产组合就越安全。这里的安全性和安全第一资产组合理论中的"安全"是一致的。渴望的利润水平是投资者渴望实现的利润目标。潜力性是实现该利润目标的心理评价,或者说是实现较高财富水平的愿望。一般来说,对于不同投资者来说,渴望实现的利润目标是不同的。即使对于同一投资者,在不同的情况下利润目标也可能发生变化。因此在进行决策时,应该综合考虑上述三个因素,使投资组合既安全又能满足渴望的利润目标,而安全性往往被视为首要实现目标。

在SP/A理论中,投资者的效用水平可以用两个变量来衡量:$E_h(W)$和$D(A)$。投资者的目标是实现效用函数$U(E_h(W),D(A))$的最大化。考虑一个两时期模型,记作时期0和时期1。时期1有n种状态,每种状态下可能的财富水平为W_i,发生的概率为p_i。在标准金融理论中,投资者的预期财富应该为$E(W)=\sum p_i W_i$。但是在SP/A理论中,害怕和希望这两种主观情绪也可以影响投资者的效用水平,进而影响到投资者的决策。害怕的情绪表现为过度悲观,意味着投资者高估较差的结果,低估较好的结果;而希望的情绪表现为过度乐观,意味着投资者低估较差的结果,高估较好的结果。进一步地,害怕的情绪使投资者追求资产组合的安全性,而希望的情绪使投资者追求潜力。这两种情绪可以通过$E(W)$来反映。于是,在计算$E(W)$的过程中,$E(W)$将转换为$E_h(W)$。另外,$D(A)$是资产组合收益大于或者等于A的概率,类似于安全第一资产组合理论中的$\text{Prob}\{W\leqslant s\}$。$E_h(W)$是受到害怕和希望情绪共同影响的结果,是在逆累积函数$h(D)$下的W的预期价值,而$h(D)$依赖于财富水平的排序,排序原则是取得单位财富的成本v_i与财富W_i发生的概率p_i的比率随i增大而减小。$D(A)$是收益大于或者等于A的概率。事实上,衡量风险的标准函数是单调递增函数$U(E_h(W),D(A))$。

SP/A理论是对阿扎克-巴瓦(Arzac-Bawa)安全第一组合理论的发展和

修正,区别在于二者对变量的理解。在 SP/A 中,生存水平 s 被一个更为一般的期望水平 A 代替,$E(W)$ 也经过心理因素修正为 $E_h(W)$。对于恐惧情绪很强的投资者 $E_h(W)<E(W)$,恐惧情绪越强,$E_h(W)$ 越低。而希望情绪的作用正好相反,$E_h(W)$ 会相对于 $E(W)$ 升高。

此外,罗拉·洛佩斯还探讨了人们的主要情绪随着时间而发生的变化,以及这些情绪对风险承受能力的影响。从某种意义上看,希望和恐惧是推动金融市场的主要力量。希望使人们将注意力集中在有利的事情上,随着时间的推移,希望会依次转化为预期和骄傲;而恐惧使人们将注意力集中在不利的事情上,它会随着时间依次转化为焦虑和后悔。当恐惧情绪占据主导时,人们会强调安全性,对风险的承受能力比较低;而当希望情绪占据主导时,人们会强调潜力,对风险的承受能力比较高。另外,恐惧和希望这两种情绪还可以通过"渴望"的机制得到放大。比如,等待的时间越长,渴望的程度就越强烈,投资者的情绪反应就越激烈。转换到资产组合选择的情境下,由恐惧、希望和渴望共同决定的风险承受能力就决定了财富在不同形式的资产之间的配置。

(三)单一心理账户下的资产组合

在心理账户、展望理论和 SP/A 理论的基础上,赫什·舍夫林和迈尔·斯塔特曼提出了行为资产组合理论(Shefrin and Statman,2000)。我们先介绍单一心理账户下的行为资产组合理论(BPT-SA)。

与标准金融学中的均值-方差理论类似,单一心理账户下的投资者把资产组合看作是一个整体,即单一的心理账户,并考虑资产之间的相关性即协方差。我们知道,均值-方差投资者在空间 (μ,σ) 中寻找有效边界,且均值-方差有效的资产组合是由无风险资产和市场组合构成的。类似地,单一心理账户下的投资者在空间 $(E_h(W), P(W\leqslant A))$ 中寻找有效边界,即在给定 $P(W\leqslant A)$ 的情况下,实现 $E_h(W)$ 的最大化。从这个角度上来说,单一心理账户的资产组合理论与均值-方差分析一致,只是加入了心理因素对投资组合的影响。具体来看,与均值-方差理论中 (μ,σ) 的均值-方差有效边界不同,BPT-SA 的核心是 $(E_h(W), P(W\leqslant A))$ 平面的有效边界。在这两种理论中,有效前沿都是通过投资者在既定的 σ 或 $P(W\leqslant A)$ 情况下最大化 μ 或 $E_h(W)$ 来实现的。

相承于洛佩斯的 SP/A 理论，BPT-SA 需要对期终的 n 种状态进行排序，使得取得单位财富的成本 v_i 与财富 W_i 发生的概率 p_i 的比率随 i 增大而减小。同时，施加约束 $\sum v_i W_i \leqslant W_0$，表明投资者为了获取财富所付出的价格不能超过期初财富，即否定了借钱购买投资组合的可能性。同时令 $r_i = h(D_{i+1}) - h(D_i)$，是人们对获得 W_i 赋予的主观权重。由此，BPT-SA 可以通过以下三个定理来说明。

定理 1 最大化：$E_h(W) = \sum r_i W_i$，限制条件：$P(W \leqslant A) \leqslant \alpha$

在此条件下可以求得最优解为：

对于 $i \notin T, W_i = 0$，

对于 $i \in T \setminus \{S_n\}, W_i = A$，

$$W_n = \frac{W_0 - \sum v_i W_i}{v_n}, \text{当 } W_0 > v_n A \text{ 时，有 } W_n > A,$$

其中，求和是从 1 到 $n-1$，T 是一个状态子集，包括第 n 种状态 S_n，且 $P(T) \geqslant \alpha$。

定理 2 离散状态下均值-方差有效组合可以表达为：

$$\omega_i = \left\{ 1 - \left[\sum v_j - b\omega_0 \right] \bigg/ \sum \frac{v_j^2}{p_j} v_i / p_i \right\} \bigg/ b, \quad \text{其中 } b \text{ 为常数。}$$

定理 3 如果在 BPT-SA 的有效资产组合中，存在至少三个具有不同 v_i/p_i 值的消费为正的状态，那么这个资产组合就不是均值-方差有效的。

由此可以看出，单一账户资产组合理论中的有效边界与一般均值-方差分析中的有效边界类似，只不过将风险 σ 替换成了 $P(W \leqslant A)$。投资者仍然通过有效边界来最大化效用函数 $U(E_h(W), D(A))$，从而确定最优证券组合。从模型的解可以看出，单一心理账户的收益分布类似于由收益为 A 或 0 的保险和收益为 W_n 的彩票构成，这可以解释弗里德曼-萨维奇之谜。

在一般的均值-方差分析中，投资者的偏好是由 $\mu - \sigma^2/d$ 决定的函数，其中 d 是风险承受的程度，是唯一刻画投资者风险偏好的参数。然而在 SP/A 框架中，风险是多维刻画的，可以通过下面五个参数来衡量：① q_s 衡量恐惧的程度，与资产组合的安全性相关。② q_p 衡量希望的程度，与资产组合的潜力相关。③ A 衡量渴望的利润水平。④ δ 衡量恐惧和希望的相对强弱。⑤ γ 衡量与恐惧和希望相比实现渴望的利润水平的强度。

具体来说，单一心理账户下投资者的最优资产组合，存在下面几种可能的情形。情形一：当渴望的利润水平 A 不是很高时，最优的资产组合可以是

由一种债券和一种彩票构成的(图 3.5(1))。图中有 8 种状态,其中状态 1~7 是债券的收益,状态 8 是彩票的收益。可以看出,债券是有风险的,以 $Pr\{W \leqslant A\}$ 的概率获得收益 0,即状态 1 和 2;以 $Pr\{W \geqslant A\}$ 的概率获得收益 A,即状态 3~7。而彩票的风险更大,以很小的概率获得很高的收益,即状态 8。情形二:当渴望的利润水平 A 很高,或者对 $Pr\{W \geqslant A\}$ 的要求很低且对 $E_h(W)$ 的要求很高时,最优的资产组合可以是纯彩票型的资产组合,只有在状态 8 时才能获得较高的收益(图 3.5(2))。

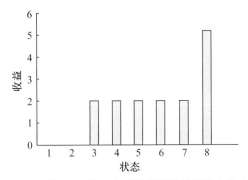

图 3.5(1)　情形一:单一心理账户下的最优资产组合(1)

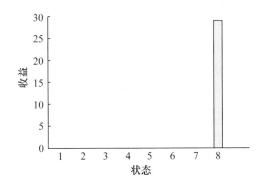

图 3.5(2)　情形二:单一心理账户下的最优资产组合(2)

资料来源:Shefrin and Statman(2000)。

舍夫林和斯塔特曼发现,当投资收益呈正态分布时,最优的资产组合也会受到渴望的利润水平的影响。考虑两种资产 X 和 Y,其收益都呈正态分布。X 的预期收益为 16%,标准差为 20%;Y 的预期收益为 10%,标准差为 15%。X 和 Y 之间的相关系数为 0。假定有一个投资者,他现有的财富水平为 1 美元。第一种情况：渴望的利润水平 A 为 1 美元。如果投资者仅持有资产 Y，那么下一期的预期收益为 1.1 美元。但是他有大约 25% 的概率不能实现渴望的利润水平 1 美元。假设资产组合 Z 是由 0.50 美元的 X 和 0.50 美元的 Y 组成的。如果投资者持有 Z，那么会获得较高的预期收益 1.13 美元，同时不能实现渴望的利润水平的概率也比较低，仅为 15%。所以，组合 Z 要绝对优于 Y。因此，资产 Y 不可能在 BPT-SA 有效前沿上，不是最优的资产组合。图 3.6（1）是这种情况下的有效前沿，即曲线从 Z 到 X。第二种情况：渴望的利润水平 A 为 1.2 美元，这一水平要高于 X 和 Y 的预期收益。在这种情况下，BPT-SA 有效前沿只包括一种资产 X，相当于通过购买 X 来进行一场赌博（见图 3.6（2））。

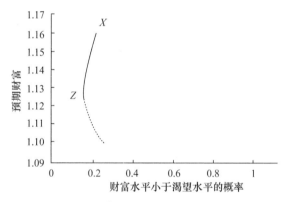

图 3.6（1） 情形一：BPT-SA 有效前沿（1）

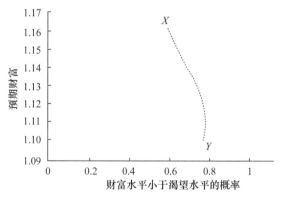

图 3.6（2） 情形二：BPT-SA 有效前沿（2）

资料来源：Shefrin and Statman（2000）。

罗拉·洛佩斯通过下面的例子形象地阐述了投资者的资产选择问题（Lopes，1987）。为了生存的需要，农民将在下面两种农作物之间进行选择：粮食作物和经济作物。粮食作物的价格比较低，但是收益比较稳定。经济作物的价格波动比较大，但却能提供比较高的财富水平。洛佩斯发现，在基本的生存需要得以满足之前，农民们愿意种植粮食作物。一旦生存水平得到了满足，他们就会用剩余的土地来种植经济作物，以期待有朝一日能够脱贫致富。不难发现，在这个例子中存在两个渴望的利润水平。一个是基本的生存水平，另一个是生存水平之上的利润水平。出于对基本生存水平得不到满足的恐惧，农民选择种植粮食作物，这与安全第一资产组合理论相吻合。而出于对脱离贫困和致富的渴望，农民在剩余的土地上种植经济作物。事实上，这个例子与人们同时购买保险和彩票的情况非常相似。

（四）多重心理账户下的资产组合

与此同时，舍夫林和斯塔特曼提出了多重心理账户下的资产组合理论（BPT-MA）（Shefrin and Statman，2000）。他们注意到，尽管在某些情况下，一些投资者渴望的利润水平比较低，另一些投资者渴望的利润水平比较高，但在大多数情况下，投资者同时具有较高和较低的渴望利润水平，表现为既要保证实现某一最低收益水平以避免贫穷，也要碰碰运气追求富裕。

在心理账户理论的基础上，舍夫林和斯塔特曼在 BPT-SA 的分析框架中引入了多个心理账户，提出了多重心理账户下的资产组合理论。他们把这种将较高渴望和较低渴望的利润水平相结合的资产组合描绘为分层的金字塔结构。投资者将财富在金字塔的低层和高层之间进行分配，金字塔低层的财富是为了避免贫穷，而高层的财富是为了追求富裕。单一心理账户下的投资者将所有的资产放在同一心理账户中来考虑。多重心理账户下的投资者将不同的资产划分到不同的心理账户，但他们忽视资产之间的协方差，正如"把金钱放在不同的口袋里"。

考虑一个简单的两重心理账户模型。假定存在一个包含三个身份的投资者：一个委托人和两个执行者。每一个执行者对应一个心理账户，其中一个心理账户对应的是较低的渴望水平，另一个对应的是较高的渴望水平。委托人的目标是实现财富 W_0 在两个执行者之间的分配以实现整体效用最大化。假定效用函数为柯布-道格拉斯形式。在这种情况下，低渴望利润水平的账户的效用为：$U_s = P_s^{1-\gamma} E_h(W_s)^{\gamma}$，其中，$P_s$ 是不能实现较低利润水平

A_s 的概率，W_s 是低渴望利润水平下的最终财富，γ 是在 0 到 1 之间的权重参数。类似地，高渴望利润水平的账户的效用为：$U_r = P_r^{1-\beta} E_h(W_r)^\beta$，其中，$P_r$ 是不能实现较高利润水平 A_p 的概率，W_r 是高渴望利润水平下的最终财富，β 是在 0 到 1 之间的权重参数。进一步地，投资者的效用函数是 U_s 和 U_r 的一个组合，即

$$U = [1 + K_{dr}(U_r)] K_{ds}(U_s)$$
$$= [1 + K_{dr}(P_r^{1-\beta} E_h(W_r)^\beta)] K_{ds}[P_s^{1-\gamma} E_h(W_s)^\gamma]$$

其中，K_{dr} 和 K_{ds} 分别是 U_r 和 U_s 的权重。在这样的假定下，投资者将现有财富 W_0 分为两个部分：低渴望利润水平账户下的 $W_{s,0}$ 和高渴望利润水平账户下的 $W_{r,0}$。当低渴望利润账户下的效用 U_s 为 0 时，投资者的效用也是 0。高渴望利润账户下的效用 U_r 为 0 时，投资者的效用却不一定是 0，这说明人们将财富中的一部分首先分给低渴望利润水平账户，这与安全第一的性质是吻合的。低渴望利润水平账户包括的资产更可能是无风险资产，而高渴望利润水平账户包括的资产更可能是彩票。人们倾向于将大部分资产用于购买比较安全的资产，只会拿出少部分资产来购买彩票。可以看出，在 BPT-MA 框架下，投资者将不同的投资目标分配给不同的心理账户，而且这些账户之间是不相关联的。所以，BPT-MA 框架下的最优资产组合可能并不是 BPT-SA 下的最优资产组合，更不是标准金融理论下的均值-方差最优资产组合。

值得一提的是，早在舍夫林和斯塔特曼提出该理论之前，亚瑟·威辛保（Arthur Wiesenberger）就提出了将资产组合进行分层的设想（Wiesenberger, 1963）。根据这一设想，投资者的资产可以分为四种类型：收入型、平衡型、增长型和投机型。一般来看，前两者是收入来源的一部分，例如债券属于收入型资产，支付股利的股票属于平衡性资产；而后两者是实现资本增值和财富增长的途径，例如，支付较少股利的股票属于增长型资产，不支付股利的股票属于投机型资产。一个非常形象的例子如下。爱迪生联合电气公司（Consolidated Edison Company，简称 Con Edison）是美国纽约的一家电力公司。由于受 20 世纪 70 年代能源危机的影响，该公司决定取消发放股利。该决定一经发布，立即遭到了股东们的强烈反对。其中一位老妇人潸然泪下，抱怨道："除了退休金外，Con Edision 的股票股利是我唯一的收入来源。"另外，投资者对不同资产的偏好和选择也受主观的心理因素所影响。

比如1951年前后，战争的阴影在人们的心中依然挥之不去，所以人们对保守型股票有着强烈的偏好，而到了1958年，在经历了连续七年的经济繁荣和牛市之后，投资者开始购买投机型股票，并对增长型股票表现出强烈的兴趣。

在现实生活中，BPA-MA型投资是十分常见的。一个著名的例子是瑞典彩票债券。一般来看，彩票债券是指根据债券的发行条件以抽签中奖的形式偿还票面利息的债券。投资者在到期日可以获得债券的面值，但是不同于一般的债券，彩票债券的票面利息是不确定的：彩票抽奖的赢家可以在持有期内获得较高的票面利息，而抽奖的输家却没有任何利息收入。对于瑞典彩票债券来说，如果它只进行一次支付的话，就类似于心理账户下的最优资产组合。在这种情况下，渴望的利润水平就相当于债券的面值，处于一个比较低的水平。虽然在某些情况下，投资者在获得债券面值的同时还可以获得较高的彩票收益，但在大多数情况下，投资者仅仅获得债券的面值。当然，如果政府宣布破产，投资者就什么也得不到。一般来说，对于渴望利润水平较低的投资者来说，购买国债是一个不错的选择。而渴望利润水平较高的投资者可以购买股权债券，渴望水平更高的投资者可以购买股票、期权甚至是彩票。虽然在很多情况下，购买股票、期权和彩票可能获得比较低的收益，但在某些情况下却可以获得相当高的收益，从而满足相当高的渴望水平。肯尼思·费雪（Kenneth Fisher）和迈尔·斯塔特曼指出，一些互助基金公司就经常建议投资者构造金字塔式的资产组合：底层为现金，中层为债券，高层为股票。这样，随着投资野心的增强，投资者可以相应地增加投资于股票的比例，而不需要同时改变投资于现金或债券的比例（Fisher and Statman, 1997）。

图3.7是一个经典的多重心理账户下的金字塔式的投资组合，这是由美国著名的财务规划师吉尼塔·沃尔（Ginita Wall）提出来的（Wall, 1993）。这个分层金字塔结构综合考虑了投资者对安全性、潜力和渴望水平的需求。正如财务规划师常常建议我们要为不同的投资目标设定不同的投资计划，沃尔按照不同的增值潜力，将不同的资产分为不同的层次。比如，为了满足子女上大学的需要，应该投资于较安全的零息债券。金字塔中的资产从底部到顶部是按照风险程度由低到高来排列的，从右到左是按照收益由低到高来排列的。比如，金字塔的最底部是安全性最强的资产，包括货币市场基金和存单等。上一层是各种类型的债券。再上一层是股票和不动产。金字

塔的最顶层是投机性最强的资产,比如虚值看涨期权和彩票等。

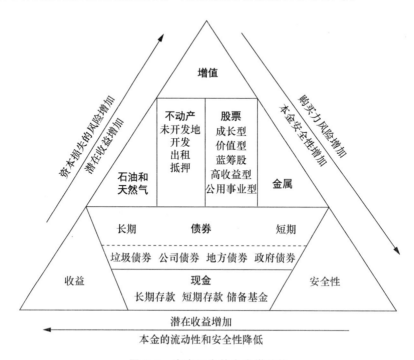

图 3.7 资产组合的金字塔结构

资料来源:Wall(1993)。

结合上述理论,现实中的投资者在选择最优的资产组合时,应该综合考虑自己的财务状况、目标和风险承受能力等因素。首先,应该根据自己的财务状况,合理安排一定数量的资金用于投资。其次,设定具体的投资目标和约束条件。心理账户的存在使得投资目标可能并不是单一的,它通常包括基本的安全性、稳定的收入、资本增值以及获得较高的收益等。最后,根据不同的投资选择将资金在不同的资产之间进行分配,这些资产包括货币、债券、股票和金融衍生品等。

第四节 行为公司金融理论

近年来,行为金融学的崛起对标准金融理论的基本假设形成了挑战,以这些假设为基础的标准公司金融理论自然也受到了经济学家的质疑。标准公司金融理论沿袭了新古典主义微观经济学的基本假设,对公司的投融资及其他行为决策和治理结构等进行理论分析。其基本假设——理性行为、资本资产定价模型以及有效市场理论——完全抽象掉了决策过程中人的因素。具体来说,其假设包括:(1)投资者理性,即资本市场是有效的。(2)管理者理性,即管理者理性地按照补偿合同、公司管控的市场以及政府机构的规定等做出决策以实现利益最大化。在这样的假设下,资本市场的资源配置是有效的,公司的管理者以股东价值最大化为准则理性地配置资源。然而,对公司金融进行全面研究,必然要从心理学和社会学的角度对管理者和投资者的信念和偏好进行理解。行为金融学逐渐与标准公司金融理论相融合,诞生了行为公司金融理论。

一般来看,标准公司金融理论的缺陷主要来自以下几个方面:(1)预期效用理论的不完备性。(2)贝叶斯准则下的投资组合理论的不完备性。(3)套利行为受到限制。(4)公司融资活动对市场均衡的扭曲,即上市公司会有意识地利用资本市场的非理性定价进行有利于自己的融资活动,从而扭曲了市场的均衡。其情形可以分为两类:其一是理性的管理者会利用非理性的市场来调整公司融资的时机、结构和投资方向;其二是管理者的非理性决策对市场均衡的扰动。针对以上缺陷,作为公司金融理论与行为金融理论相互融合的产物,行为公司金融理论随之产生。

行为公司金融理论放弃了标准金融学的基本假设,将行为金融学的研究方法以及投资者和管理者的认知偏差和情绪偏好等理论应用于公司金融领域,并做出合理的预测和判断。它主要关注两种非理性范式对公司资本配置行为和绩效的影响。它解决的主要问题是:(1)在投资者非理性的范式下,投资者如何影响理性的管理者的资本配置的行为?管理者是否可以发现市场中的错误定价,以及对这些错误定价如何反应?这包括投资决策、融资决策和股利政策等。(2)在管理者非理性的范式下,管理者的认知非理性与情绪驱动对公司的资本配置行为有什么影响?理性的投资者又是如何反应的?下面这一部分将从理论和实证两方面对公司投资者和管理者之间的互动关系进行描述,分析在以上两种非理性范式下公司的资本配置行为,为投资决策、融资决策和股利政策等重要决策提供新的解释。

一、投资决策

(一) 投资者非理性

行为公司金融主要关注投资者非理性和管理者非理性对资本配置行为及绩效的影响。在投资者非理性的范式下,资本市场是无效的,投资者能够影响证券价格,导致价格经常性地偏离基本价值。但是管理者是理性的,进行金融决策的公司管理者面对的是一个非理性市场,也就是说一个非有效市场。管理者能够敏锐地发现市场中的错误定价现象,并做出相应的财务决策,在短期内使公司价值最大化。管理者决策在一定程度上也有可能增加错误定价的程度。当然,随着错误定价逐渐得到纠正,理性管理者做出的财务决策也有可能在长期降低投资者回报。

非理性投资者模型中有三个关键的假设。假设一:非理性投资者的行为能够影响金融资产的市场定价。费雪·布莱克指出,金融市场中存在着大量的非理性投资者,他将这些非理性投资者统一称为噪声交易者,这些噪声交易者对市场的影响将会越来越明显(Black,1986)。同时,这些非理性投资者对于金融市场的影响是叠加的,也就是说这种影响具有系统性,因此可能影响金融资产的定价。后来,布拉德·巴伯和和特伦斯·奥迪恩等人对投资者的交易行为的研究发现,个人投资者的交易行为确实具有某种系统性的模式(Barber and Odean,2000,2008)。

假设二:公司管理者可以区分金融资产的市场价格及其基本价值,公司管理者可以发现金融资产的错误定价,并且能够对其加以利用,也就是说,管理者是完全理性的。这个假设在某种程度上是合理的,而且得到了研究的证明。一般来说,管理者具有一定的信息优势。即使不考虑管理者具备的信息优势,这些管理者仍然可以通过一些简单的经验法则来发现金融资产市场中存在的错误定价。

假设三:公司管理者能够关注由非理性投资者的交易活动所带来的资产市场的定价变化,并能够对这种变化做出反应。那么这个假设是否合理呢?理论上讲,公司管理者会担心自己的职位被别人取代,而由市场的异常表现所导致的公司损失可能使管理者失去工作,因此这些管理者会对市场保持高度关注。有研究指出,股票价格长期低于同行业其他公司的股票价格的公司经常会被收购,也就意味着该公司部分管理者将失去职位,因此对于市场的关注非常重要。

考虑下面的模型。为了简化分析,模型中忽略了税收、财务困境成本、信息不对称和代理问题等因素。管理者在三个目标中实现平衡:基本价值、迎合和市场时机。第一个目标是实现基本价值的最大化,公司的基本价值定义为:$f(K,\cdot)-K$,其中f是新投资K的凹函数和增函数。第二个目标是迎合,这是提高股票价格使其高于基本价值的行为,即实现公司当前股票价格的最大化以迎合短期投资者的需求,利用某些特定的投资项目或者对资本结构进行重组,使公司对投资者的吸引力实现最大化。管理者通过迎合可以影响短期的错误定价,这种错误定价为$\delta(\cdot)$,其中函数δ的自变量依赖于投资者心态等因素。第三个目标是市场时机,即利用短期的错误定价进行融资决策以使长期投资者获得利润。通过卖出公司的份额e,长期股东可以获得$e\delta(\cdot)$。把上述三个目标综合考虑到一个目标函数中,那么管理者通过对投资项目和融资决策的选择,实现下式最大化:

$$\max_{K,e} \lambda[f(K,\cdot)-K+e\delta(\cdot)]+(1-\lambda)\delta(\cdot)$$

其中λ在0到1之间变动,是管理者的时间期限,它是由个人性格、职业因素和补偿合同等因素决定的外生变量。分别对K和e求导,得到在无效的资本市场中,理性管理者最优的投资和融资决策如下:

$$f_K(K,\cdot)=1-\left(e+\frac{1-\lambda}{\lambda}\right)\delta_K(\cdot)$$

和

$$-f_e(K,\cdot)=\delta(\cdot)+\left(e+\frac{1-\lambda}{\lambda}\right)\delta_e(\cdot)$$

第一个式子是投资决策,投资的边际价值等于资本的标准成本减去边际新增投资对错误定价的影响,或者错误定价对迎合和市场时机收益的影响,其中资本的标准成本被标准化为1。第二个式子是融资决策,即增加股权并改变公司当前的资本结构所导致的边际价值的损失,等于直接的市场时机收益加上边际股权发行对错误定价的影响,或者对迎合和市场时机收益的影响。

在现实市场中,投资者常常受到认知偏差和偏好差异的影响并导致非理性行为。首先,投资者本身会受到错误定价的影响并可能高估投资的价值,即模型中$\delta_K>0$;其次,当存在财务限制的公司被低估时,可能不得不放弃一些有价值的投资机会,即模型中 $f_e>0$。假定投资者对公司的前景过度乐观,如果管理者拒绝接受投资者认为有利可图的项目,那么投资者会导致股票价格降低,使公司面临被接管或管理者面临被解雇的风险。委托-代理问题导致管理者对投资者的心态加以利用,投资于一些有利于提高管理层利益但净现值为负的投资项目。杰里米·斯坦假设股票市场是非理性的,但管理者是理性的,致力于实现公司基本价值最大化(Stein,1996)。如果管理者认为公司的股价被过分高估,并因此增发股票,那么管理者不应该将募集资金投入任何新项目中去,而是应该保留现金或投资于资本市场上其他正确定价的证券。但投资者的热情在于他们认为公司拥有许多净现值大于零的投资项目,而理性的公司管理者十分清楚,这些项目实际上不可能产生正的净现值。如果从公司的基本价值出发,应该放弃这些项目。如果管理者认为公司股票被市场不合理地低估时,应该利用低价的有利时机来回购股票,而不是撤回实际的投资项目,使得非理性的投资者可能影响股票发行时机,但不会影响公司投资计划。

但是,当我们尝试离开这一基准模型之后,就会发现,投资者的非理性会通过几种渠道影响公司的投资行为。首先,上述模型的假定仅适用于主要依靠企业内部资金的积累实现公司股本增加的上市公司。这些公司有足够的内部资金和借款能力,因此不需要依赖股权市场的融资来支持新增投资。但是,对于那些主要依赖股权市场的融资来支持其新增投资的公司来说,投资者的非理性就可能扭曲投资。其次,如果说公司管理者对于投资者的意见赋予一些权重的话,那么投资者情绪也可以影响投资行为。最后,即使在管理者完全理性的条件下,也并不意味着管理者一定能做出实现公司基本价值最大化的决策,因为那不一定是他们的目标。

对于行为公司金融理论的实证研究来说,非常重要的一项任务就是考察投资者的非理性或者说投资者的情绪是否会影响投资,如果影响的话,又是通过哪些渠道来影响投资的。早期的研究中,对于投资扭曲的研究几乎没有提供任何证据,但是近年来越来越多的实证研究表明,投资者情绪与企业投资扭曲之间存在一定的关联。比如,在将具有比较高留存利润的公司和具有高净股权发行的公司视为价值高估的公司的前提下,控制了实际投资机会之后,这些价值被高估的公司的确会比其他公司进行更多的投资,这间接表明了投资者的情绪会在一定程度上影响企业的投资决策。再比如，如果采用 Q 比率代表投资者情绪，Q 值大表示投资者乐观，Q 值小表示投资者悲观，那么，随着 Q 值变小，投资水平对股价变化的水平变得愈加敏感。关于投资扭曲的更进一步的实证证据来自马尔科姆·贝克(Malcolm Baker)、杰里米·斯坦和杰弗里·武格勒(Baker, Stein and Wurgler, 2003)。他们发现股权依赖型公司比非股权依赖型公司对股价的变动更加敏感。不同于其他度量指标，他们采用低现金账户来识别股权依赖型公司，发现这些公司的投资对股价的敏感性大约是非股权依赖型公司的三倍。这项研究为投资者情绪可能扭曲公司的投资行为提供了初步的证据，并且这种扭曲是通过股权依赖途径进行的。

（二）管理者非理性

在管理者非理性的范式下，假设投资者是理性的。但是，管理者在有效资本市场中的行为选择常常偏离理性预期理论和效用最大化理论，尽管他们可能认为这些行为是理性的。同时公司治理机制对于非理性的公司管理者的约束是有限的。对管理者认知偏差和情绪偏好的研究，主要是考察管理者的过度乐观和过度自信对资本配置行为和绩效的影响。大多数研究表明，过度乐观与过度自信可能导致公司管理者认为自己的公司价值被市场低估，从而导致公司管理者使用内部资金过度投资，并且在融资方面使用内部资金，尤其是公司内部的股权资本。

希顿(Heaton, 2002)指出过度乐观和自信的管理者比外部股东更容易高估投资项目的投资收益，低估投资项目的风险，从而更容易认为股票市场低估了公司的基本价值以及股权融资的成本太高，因此乐观和自信导致过度的兼并收购和过高的并购价格。虽然乐观和自信的投资行为有增加公司价值的一面，但在产品市场竞争和资本市场不完美的条件下，与非理性的融资行为整合，很可能增加公司的财务危机，从而不利于公司的长期健康发展和资本增值。

在这个模型中主要有两个假设。第一个假设是公司管理者个人可以影响公司的决策，或者说管理者的个人特征可以影响公司决策，这在直觉上看是有一定根据的。但是对于公司管理者能否影响公司的决策，如果可以的话，在多大程度上能够影响公司决策，在经济学界有很大的争议。新古典经济学中的公司理论认为,公司管理者个人不会对公司决策有决定性影响。代理理论则认为管理者可以使用公司制度赋予的权力来影响公司决策,从而实现个人的目标。但是,代理理论强调公司治理机制之间的差异,并不是强调公司的决策会因为管理者的不同而不同。也就是说,即使管理者可以影响公司决策,但是由于不同管理者在本质上是一样的,他们最终做出的决策仍然是理性人决策,不会因情绪和性格等非理性特征而有所不同。但是依然有学者指出,管理者的个人特征和公司决策之间存在着系统性的相关性。第二个假设是公司设置的各种约束管理者的机制的有效性是有限的。虽然现代公司治理机制经过多年发展,对于管理者已经有了很多的约束机制,但是这些机制在实行的时候仍然缺乏力度。现代公司治理机制中,董事会对管理者进行监管,并对公司重大事项进行集体决策。但事实上,在很多公司中首席执行官与董事长是由同一人兼任,这时整个董事会往往沦为公司权威管理者的附庸,不能很好地履行对公司管理者的制约作用。还有,董事会成员也可能都具有非理性的思维倾向,董事会成员之间的非理性彼此支持,使得整个董事会的非理性行为得到强化,换句话说,董事会成员之间的情绪会相互传染。比如,组织中单个成员的过度乐观会彼此强化,结果是个人的过度乐观和过度自信等非现实的看法会得到群体的认同。

管理者在下面两个冲突的目标中实现平衡。第一个目标是实现基于非理性判断的公司基本价值的最大化,基本价值定义为 $(1+\gamma)f(K,\cdot)-K$,其中 γ 是乐观的参数,f 是新投资 K 的凹函数和增函数。第二个目标是实现基于非理性判断的资本成本的最小化。管理者认为公司以 γf 的程度被低估,那么卖出公司的比例 e 就会对长期投资者造成损失 $e\gamma f(K,\cdot)$。把上述两个目标综合考虑到一个目标函数中,在不考虑预算限制的情况下,管理者实现下式最大化:

$$\max_{K,e}(1+\gamma)f(K,\cdot)-K-e\gamma f(K,\cdot)$$

分别对 K 和 e 求导,得到在有效的资本市场中,非理性管理者最优的投资和融资决策:

$$f_K(K,\cdot)=\frac{1}{1+(1-e)\gamma}$$

和

$$(1+\gamma)f_e(K,\cdot)=\gamma(f(K,\cdot)+ef_e(K,\cdot))$$

第一个式子是管理者的投资决策。与投资者非理性的情况不同,投资的边际收益小于1,即管理者是过度投资的。γ越大,即管理者越乐观,股权融资的比例就越小,过度乐观就越严重。第二个式子是融资决策。它表明因改变股权融资在资本结构中的比例导致的边际收益的损失,等于基于过度乐观判断的市场时机策略的损失。

在管理者非理性的范式下,管理者对风险的察觉能力降低,计划制定和风险管理都存在不足。过度自信和过度乐观的偏差导致他们对项目现金流的预期产生向上的偏差,从而导致投资过度,并影响了在公共部门和私人部门中的项目分析。比如,在公共部门中成本超支和对预期收入的高估是很普遍的现象。在私人部门中需要至少一年的大型项目中,只有42%能够实现预算,37%能够按时完成项目。西蒙·热维斯和特伦斯·奥迪恩采用一个简单的资本预算模型,比较了过度自信的管理者与理性管理者的投资决策的差别,发现过度自信或者说过度乐观的管理者更倾向于较早地接受项目,但是理性管理者因为对于风险的厌恶,一般倾向于推迟接受项目(Gervais and Odean,2001)。热维斯、希顿和奥迪恩通过一个简单的两期资本决策模型,指出公司管理者的过度自信和过度乐观可以提高公司的价值(Gervais,Heaton and Odean,2002)。比如,过度自信的管理者会高估自己的能力,从而会投资一些风险更高的项目。也就是说,适度自信的管理者通过投资一些风险较高的项目提高了公司价值,这从实证角度印证了热维斯、希顿和奥迪恩的预测。但是如果过分自信的管理者承担的项目风险过高,则容易给公司带来损失。

实证研究显示,在公司最初的启动投资方面也存在乐观主义和过度自信的倾向。阿诺德·库珀(Arnold C. Cooper)、卡罗琳·伍(Carolyn Y. Woo)和威廉·邓克尔伯格(William C. Dunkelberg)发现,68%的管理者认为他们的启动投资会比其竞争对手更可能获得成功,三分之一的管理者认为一定会成功,仅仅有5%认为可能遭遇失败(Cooper,Woo and Dunkelberg,1988)。奥古斯丁·朗迪耶(Augustin Landier)和大卫·泰斯马尔(David Thesmar)通过对启动投资的后期业绩的研究发现,在公司启动的3年之后,只有38%的公司有比较好的发展前景,而大约有17%经历困难。在不考虑盈利的情况下,只有大约50%在3年后仍然存在(Landier and Thesmar,

2009)。另外,当公司的管理者对项目现金流进行预期和考虑是否终止某个项目时,心理偏差也会产生负面影响。过度自信的管理者会接受较多的负净现值项目。对确定性损失的规避、后悔规避和证实性偏差等导致他们继续维持遭受损失的项目。调查显示,超过一半的失败项目在项目的最初和进行中就已经显示出严重的征兆,而证实性偏差导致人们对这些征兆和与项目相关的重要信息不够重视。

乌尔丽克·马尔门迪尔(Ulrike Malmendier)和杰弗里·塔特(Geoffrey Tate)认为,当过度自信的管理者有可以自由支配的内部资金时,相较于理性的管理者,他们将会做出过度投资的决策(Malmendier and Tate,2005)。在此基础上,他们还进一步研究了公司为什么会做出次优而不是最优投资决策的行为。他们证明了公司管理者的过度自信对这种投资扭曲现象具有很强的解释力。他们还提出了判定过度自信的两种方法,即如果管理者持有股票的时间长于标准最优期权执行模型推荐的时间,或者如果管理者经常买入本公司的股票,那么就认为管理者是过度自信的。他们以此为基础,利用福布斯500强公司管理者的私人投资组合数据和公司投资决策数据,研究了过度自信条件下的投资-现金流敏感性。研究发现,过度自信的管理者对于投资-现金流有更强的敏感性,同时还发现管理者的教育背景、职业生涯和出生时期等也会对投资-现金流敏感性有一定的影响。

早在1955年,赫伯特·西蒙(Herbert A. Simon)就曾基于有限理性理论探讨了认知与收集信息的成本对最优决策制定的阻碍作用(Simon,1955)。公司管理者在进行决策的时候,并没有按照完全理性所要求的那样精确探索项目的准确收益。很多公司管理者会采用比较简单的方法进行判断。比如,劳伦斯·吉特曼(Lawrence J. Gitman)和约翰·福里斯特(John R. Forrester)的研究表明,在112家大公司中只有不到10%的公司把净现值标准作为实际决策中的评估方法,而25%的公司选择了较为简单的平均收益率标准(Gitman and Forrester,1977)。约翰·格雷厄姆和坎贝尔·哈维(Campbell R. Harvey)的调查发现,财务总监使用内部收益率标准的频率超过净现值标准,超过50%的CFO甚至使用较为简单的回收期标准。他们还发现,在处理折现问题的时候,管理者通常使用既有的公司内部折现率,而不是计算具体项目的折现率(Graham and Harvey,2001)。

下面,我们看米尔斯公司的投资决策。米尔斯公司是一家开发并拥有大型购物中心的房地产信托公司,其经营的购物中心曾被认为是行业中最有创意的一部分。拉里·西格尔——一个过度自信和过度乐观的管理者——希望能够建成融饮食和娱乐于一体的全功能服务型购物中心,因此于1996年到2001年间共新建了13家购物中心,重组了2家购物中心。而且米尔斯购物中心的规模往往比其竞争对手大1.5倍。更有甚者,单单为了竞标某商业用地的开发权,米尔斯就支付了1.2亿美元,然而,不幸的是这个项目最终却给米尔斯带来6.55亿美元的亏损。2007年2月,由于现金短缺,米尔斯将自己卖给了它的竞争对手。由此可见,不切实际的乐观主义会使管理者形成过于夸张的预测,而过度自信会使管理者低估现金流的风险,同时高估公司所投资项目的净现值。因此,过度乐观和过度自信会使管理者愿意承担风险过度的项目,直到这些项目产生负的净现值。

二、融资决策

在投资者非理性的范式下,资本市场是无效的。上市公司会有意识地利用资本市场的非理性定价进行有利于自己的融资活动,市场时机是上市公司对资本市场非理性定价的一种判断。有关市场时机与公司融资决策之间的关系的大量研究表明,市场时机在很大程度上会决定公司对融资方式的选择。当股价或股市收益率较高的时候,公司会选择股权融资;当股价较低的时候,公司会选择债券融资,从而得以利用比较低的融资成本优势。

在进行融资决策时,管理者常常关注未来现金流的波动、未来投资机会的不确定性以及资本市场的条件等因素。其中,市场时机理论是主要因素,意味着较长时间跨度的管理者可以通过发行被高估的证券和回购被低估的证券,来减少内部投资者的资本成本。当账面市值比率较低时,公司倾向于发行新股并实现较低的债权/股权比率。在格雷厄姆和哈维对一些公共公司的匿名调查中,有三分之二的管理者认为股票被低估或者高估的程度是发行股权的重要考虑因素(Graham and Harvey,2001)。艾伦·布拉夫(Alon Brav)、约翰·格雷厄姆、坎贝尔·哈维和罗尼·迈克利(Roni Michaely)在一项对384家公司的调查中发现,86.6%的管理者认为当股票与基本价值相比存在价值优势时,公司会进行股权回购(Brav et al.,2005)。

一般来看,股权回购的公司会获得正的超额收益,这就说明了管理者在股权回购的时机选择上是成功的。平均来看,公司发行股权后的收益率比较低,而回购股权后的收益率比较高。

当债权融资的成本比较低时,公司倾向于发行债券。格雷厄姆和哈维发现,利息率是债权决策的一个重要因素:当利息率比较低时,便发行债券(Graham and Harvey,2001)。调查显示,影响发行新债的主要因素是财务的灵活性,即当需要时公司是否有足够的内部资金对新项目进行融资。此外,保持债权/股权的目标比率、评级机构的信用评级和利息减免的税收优惠也是管理者经常考虑的因素。债券发行常常会伴随接下来较低的股权收益。通过对 1975 年到 1989 年 392 个普通债券发行案例和 400 个可转换债券发行案例的考察,凯瑟琳·斯派斯(Katherine Spiess)和约翰·阿弗莱克-格拉维斯(John Affleck-Graves)发现,发行普通债券的公司 5 年后的股权收益率比具有类似市场规模和账面市值比的公司的股权收益率低 14%,而对于发行可转换债券的公司来说,这一数值是 37%。因为股权的高估会直接降低债权的成本,所以发行债券与接下来股票收益的关系就反映出债券市场的时机选择问题(Spiess and Affleck-Graves,1999)。

在实证研究中,学者们基于不同的市场时机指标,对于其对股权融资、债券融资和混合融资的影响进行了广泛而深入的研究。一些以美国市场整体股票数据为样本的研究表明,融资总额中股票发行所占份额可以对未来的股票市场收益做出成功的预测,这本身就体现了公司管理者对于市场时机的成功选择。还有研究表明,账面市值比对于公司的股权融资具有非常重要的影响,该比率比较高的公司更加偏好股权融资,而且它们这样做的目的并不是为了调整公司的资本结构,而是为了通过股权融资来获得更低的融资成本。在做出基于市场时机的融资决策之后,如果公司没有目标资本结构,或者没有使调整股权融资后所实现的实际资本结构对于目标资本结构产生偏离,那么基于市场时机做出的融资决策就会对资本结构产生长期的影响,也就是说,公司的资本结构会受到公司过去根据市场时机所选择的融资方式的累积性影响。一些学者通过实证研究证明,市场时机对公司的资本结构的影响可能长达十年之久。

接下来考虑管理者非理性的范式。现实中的管理者并没有严格按照标准金融学的融资次序理论来进行融资,即内部融资优于债权融资,债权融资优于股权融资。尤其是当大型公司进行大型投资时,管理者更倾向于依赖债权融资,即使是在公司并没有耗尽现金储备的情况下。调查显示,大约有三分之二的管理者认为其公司的股票被低估,只有3%认为被高估。因此除非在内部融资和债权融资方面遇到困难,否则公司不愿意用股权进行融资。

行为公司金融理论认为,过度自信的管理者会高估公司价值,从而管理者认为相较于内部融资来说,外部融资的成本更高,权益融资成本高于债权融资成本。因此对于过度自信的管理者来说,他们会更多地使用公司内部资金;而在必须使用外部融资的条件下,会优先进行债权融资,这样公司在融资中就出现了一种顺序偏好。同时,在筹集权益资本的同时,这些过度乐观或者过度自信的管理者会进行相机决策,即当他们认为公司股票被低估到一定程度的时候回购股票,当公司股票没有被严重低估的时候发行股票。通过用不同变量来度量管理者的过分乐观程度,很多学者证明了现实中的确存在很多基于过分乐观的融资顺序偏好。比如,德克·哈克巴特(Dirk Hackbarth)通过建立以随机现金流为基础的公司价值模型,指出那些过度自信的管理者倾向于使用更多的债权融资,同时,当他们进行债权融资的时候,所选择的债权期限更短,发行也更加频繁(Hackbarth,2003)。奥古斯丁·朗迪耶和大卫·泰斯马尔对理性投资者和过度乐观的管理者之间缔结合同的行为进行了研究,他们发现,相比于更偏好风险较低的长期债权的理性管理者,过度乐观的管理者会更多使用短期债权(Landier and Thesmar,2009)。巴里·奥利弗(Barry R. Oliver)以密歇根大学消费者情感指数作为管理者自信程度的替代变量,检验了美国具有25年以上历史的企业,发现管理者的自信程度与公司外部融资中债权所占比例成正比,证明了过度自信的管理者会倾向于发行债权(Oliver,2005)。

最后,对于财务灵活性不足的公司来说,管理者常常要在投资决策和融资决策之间进行选择,而不是分开进行。财务灵活性不足意味着负债能力有限和现有资金有限。一般来说,如果股权是被低估的,那么资金紧缺的公司会拒绝正净现值的项目,因为这时发行股权会产生稀释成本,这种成本常常大于项目的净现值,而且管理者对稀释成本规避的意愿会比投资于新项目的意愿更为强烈。假设一个公司的股票被低估25%,一个净现值为1亿美元的新项目需要 5 亿美元的初始投资。通过股权回购,公司可以获得 6.25 亿美元的价值(1.25×5 亿美元);而通过投资这个项目,可以获得 6 亿美元的价值(5 亿美元+1 亿美元)。这样在不考虑交易成本的情况下,股权回购可以创造更多的价值。然而,如果公司有充足的资金和外部融资渠道,那么就可以对所有非负净现值项目进行融资,并利用现金和债权融资进行股权回购。

三、股利决策

标准金融学中的莫迪利安尼-米勒定理(MM 定理)认为股利政策是无关的,即现金股利和股票股利的支付价值是相同的。但是一般来看,现金股利是以高于资本收益的税率水平征税,且存在税收上的罚金,这就意味着需要纳税的投资者更加偏好回购股票,而不是支付现金股利。然而,现实中的投资者常常对股利支付表现出很强的偏好,管理者为了满足迎合动机而偏好发放现金股利。

赫什·舍夫林和迈尔·斯塔特曼从行为公司金融的角度解释了投资者对现金股利的偏好(Shefrin and Statman, 1984)。第一,投资者的自我控制。行为生命周期假说可以解释现金股利对年长和退休投资者的吸引力,因为股利收入常常被看作是对过去薪金收入的一种替代,被归入经常性账户以满足日常的消费需求,而股权收入被归入资本账户,投资者常常按照不动用资本的原则限制自己在资本账户中的消费。为了防止消费过度,投资者一般仅花费股利收入而不动用资本账户中的资产。第二,心理账户。股利支付常常被看作是确定性的安全收益。出于对确定性收益的偏好,公司通过支付股利可以更好地帮助投资者区分收益和损失,以提高效用水平。假定公司的每股股票价格在一年内增加了 10 美元。如果不支付股利,投资者就会以资本收益的形式获得 10 美元。根据展望理论,效用水平增加了 $v(10)$。而如果支付 2 美元的股利,剩下的 8 美元作为资本收益的话,那么投资者的效用水平就会增加 $v(2)+v(8)$。由于 v 函数在收益区间呈凹性,第二种支付方式使投资者获得更大的效用。类似地,如果股票价格降低了 10 美元,那么支付股利也会给投资者带来更大的效用。第三,支付股利可以帮助投资者避免后悔。相对于遗憾,投资者更容易对已经采取的行为感到后悔。考虑一家不支付股利的公司,投资者不得不卖出股票以满足消费。如果接下来的股票价格上升,投资者就会对已经发生的卖出股票的行为感到后悔。而如果公司事先支付了股利,投资者就会利用股利收入来满足消费,接下来的股票价格上升就不会给投资者带来很大的后悔,因为这时的"错误"表现为一种遗憾:如果对股利进行再投资的话,就会获得更高的收益。

在股利政策方面,学者们关注的问题主要是,当市场上的投资者处于非理性状态时,管理者如何利用这一非理性,通过调整股利政策来实现公司财务管理的目标。行为公司金融理论认为,投资者对股利的偏好驱动了股利政策,或者说公司管理者为了迎合投资者的股利偏好而制定股利政策。由于公司管理者认为稳定支付现金股利的公司将受到投资者欢迎,这些公司存在现金股利溢价,故投资者对公司增加和减少现金股利的态度具有不对称性,因此,公司将尽可能稳定现金股利支付水平,且不轻易提高或降低。事实上,公司常常存在一个长期的目标股利支付比率,这样短期的股利支付会比较平稳。在一项关于什么因素决定股利政策的调查中,很多管理者认为保持长期股利政策的一致性、未来收益的稳定性和收益的显著变化是重要因素。另外,在做出股利决策时,有将近50%的管理者设定的常用目标是每股股利,其次有大约25%的目标是股利支付比率,同样大约25%的目标是每股股利的增长率。

调查显示,特别是对于已经退休的投资者来说,他们持有的股票主要集中于支付高股利的公司。在除息日的前一周里,他们积极地购买支付股利的股票,而在除息后的一周里,却不是股票的净购买者。在公司宣布将要减免股利支付的几周里,他们会减少持有该公司股票。另外,在获得股利收入的两周内,个体投资者仅将其中少于10%的部分进行重新投资,这意味着他们更加倾向用股利对消费进行融资。另外,调查表明投资者对支付与不支付股利的公司的兴趣以及股利政策偏好都会发生变化,这将对股票价格产生影响。公司管理者通常为了迎合投资者偏好而制定股利政策,迎合的最终目的在于获得股票溢价。即当投资者倾向于风险规避且对支付现金股利的股票给予溢价时,管理者就支付现金股利;当投资者偏好股票股利,对支付股票股利的股票给予溢价时,管理者就改为支付股票股利。

四、兼并与收购决策

根据标准金融理论,如果两个公司合并后的现金流没有改变,那么通过并购的方式将两个公司重新组合既不会创造财富,也不会减少财富。然而,经济学家们在对公司并购进行了大量的实证研究后,得出的基本结论是:被收购的公司的股东常常能够获得超额回报,而收购公司则很少获利。此外,合并后公司的长远业绩也不尽如人意。总体而言,对于并购能否创造财富这一问题,在经济学界争论不休,至今无法提供一个明确的答案。

当管理者为非理性时,常常发生过度支付和赢家诅咒。尤其在信息不对称的情况下,过度支付更是十分普遍的现象。理查德·罗尔(Richard Roll)发现,正如投资者的过度自信导致过度交易一样,管理者的过度自信会导致过度的兼并与收购(Roll,1986)。收购行为发生后,收购公司和目标公司的总体收益为零。罗尔提出了收购的公告效应,即收购公告导致目标公司的价格上升,而收购公司的价格会下降相同的幅度。这一理论随后被其他学者进一步证明。乌尔丽克·马尔门迪尔和杰弗里·塔特认为公司管理者的过度自信会导致他们高估现有公司以及即将被收购的公司在未来可以创造的利润,因此这些管理者可能会做出一些导致价值损失的并购决策。他们选择了美国1980年到1994年间477个上市公司的并购样本进行了实证检验,实证结果支持了他们的假说(Malmendier and Tate,2008)。

另外,根据标准金融学的有效市场理论,目标公司和收购公司出于对协同效应的考虑会进行兼并和收购。收购公司可能将合并后实体的股份和现金的组合支付给目标公司的股东。合并发生后,公司将减少一部分价值,这部分价值相当于支付给目标公司股东的现金价值。收购公司的股东得到他们的原有价值和合并后的协同效应,这与支付给目标公司股东多少现金和多少合并后的股份没有关系。

假设收购公司的管理者是非理性的,目标公司的管理者是理性的,而且价格是有效的。调查显示,非理性管理者所在的公司比其他公司进行收购的概率要高出65%,因为他们常常高估收购公司的价值和收购后的协同效应。在这种情况下,以现金还是以股票方式对目标公司进行支付就变得十分重要。因为如果以股票方式支付,就存在稀释成本,即收购公司价值中被高估的部分和目标公司得到的合并后股权占合并后总价值的比例的乘积；而如果以现金方式支付,就不存在稀释成本。因此,为了使稀释成本最小化,管理者偏好用现金进行支付。然而,在无效的市场中,上述情况会发生变化。如果收购公司的管理者认为所在的公司被高估了,就偏好用被高估的股权而不是用现金来对目标公司进行支付。如果目标公司的管理者是过度自信的,并高估其所在公司的市场价值,那么在接受收购公司的竞标价格之前,目标公司会要求一个相对于市场价值的溢价。事实上,在现实市场中收购溢价是很普遍的。

安德烈·施莱弗和罗伯特·维什尼用市场驱动理论来解释投资者非理性对公司并购决策的影响(Shleifer and Vishny,2003)。市场驱动理论的核心在于,并购活动是否进行最终是由收购公司和被收购公司的股票市值驱动的。当一个上市公司的股票价格明显高于其基本价值,也就是说其股票市值被高估的时候,这个上市公司就可能会收购其他公司,并且通过股票互换的方式来支付被收购公司的股东。这样,收购公司以一个比较低的价格买入了被收购公司的资产。同样,一个公司如果其股票价格远远低于其基本价值,就有可能被收购,因为其他公司认为此时会用较低的成本买入价值更高的资产。另外,施莱弗和维什尼还提出了一个收购择时模型。这个模型认为,对于价格被高估的公司来说,其收购其他公司的目的就是暂时保持其价格被高估的状态。通过收购那些股价高估程度较小的企业,收购方可以留给自己的股东更多的每股资产,从而缓冲自身价格回调带来的冲击。当然某些时候并购提案也可能迎合了投资者所理解的协同效应观念,从而使得并购后公司的整体价值被市场高估,这时收购的延迟价格回调效用仍可实现,只不过要为此向目标企业支付额外的费用。一个有趣的现象是,在收购高估程度较低的企业时,收购方一般采用已被高估的股票进行收购;在收购定价较低的目标企业时,则通常采用现金收购。这一模型有助于解释收购交易量与股票价格之间的时间序列关系以及收购中的防御动机。

我们看一个美国在线(AOL)收购时代华纳的例子。2000年1月,互联网服务供应商美国在线宣布收购媒体集团时代华纳,收购价格为1650亿美元,创下了当时的历史最高收购价格。美国在线的大部分用户通过低速电话线而非高速宽带网来登录互联网,但时代华纳集团经营着美国第二大高速宽带电视网络。美国在线的 CEO 史蒂夫·凯斯(Steve Case)认为二者的合并会带来巨大的协同效应。在高科技股票泡沫的高峰时期,美国在线预期此次并购的收益将增长 30%。但是事后看,美国在线和时代华纳的合并并不现实,使用高速宽带来使用美国在线的产品只是凯斯的宏大梦想——管理者过于自傲了。而时代华纳的 CEO 杰拉尔德·莱文(Gerald Levin)则犯了无知和轻信的错误:在双方签订协议前,他甚至没有咨询其他相关人员就决定了兼并的股权份额。这场轰轰烈烈的并购案最终以美国在线、时代华纳市场价值双双下降 80% 告终。

就我国的情况来看,随着资本市场的正式建立,以及有关上市公司资产重组和股权收购法律法规的健全和完善,资本市场中的并购活动日渐活跃,并且日益成为上市公司寻求快速发展的重要手段。国内学者对我国上市公司收购案例的绩效进行了广泛的实证研究。几乎所有研究都表明,目前我国上市公司并购多属于浪费型的低效率收购。冯根福和王会芳(2001)选取主营业务收入等 4 个指标来综合评价公司绩效,发现并购当年和并购后一年上市公司的业绩可以得到一定程度的提高,但在随后年份里绩效则普遍下滑。李善民和朱滔(2005)的研究证实,在公司并购后一至三年内大多数收购公司股东遭受了显著的财富损失,并购未能为收购公司股东创造价值。无论是混合并购还是同行业并购的收购公司,在长期都给股东带来了显著的财富损失。曾亚敏和张俊生(2005)提供的经验证据表明,股权收购非但不能提高企业的业绩,反而会对已有的业绩造成侵蚀。

五、行为公司金融理论的局限及其在我国的发展

从上面分析可以看出,在应用非理性模型解释公司金融决策方面,行为公司金融学无疑取得了巨大的成就。相比于标准公司金融理论,它对于现实的解释能力更强,但是该理论也存在着一定的局限性。第一,行为公司金融理论目前还是将非理性投资者模型与非理性管理者模型分开进行考虑。之所以将其分开考虑,是因为行为公司金融分析中仍然要依赖标准公司金融理论。但事实上,这两个模型本身并没有根本的冲突,对于双方非理性的分析无论是从理论上还是实证上都是可行的。第二,行为公司金融理论的两个模型,对于投资者和管理者做出的假设是完全不同的,因此根据这两个

模型得出的结论,无论在其表面含义上还是理论内涵上都有很大的差别。比如,究竟公司管理者和市场投资者对于公司的价值会有什么样的影响,这显然需要一个更加清晰的理论进行解释。未来行为公司金融研究的方向是如何协调这两个模型,从而为公司管理者的决策提供明确和一致的方向。

在当前阶段,我国股票市场尚属于新兴市场,股票市场参与者的行为规范正在完善过程中,这给市场中的投资者和上市公司管理者的短期投机行为留下了比较大的操作空间,投资者和部分管理者的行为都存在非理性的成分。比如,投资者仍然偏好从短期投机交易中获得资本收益,而不看重现金股利;投资者仍以技术分析为基础制定投机策略,而不是进行细致的公司分析;即使进行公司分析,也往往通过自上而下的行业需求增长来推论公司成长潜力,关注想象空间,热衷于炒作题材,并不关注公司实现投资计划的能力,特别是公司将投资计划转换为盈利的执行能力及政策约束等限制因素。

另外,上市公司迎合股票市场短期投机交易偏好的资本配置行为,包括投融资行为和股利政策等,往往引起股票市场短期的积极反应,而坚持理性投融资和股利政策的上市公司反而得不到股票市场的青睐。公司长期健康发展能力和基本价值与股票市场短期表现并不一致,股票价格严重背离公司的基本价值。很多公司上市后,管理者都忽视实业经营,并不是致力于扎扎实实地提高经营效率,而是以股东价值最大化的名义,实际上是使短期股票价格最大化,热衷于短期投机性的资本运作,轻率地投资股票市场青睐的热点行业。一些公司上市后迷失了发展方向,频繁地变更募集资金投向。企业长期价值受到破坏,社会资本遭到极大浪费。另外,在我国市场上庄家与上市公司勾结的内幕交易和股票价格操纵行为屡见不鲜。2013年8月的"光大乌龙指"事件更加突出了行为公司金融研究的重要意义。

鉴于我国股票市场中投资者非理性和上市公司管理者非理性并存的现象,并且由于行为公司金融理论强调非线性的、复杂的心理学研究范式,行为公司金融研究对我国公司和资本市场发展与规范建设具有重要的理论和现实意义,有着广阔的研究空间。

第四章　行为金融学主要研究方法

行为金融学综合应用了金融学、心理学和社会学等相关领域的理论和方法从不同的视角来解释金融现象,产生了大量的研究成果。目前,行为金融学的主要研究方法有五种:心理学调查方法、实验经济学方法、实证分析方法、理论模型分析方法和计算实验方法。一般情况下,如果在经济研究中不容易获取相关的信息与数据,则可以采用前两种方法,其中心理学调查方法偏重于社会随机调查,实验经济学方法则是通过对选定的对象群体进行模拟测试来获取信息。理论模型研究方法探讨经济行为人在一定的经济环境与假设条件下的行为模式,这种方法对研究者的经济理论水平要求较高。实证分析方法则是利用统计学知识和相关数据对理论研究的结论进行检验与分析,以此促进经济理论的进一步修正与完善。计算实验方法是利用计算机仿真技术和行为金融学的基础理论,来研究金融市场中相互作用的微观个体的行为规律及其对整体市场的影响。以上各种研究方法适用的情境不同,本章将分别予以介绍。

第一节　心理学调查方法

现代意义上的行为金融学理论来自于布鲁尔的论文《论投资研究中实验研究方法的可行性》(Burrell,1951)。在这篇论文里他设计了两个实验,一个是考察投机行为对股价变动以及股利发放的影响,另一个是考察股票价格的变动机制。布鲁尔试图利用实验的方法将人们的投资行为和心理行为相联系,从而解释股市中价格变化的原因,自此心理学与金融学的研究方法开始交叉。布鲁尔的实验为解释股市价格的变动模式提供了一种新的视角,但是他也指出,实验调查的方法并不能完全模拟现实中的经济环境,因此不能完全依靠实验结果来预测市场上的投资行为,实验的方法更多地是帮助我们理解市场的运行。

心理学调查方法主要利用问卷调查的方式或者心理学实验的方式来获取信息。行为金融学理论认为问卷调查是了解人们决策时的心理活动的有效工具。投资过程中出现的众多认知偏差实质上都是投资心理的反映。要对投资者在投资过程中的决策行为进行分析,必须先了解其心理活动状况。实验心理学方法的引入使得通过问卷调查的结果来推测人们决策时的心理规律成为可能,具体来说,就是要针对投资行为人进行问卷调查,并对回收的有效问卷进行整理与综合分析。比如,对于被调查人的投资风险偏好、受教育程度和自信程度等方面可以设计定性的问题来界定,而对于被调查人的收入状况和投资规模等方面可以用定量的指标来进行记录。一般来看,心理调查问卷大都采用随机调查的方式进行,且对被调查人没有特别的约束,由于有些问题可能涉及家庭财产等隐私性问题,因而调查结果的真实性往往存在一些争议,因此,设计合理的调查问卷以获取最准确的信息成为决定心理学调查方法成败的关键。

心理学研究一直是行为金融学研究的重要组成部分。尼古拉斯·巴伯瑞斯和理查德·塞勒将行为金融学的研究内容分为心理学研究和有限套利两个部分(Barberis and Thaler,2003)。赫什·舍夫林将行为金融学的研究主题分为两个部分——心理学研究和非有效市场(Shefrin,2002)。其中,心理学研究又分成直觉驱动偏差和框架依赖两类。可以说,现代行为金融学的研究离不开心理学的方法和理论,正是在这种依赖关系下催生了一系列行为金融学的理论。

越来越多的学者开始将心理学和金融学研究相结合,使金融学研究进入了心理学—行为金融学阶段。行为金融学研究以丹尼尔·卡尼曼与阿莫斯·特沃斯基的研究结果为代表。他们批判了风险决策的描述性模型——期望效用理论,并且提出了一种替代性模型——展望理论(Kahneman and Tversky,1979)。展望理论将心理学和金融学紧密结合,通过一系列实验推翻了标准经济学的许多经典假设,试图重构一套效用理论来刻画人们的决策行为。该理论主要有三个特征:一是大多数人在面临收益时是风险规避的;二是大多数人在面临损失时是风险偏好的;三是人们对损失比对收益更为敏感。

卡尼曼和特沃斯基在心理学调查的过程中还发现了一些有趣的现象。他们发现,人们的决策会受到诸多因素的影响。首先,人们会用"小数定律"做判断。卡尼曼的一项重要成果是关于不确定情形下人们决策的研究。他论证了在不确定情形下，人们的判断会依照"倾向于观测小样本"而形成的"小数定律"来行事。"大数定律"指随机变量在大量重复实验中呈现出几乎必然的规律，随着样本数量的增大，样本结果对样本期望值的偏离就越小。比如，随着抛掷硬币次数的增加，硬币出现正面的概率越来越接近期望值0.5。与"大数定律"相对，认知心理学里有一个"小数定律"的概念，即人们通常会认为小样本和大样本具有同样的期望值，而忽视样本大小的影响，而这是不正确的。比如，基金经理在过去两年中的收益率较高，这也许只是因为整个市场的情况较好，但是人们可能会觉得这是基金经理的选股能力强的表现，把过去两年的表现即小样本事件认为是大样本期望值的代表。事实上，大数定律是不确定情形下各种经济理论的前提假设，而如果人们真的是按照小数定律而非大数定律做出判断，那么许多经济学理论将被重写。

其次，因为信息的可获得性，人们的判断会出现系统性偏差。一系列实验表明，显著的、易于记忆的信息会对人们的判断产生较大的影响。比如，无论一个城市的治安情况如何，如果与熟悉的人在城市街头遭遇到治安问题，那么人们更容易判断该城市具有治安问题。这也是许多企业投放大量广告增加曝光率的原因，因为一旦信息被不断强调，人们就会更倾向于接受这种信息。

最后，人们在实际行为中常常会出现锚定效应、后悔厌恶和过度自信等现象。后悔厌恶指的是为了避免或者拖延后悔感，人们不愿意理性地对待错误。比如，投资者会延迟卖出价值已经减少的股票，不希望因承认已经遭受亏损的事实而产生后悔情绪，但会加速卖出价值已增加的股票，避免之后因股价下跌而产生后悔。过度自信是指人们对自己的判断一般会过于自信。瑞典的一位学者曾经进行过一项针对司机驾驶水平的调查，结果显示，有90%的司机认为自己的驾驶水平要高于平均水平。过度自信会导致一些错误的结果，人们会从这些错误结果中吸取教训，使得市场表现出反应过度和反应不足的现象。

第二节 实验经济学方法

实验经济学研究是在可控制的实验条件下针对某一现象，通过控制某

些条件来观察决策者行为和分析实验结果,检验、比较和完善经济理论,并为经济决策和投资决策提供依据。经济学实验借鉴了心理学的实验研究,但两者也有不同之处。在心理学实验中,参加实验的被试者一般会得到少量的、相同的被试费。而在经济学实验中,被试者的报酬取决于他们在实验中的决策和行为表现。心理学实验中的被试者通常不知道设计此实验的真实目的,而在经济学实验中则不然。因此,很多经济学家认为实验经济学的结果更符合人们的市场经济决策行为。

实验经济学的研究领域主要集中在市场实验、个体选择行为实验和博弈实验。市场实验包括拍卖实验、讨价还价实验,其中与行为金融学联系较为密切的是资本市场的实验研究。1948年,张伯伦(E. H. Chamberlin)在哈佛大学的课堂上首次进行了市场实验。张伯伦强调要控制无干扰变量对实验结果的影响,对无干扰变量的控制可以还原实验参与人的真实经济行为(Chamberlin,1948)。

张伯伦把一些标记了成本和价值的卡片分发给学生,使之成为市场的需求方和供给方,即这些学生被分成卖方和买方,他们通过交易可以得到一个成交价格。卖方可以获得其商议的成交价格和成本之间的差价,买方能够获得价值和商议的成交价格之间的差价。在实验中,收益都是假定的,但是在一定范围内学生们能够得到假定收益的激励。学生们被允许以分散的方式在教室内自由走动,互相自由议价,以模拟真实市场竞争结构。尽管有这样的竞争结构,但是张伯伦得到的实验结果却系统性地偏离了竞争市场理论的预测。这一实验设计和结果引起了参加该实验的哈佛大学研究生弗农·史密斯的极大兴趣,他认为实验结果偏离预测的原因在于制度环境设计,学生们在教室内自由走动进行分散的交易并不能模拟完全竞争市场。进一步地,弗农·史密斯通过设计双向拍卖的制度环境来使得买方报价、卖方报价和交易价格成为公开信息。实验结果显示,这样的市场制度下可以得到有效竞争市场预测的结果(Smith,1962,1965)。

弗农·史密斯在实验经济学方面做出了许多贡献。1962年,他发表了论文《竞争市场行为的实验研究》,该文是实验经济学的奠基之作(Smith,1962)。市场实验常常需要控制被试者的偏好来检验不同的假说,但是被试者的偏好或者效用函数并不能被直接观察到,从而也难以确定被试者的需求函数。1976年,史密斯在《实验经济学:价值诱导理论》一文中提出价值诱导理论,通过提供一个报酬函数巧妙地避开对人们的偏好进行测量的问题(Smith,1976)。价值诱导方法的核心是提供真实的物质激励给被试者,通过合理的实验设计,最大限度地还原被试者在真实市场环境下的经济行为。1982年,史密斯统一了经济学实验的方法,建立了一套标准的实验步骤,为之后经济学实验的设计与分析提供了范本(Smith,1982)。实验应该由可控制变量——包括环境和规则——和观察变量即行为所组成,其中环境变量包括实验参与人的偏好、初始禀赋以及技术水平,规则是实验术语和实验规则。另外,变量需要满足一些基本的条件,比如偏好的非饱和性以及实验结果的客观性等。

个体选择行为实验主要是在不确定情况下的个体选择实验,例如阿莱悖论和风险偏好反转等,主要是针对预期效用理论的检验。这一部分的行为金融学研究以卡尼曼和特沃斯基的研究为代表,他们通过一系列实验得到个体选择行为的证据,推翻了许多标准经济学的经典假设。他们批评了风险决策的描述性模型——期望效用理论,并且提出了一种替代性模型——展望理论(Kahneman and Tversky,1979)。比如,在检验典型性描述的影响时,卡尼曼和特沃斯基进行了一个实验,对参与者首先描述了一个律师的典型特征,如"对政治感兴趣、喜欢参与辩论、渴望在媒体前露面等",然后让参与者在由律师和工程师组成的样本中判断这个人是律师还是工程师。实验结果表明,无论是给定30%的律师比例还是给定70%的律师比例,大多数参与者都会给出此人是律师的判断。这说明人们的决策会受代表性偏差的影响。如果按照理性的贝叶斯法则,人们会根据新信息对原始估计进行修正,但事实上是人们根据之前的代表性描述进行判断,而没有进行修正,这说明人们在不确定情形下的判断会受到代表性偏差的影响。

1974年,他们设计了一个实验来证明锚定效应的存在(Kahneman and Tversky,1974)。锚定效应指的是人们在判断时过于看重显著的、难忘的证据,从而做出错误的判断。实验要求参与者估计非洲国家在联合国席位中的占比,具体过程为:首先参与者通过旋转罗盘选择一个0到100的数字,接下来参与者会得到提醒,罗盘上的数字和真实答案相比是高了还是低了,最后参与者再调整自己的判断。结果显示,尽管存在信息更新,但是参与者的猜测仍主要集中在最开始罗盘选择的数字的一个邻域范围内,这体现了数字估计的锚定性。

卡尼曼和特沃斯进行了另一个实验,发现人们误认为随机变量的联合概率大于各自的概率。统计学表明随机变量的联合概率不会大于相应的边际概率,但是人们在具体做出选择时却常常忽视这一点。在实验中,首先向参与者描述"一个叫琳达的女孩现在31岁、单身、漂亮且善于言谈,在学生期间主攻哲学,关注歧视和社会公正等问题,曾参加过反核示威活动",然后要求参与者基于上述描述来选择相应的陈述性选项。虽然选项中有"琳达是一个银行出纳员"这一选项,但是有85%的参与者选择了"琳达既是一个银行出纳员,又是一个女权主义者"的选项。很显然,根据统计学中最简单的集合理论,人们的选择是非理性的。

经典的博弈实验是"囚徒困境实验"和"最后通牒实验",其中"最后通牒实验"的结果表明人们并不仅仅追求最大利益,还会追求公平、平等等目标。

比如,在"最后通牒实验"中,A组同学和B组同学进行博弈。具体来说,每一位A组同学被随机与B组同学进行一对一匹配,但是他们并不知道彼此的匹配对象。实验中,A组同学的初始财富是10美元。他们需要决定将初始财富中的全部或者部分数额分配给被匹配的B组同学,也就是说,A组同学可以分配0美元至10美元中的任一数额给B组同学。接下来,B组同学可以选择接受或者不接受A组同学的分配方案:如果接受,那么B组同学得到被分配的数额,A组同学得到剩下的数额;如果不接受,那么A组同学和B组同学都什么也得不到。实验的结果如何呢?不难看出,在标准金融学的理性假设下,B组同学应该接受任一为正的数额,于是A组同学将分配给B组同学1美元,B组同学会接受这一方案。但是结果显示,平均来看A组同学分配给B组同学的数额大于1美元,因为A组同学担心如果分配给B组同学太少数额,B组同学会认为不公平,从而选择不接受分配方案来进行报复。因此,人们在进行决策时,并不仅仅理性地追求自己的最大利益,还要考虑公平、平等等目标。

实验室研究的优点在于能够很好地控制无关变量,实验研究优劣的区别就在于对变量的有效选择和操纵。在实验室研究中,自变量是被实验者所操纵的变量,因变量是被实验者观察和积累的、随着自变量的变化而变化的被试者行为,控制变量则是由实验者控制且在实验之中保持恒定的潜在变量。其中,自变量被操纵,因变量被观察,控制变量保持不变。比如,在展望理论所揭示的风险偏好反转的实验之中,自变量是"得"与"失",控制变量是使"得"与"失"的数值保持不变的变量,而被试者的选择就是因变量。事实上,一般均衡理论、博弈论和有效市场理论的不断成熟,为解释经济金融现象提供了许多模型,这使得对不同理论的检验变得更为重要,从而推动了经济学实验的产生和发展。2002年,弗农·史密斯作为实验经济学的先驱,与行为经济学家丹尼尔·卡尼曼一起分享了该年度的诺贝尔经济学奖,标志着标准经济学已经接受了实验经济学。

第三节 实证分析方法

实证分析方法利用真实投资者的资料或者交易信息,对其投资行为特征进行研究。在对真实交易数据的处理中,为了找到投资行为的影响因素,在投资行为的分析过程中衍生出多种数学模型。实证分析研究方法的关键在于真实数据的可获得性,以及合理选择所采用的计量模型。科学技术的发展为获得数据提供了保障,随着数据收集能力的提高,大数据分析越来越重要,如何从冗杂的数据中去除噪声、得到有效信息,也是投资机构努力的方向。计量经济学的进一步发展丰富了计量模型的选择,为分析金融市场的投资者行为提供了更多的工具。

20世纪80年代以来,行为金融学在理论上的新突破开始推动其自身的发展,市场不断发现的"异常现象"引起了金融学界的注意,在这一时期研究者们越来越多地采用了实证分析的方法。芝加哥大学的理查德·塞勒和耶鲁大学的罗伯特·希勒是这一时期行为金融学理论发展的推动者。塞勒在《行为金融学的终结》一文中研究了股票回报率的时间序列和投资者的心理账户等问题(Thaler,1999),而希勒在《投机的价格和流行的模型》以及《非理性繁荣》中研究了股票价格的异常波动、羊群效应、投机价格和流行心态等问题(Shiller,1990,2000)。另外,特伦斯·奥迪恩在《投资者是否交易太多了》一文中对趋向性效应进行了研究(Odean,1999),而杰·里特在《首次公开发行》中对IPO异常现象进行了研究(Ritter,1998)。

比如，理查德·塞勒通过实证分析法给出了"股票市场存在过度反应"这个问题的证据(Thaler, 1993)。认知偏差，例如投资者对一系列长期的坏消息的过度反应，会产生对股票可预期的错误定价。同时，他解释了"为什么行为金融是不能被消除的"。现代金融理论建立在行为者理性假设之上，这种经济理性表现在两个方面：行为者根据预期效用理论来进行决策，以及对未来做出无偏差预期。这个理论的一个极端看法是每一个行为者都依据这些假设而行动。大多数经济学家意识到这个极端说法是不现实的。在文章中塞勒列举了一家石油公司的股票价格长期偏离基本价值的例子，用来证明对价格的偏离是无法用税收和交易费用等因素来解释的。另外，塞勒还简略地讨论了实证文献中涉及的真实世界里的人类行为，这些行为看上去与标准理论存在差异，主要表现在成交量、波动性、股息、股权溢价和可预测性这五个方面。市场行为者经常与我们预期的理性有效市场中的情况相背离，并产生诸多的异常现象，但是这些异象并没有带来如此大的盈利机会以使基金经理们赚取超额回报。当一些现象无法用标准理论来解释时，或许用非理性的观点来看待就会找到答案。

此外，行为金融学中的一个重要理论——羊群理论，其研究过程和实证研究方法也是密不可分的。罗伯特·希勒采用问卷调查的方式对投资过程中由人际关系形成的羊群行为进行了实证研究，结果显示个人投资者对个股产生兴趣，部分是起因于人际关系，比如有38%的人受到证券经纪人的影响，44%的人受到其他购买者的影响。在调查中有75%的机构投资者和62%的个人投资者表示，在投资过程中并没有做过系统研究。由此可见，人们在面对瞬息万变、信息繁杂的股市的时候，很难保持绝对理性，从而导致羊群行为的发生(Shiller, 2000)。约瑟夫·兰考内斯克、安德烈·施莱弗和罗伯特·维什尼在做相关实验研究的时候，创造性地提出了对于机构买卖中发生的羊群行为的测度方式，为基金羊群效应的实证研究打开了一扇新的窗户，此方法(LSV方法)也一直被随后的研究者发展和完善(Lakonishok, Shleifer and Vishny, 1992)。他们选取1985年到1989年769个养老基金的季度数据来研究羊群行为，选取的养老基金全部投资于股票，且这些基金共由341个基金经理来管理。其研究主要关注基金经理间决策的相互影响、股票前期收益率与本期额外需求之间的关系，以及前期额外需求与本期股票价格变化之间的关系。研究发现,小盘股存在羊群行为而大盘股几乎不存在羊群行为,需求额和价格变化之间的关系并不显著,投资者之间的相互作用是可以相互抵消的,因此在西方基金市场中羊群行为并不显著。在上述研究的基础上,罗斯·沃莫斯用1975年到1994年共同基金的数据对羊群行为进行了检测(Wermers,1999)。沃莫斯对LSV方法进行了修正,得到的结果和他们的结果可以说大相径庭。他认为在共同基金中存在羊群行为,不仅小盘股的羊群行为十分显著,在对于大盘股的检测中,检验值也超出了显著性水平。

总的来看,在对羊群效应的研究中,西方学者建立了很多经典模型,并设计了相关实验来模拟市场中的羊群行为,得到羊群行为的确存在的结果。在实证研究方面,不少学者提出了自己的检验模型,其中最为经典、应用最为广泛的便是上述兰考内斯克、施莱弗和维什尼提出的LSV法。沃莫斯对LSV方法进行了修正,修正后的LSV也得到了较为广泛的应用。虽然LSV方法存在一定的缺陷,但是由于此方法中需要用到的数据比较容易得到,而且对于羊群行为是否发生的检测灵敏度较高,因此在研究中被广泛采用。

第四节 理论模型分析方法

随着越来越多的研究聚焦到行为金融学领域,这一领域也开始出现一些理论模型来刻画人们的决策行为。理论模型的出现使得行为金融学的分析更加规范化,但是有时也受到假设过于严格且不符合实际的诟病。

以经典的羊群行为为例。在对羊群行为的研究中,出现了一些经典理论模型,给后来的研究者提供了基础。下面介绍一些关于羊群行为的重要理论模型。

一、巴纳吉(Banerjee)模型

1992年,阿比吉特·巴纳吉在其《一个羊群行为的简单模型》一文中提出了羊群行为中的一个经典序列模型——巴纳吉模型(Banerjee,1992)。在这个模型中,市场中的投资者在不确定别人的决策是否正确的情况下,仍然会放弃自己的信息而跟随别人的决策。模型中资产的集合为[0,1],定义

$z(i)$ 为第 i 种资产的收益率,存在唯一的 i^* 使得对于所有的 $i\neq i^*$,有 $z(i)=0$,且 $z(i^*)=z(z>0)$。每个投资者都希望可以投资 i^*,但是没有人准确地知道 i^* 是哪一种资产。每个投资者都有 α 的概率收到信息,即 i^* 是 i',这个信息当然不会完全可靠,其错误的概率为 $1-\beta$。如果信息错误,那么关于 i^* 到底是哪种资产没有任何信息。在该序列模型中,决策是依次做出的。首先,随机地抽取第一个人先做决策,其次,再随机抽取第二个人做决策,第二个人可以观察到第一个人所做的决策,同时可以获取私人信息作为自己决策的依据。但是第二个人并不知道第一个人的信息是否正确。以此类推,之后的每个决策者都可以根据前面决策者所做的决策和自己的私人信息来做出选择。在所有人都做出决策之后,将公布正确结果。最后,决策正确的人可以获得一定的报酬。

结果显示,人们的决策存在羊群行为。如果前两人的决策都是错误的,后面的决策者也会跟随做出错误的决策,羊群行为产生。即使第 k 个人之前的所有人做出的决策都不相同,当第 k 个人决策时,如果之前有人的选择和他自己的私人信息一致,那么第 k 个人会根据自己的私人信息进行选择,后面的决策者此时便会跟随 k 的选择;而如果第 k 个人没有私人信息,那么他会在前面已选的 i 中选择价值最高的,这时后面的决策者也会做出和第 k 个人相同的选择,从而羊群行为发生。在这个模型中,没有人做出正确选择的概率为 $[1-\alpha(1-\beta)]^{-1}(1-\alpha)(1-\beta)$,如果 β 非常小,那么这个概率将接近于 1。也就是说,如果其接受的正确信息的概率很小的话,错误的羊群行为发生的概率将会很大。

二、BHW 模型

BHW 模型也被称作信息流或信息瀑布模型,在该模型中,苏希尔·比赫昌达尼、大卫·赫什莱佛和伊沃·韦尔奇创造性地提出了信息流的概念(Bikchandani,Hirshleifer and Welch,1992)。作为羊群行为的经典模型之一,该模型的核心仍然是决策者忽略自己所拥有的私人信息,而选择跟从前面决策者的决策。这里,沟通和信息是形成羊群行为的原因,其中沟通是指决策者在做决策之前对已经做出的决策的观察。这个模型也是一种序列模型,每个人做出的决策都将作为信息在决策序列中流动,形成信息流,对后面的决策者造成影响,从而产生羊群行为。

具体地,该模型假设有 n 个决策者依次做出决策,决策分为接受和拒绝两种。C 为决策成本,V 为收益,其中 $V=0$ 或者 $V=1$。在没有其他信息的前提下,决策者接收到 H 信息则选择接受,接收到 L 信息则选择拒绝,有 $P(H/V=1)=p$,$P(H/V=0)=1-p$。对于随机开始的第一个决策者,如果他收到的信息为 H,则选择接受;如果他收到的信息为 L,则选择拒绝。对于第二个人,如果第一个人选择接受,那么当她接收到的信号为 H 时,选择接受;当她接收到的信号为 L 时,将有 $1/2$ 的概率选择接受,$1/2$ 的概率选择拒绝。对于第三个人,如果前两个人都选择接受,他也将接受,形成接受的信息流;如果前两个人都选择拒绝,他也将拒绝,形成拒绝的信息流;当前面两个人一人接受一人拒绝的时候,他选择接受的概率在不考虑自己的信息的时候将为 $1/2$。用简单的概率计算可以得到,在 n(n 为偶数)个人之后,不形成信息流的概率为 $(p-p^2)^{n/2}$,形成接受和拒绝的信息流的概率均为 $[1-(p-p^2)^{n/2}]/2$,由此可见,只要 n 足够大,形成信息流的概率将为 1,即羊群行为最终会发生。

三、非序列模型

上述两个羊群行为的经典模型都是序列模型,即决策者是依次做出决策的,而且已经做出的决策不可更改,即决策的过程是不可逆的。但是这显然不符合金融市场的实际情况,投资者往往是同时存在于金融市场内,而且其决策过程必然不会是依次做出的。因此,安德烈·奥尔良(Andre Orlean)提出了非序列模型,此模型研究在不确定的环境下一群相互作用的决策者集体学习的过程。在该模型中,每个决策者都可以接收到两类信息,一类是每个人的私人信息,另一类是观察别人的决策后得到的信息。结果显示,当决策者赋予后者的权重比较大时,便会形成羊群行为(Orlean,1995)。

此外,在行为金融学的理论模型分析方面,还有基于博弈论的投资行为的理论分析方法。经济博弈论是研究经济活动中的行为人在策略互动时的策略选择行为,该理论既考虑到了标准经济理论中的完全理性人的行为,又涉及对有限理性行为人的讨论,因而将博弈论引入投资行为分析,可以在标准金融学与行为金融学之间架设一道沟通的桥梁。从这个意义上说,行为金融学并不是对标准金融学的否定,而是对标准金融学的补充与完善,使之更加贴近实际。所以,行为金融学迟早会融入到标准金融学中这一观点,是很有道理的。

第五节 计算实验方法

通过计算机方法和对人工智能技术加以设计、以计算机实验为基础的金融经济学研究活动,被称为"基于代理人的计算金融"或计算实验金融学。随着计算机能力的加强,市场可以看作是一个复杂的动态系统,依托基于"多重代理系统"的计算机仿真技术和行为金融学的基础理论,可以研究金融市场中相互作用的微观个体的行为规律及其对市场整体运动的影响。根据利·特斯福德森(Leigh Tesfatsion)的研究,个体有着广泛的含义,既可以是那些活跃的不断学习并收集数据的决策者,例如投资者、消费者和劳动者,或者是社会团体例如公司、银行和家庭,或者是机构例如市场、监管系统,也可能是一些非生命的个体,例如基础设施(Tesfatsion,2006)。如果个体能够通过学习更有效地达到其目标,或者能够持续地适应环境,那么人工智能就可以发挥作用。拉里·爱泼斯坦概括了个体模型的一些关键特征(Epstein,2006)。首先个体是异质性的,它们的特征可能随着时间发生改变;其次个体之间的联系是自发的,可以是集中的也可以是分散的;最后,对于个体模型的非均衡动态分析与均衡分析是同样重要的。实验的思想是仿真实验思想在金融市场的延伸,布雷克·勒巴隆(Blake LeBaron)认为大量可用来分析的价格和交易数据是用来进行仿真实验的基础,同时也可以用财富和收益近似地表示个体学习效果,最后得到的仿真结果和市场实证结果之间有着强烈的关联(LeBaron,2006)。

人工股票市场(Artificial stock market,ASM)是计算实验金融研究的基本模型和工具。ASM已经由最初的少策略、单资产模型发展为复杂策略、多资产模型。一个标准的ASM模型的过程如图4.1所示。建模者需要选择个体的偏好、目标、证券性质、价格决定机制、预期形成机制、进化与学习算法、时间因素以及参照点等。个体对环境的观察事实上是对信息流的过滤,个体特征决定了它们的行为,这也导致了个体从观察到行为的转变。个体之间的相互影响在市场中发挥作用,进一步形成市场价格。在一个支持适应和学习的模型中,个体之间的相互影响以及形成的市场价格将产生反馈的信号,使系统进行再适应或者个体学习。在这个往复的过程中,个体特征将会发生改变以适应不断改变的环境。

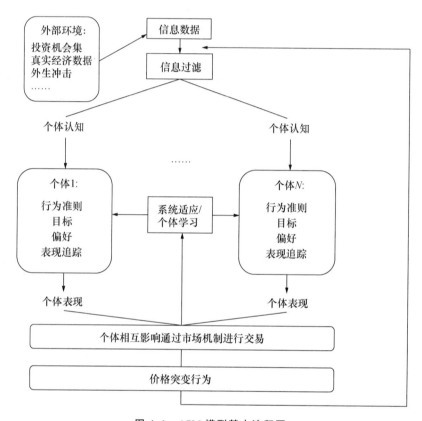

图 4.1　ASM 模型基本流程图
资料来源:van den Bergh et al.(2002)。

金和马科维茨提出的常数比例组合保险模型是早期的一个典型的少策略模型(Kim and Markowitz,1989)。该模型中有两类个体,其中一类个体追求的是组合再平衡策略,另一类个体追求的是组合保险策略。组合再平衡策略的目的是让风险资产在资产组合中占有一个固定的比例,而组合保险策略的目的是确保一个最低的财富水平,一旦这个最低的财富水平不能被满足,它们便会卖掉持有的一些股票。再平衡策略就像市场中的一个稳定力量,如果股票价格下降,将会刺激对股票的购买;而组合保险策略则放大了股票市场的波动,如果股票价格下降,将会导致股票被卖出以维持一个最低的财富水平。由货币冲击导致的不确定性,在简单的预期和决策行为尤其是组合保险策略下,将会给市场带来很大的不稳定性,这也是金融危机产生的原因之一。

圣塔菲(Santa Fa)研究所提出了一个SF-ASM模型。该模型由布莱恩·亚瑟(Brian W. Arthur)、约翰·荷兰德(John H. Holland)、布雷克·勒巴隆、理查德·帕尔默(Richard G. Palmer)和保罗·泰勒(Paul Tayler)于1997年提出,是复杂策略和多资产模型的开端(Arthur et al.,1997)。在这个模型中有两种证券,一种是提供分红的风险资产,另一种是提供恒定利率的无风险债券。模型中的个体是异质的和短视的,即只考虑当期的情况,且绝对风险厌恶的偏好保持不变。它们希望能够利用简单的"状态预测法则"对下一期的股票价格进行预测,然后将预测的结果加入它们的资产需求函数中。在给定供给的情况下,均衡价格由总需求决定。每一个个体会被给定一组状态预测法则,这些法则将会不断进化。最终研究发现,在一些特定的参数选择下,例如"学习缓慢"的情况下,SF-ASM模型的市场价格将会与同质性和理性预期下的均衡市场价格趋同。同时,这个模型也可以产生一些与真实金融市场相近的价格的统计特征。

另一个金融市场模型是由马可·拉博特(Marco Raberto)、西尔瓦诺·辛寇蒂(Silvano Cincotti)、赛尔焦·福卡尔迪(Sergio M. Focardi)和米歇尔·马切西(Michele Marchesi)于2001年提出的热那亚人工市场(Raberto et al.,2001)。在最初的模型中,交易者们将随机产生有限的买卖指令。在随机情况下,交易者们首先决定它们是买家还是卖家,然后根据它们的预算约束产生有限的买入或卖出的指令。在这些不同情形下所产生的价格是一个随机变量。与之前市场不同的是,这些交易者们相对来说没有那么复杂。比如,拉玛·康特(Rama Cont)和让·鲍查得(Jean P. Bouchaud)在研究中发现了交易者们的集群行为(Cont and Bouchaud,2000)。买方和卖方将会组成更大的集合,然后共同行动。在这个市场中,指令在一个较短的时间内被全部收集,此时基于这些指令所产生的供给曲线和需求曲线的交点就是市场的出清点。热那亚人工市场可以产生没有相关性的股票收益率、厚尾收益率分布以及持续的价格波动。

表 4.1　两大类 ASM 模型的比较

	与生俱来的行为准则模型	支持系统自适应的模型
模型目标	解释异常的市场动向,提供实证分析的结果,分析市场如何达到均衡,比较理论模型基准	解释异常的市场动向,提供实证分析的结果,分析市场如何达到均衡,比较理论模型基准,检验新的投资策略,分析策略的进化演变与稳定性
个体性质	通常是少类型的、天生的准则	通常是多类型的、动态变化的准则
系统自适应	没有或者很少	有,通过进化选择或者个体学习
个体学习	没有	可能有,依据神经网络、计量预测、刺激响应和加强学习等
个体类型分布	建模者给定	初始状态由建模者给定,但会随着系统自适应的结果发生改变
模型结果	自发的系统特征,市场价格动态机制	自发的系统特征,市场价格动态机制,个体类型分布,策略进化,可能的新策略

资料来源:van den Bergh et al.(2002)。

当前的 ASM 模型主要用于资产定价和解释市场异象等方面。对这些模型最主要的批评是模型中含有太多的参数,很多参数的作用机制其实并没有被很好地理解。同时,由于这类金融模型发展的历史不长,不同的学者常常使用不同的方法来设计和处理模型,尚缺乏统一的法则(见表 4.1)。另一个批评是如果增加新的交易策略,模型的结果常常是不稳定的。其他一些批评还包括交易资产太过简单,比如模型中通常涉及一个风险资产和一个无风险资产,而且无风险利率通常是固定的,这使得在模拟的市场环境下的交易量规模受到限制。

应用到行为金融学上,张维、赵帅特、熊熊和张永杰于 2010 年提出计算实验方法有其自身优势(张维等,2010)。因为是面向个体建模,非常适宜投资者异质性的假设,通过对参数和结构的设计,可以编辑投资者的消费习惯、风险偏好、交易策略和个体间的相互影响等,计算实验方法强大的计算能力为这些设定提供了技术条件。另外,借助计算实验方法可以检验和评价行为金融学理论的科学性,且其自下向上性可以从微观个体层面辅助解答一些长期争议的问题。

一些文献在仿真结果的基础上,引入行为金融学理论对结果进行解释或者扩充已有的理论内涵。托马斯·勒克斯(Thomas Lux)和米歇尔·马切西尝试在羊群行为模型的投资者假设基础上建模,在一个包括多个体在内的框架下对波动聚类性进行解释(Lux and Marchesi,2000)。市场中存在两种策略,一种是基本面交易策略,基本面交易者会根据股票未来潜在分红的基本面信息进行投资决策;另一种是技术分析策略,技术分析者会通过股票价格时间序列的技术特征进行投资决策。人们基于观察到的支付结构的不同来选择和转换自己的策略。做市商通过供给和需求信息来确定价格。研究发现,当技术分析者的数量超过一个限度时,波动率会大幅上升。同时,投资者策略的转换将会加大市场波动,基本面投资者的数量将随着个体数量的增加而增加。高桥(Hiroshi Takahashi)和寺野(Takao Terano)将投资者分为两类,一类是基本面分析者,一类是趋势投资者,后者通过预测股价趋势来投资(Takahashi and Terano,2003)。他们把展望理论中的损失厌恶——即相同数量的损失比利润对人们的效用影响更大——运用在投资者对下期股价的预测中。其研究发现:当基本面投资者和趋势投资者在市场上的数量一样时,在自然选择下,最后的交易价格将偏向于基本面投资者;当趋势投资者的数量占比很高时,交易价格将会偏离股票的基本价值,趋势投资者将得到超额收益;当趋势投资者对损失的估计过大时,交易价格会大幅度地偏离基本价值。这与展望理论的结论相吻合。

一些文献在建模过程中直接引入行为金融学理论,将心理特征引入到模型中。迪迪埃·索尔内特(Didier Sornette)和周卫星(Wei-Xing Zhou)扩展了 ASM 模型,将股价过去的实现情况作为一个动态的影响因子,以反映过度自信的影响(Sornette and Zhou,2006)。他们利用物理学上的伊辛模型,发现当且仅当个体是过度自信的,同时将新信息对预测收益率的有效性归因于羊群效应时,能够比较好地模拟现有的金融市场的一些事实。就我国研究而言,将行为金融学和计算实验方法相结合的研究目前并不多。其中应尚军等人(2003)将从众心理作为投资心理的指标,用个体投资的概率来反映投资心理,利用元胞自动机模型研究心理因素对股票市场的影响。其研究认为,当市场情绪稳定时,从众概率随机分布,股票市场遵循诱骗的随机游动;当市场情绪不太稳定,从众心理较强时,容易形成羊群效应并造成大的市场波动,且市场的稳定性随着从众概率的上升而降低。

第五章 行为金融学学科前沿

作为金融学的一个新兴领域,行为金融学将金融学与心理学和行为学相结合,形成了一套独特的理论体系。正是由于其前沿性,行为金融学尚在不断发展,并逐渐与标准金融理论相结合,从心理学和行为学的角度对市场中的异常现象进行解释。比如,行为金融学与公司金融学理论相结合,诞生了行为公司金融理论;与标准的期权定价理论相结合,诞生了行为期权定价理论,等等。本章将对行为金融学的学科前沿问题进行介绍。

第一节 开放式基金

证券投资基金是指通过公开发售基金份额的方式进行资金募集,由基金托管人托管,由基金管理人管理,以资产组合方式投资于股票、债券等金融工具的一种集合投资方式,利益共享、风险共担,具有分散风险、专业化等多种优点。根据基金规模是否可变,可以将共同基金分为开放式基金与封闭式基金。开放式基金是指在基金设立之初发行的基金总额并不设立上限的基金。开放式基金每天会公布净值,且可以进行申购或赎回。投资者有权利自行决定购买或出售开放式基金。因此,开放式基金有较好的流动性,投资和退出都较为灵活。封闭式基金是指在设立基金时已经确定基金的发行规模和运作期限的基金。发行基金后,整个基金采取封闭管理的运作方式,一般来讲基金总额不会再增加,有效期也不会延长。封闭式基金的持有者在封闭期内不得进行申购或赎回,只能在二级市场上进行购买或出售,这也导致了封闭式基金的净值通常与其在二级市场上的价格有所差别。

开放式基金产生于19世纪70年代,于20世纪80年代得到了大规模发展,并超越了封闭式基金在市场中占据了主导地位。比如,美国、英国等地的基金市场均有90%以上的基金是开放式基金。我国首只开放式基金是于2001年9月21日成立的华安创新证券投资基金,主要投资于创新类型的上市公司。时至今日,我国开放式基金仍有很好的发展势头。

一、开放式基金赎回异象

与封闭式基金相比,开放式基金的优点之一在于可以随时按照基金的单位净资产值进行申购与赎回。这使投资者有更灵活的退出方式,也避免了由二级市场供求状况所导致的基金在二级市场上价格与净值的偏离。从理论上讲,由于可以随时进行申购和赎回,开放式基金应该能够产生"优胜劣汰"的效果:净值上涨的基金受到投资者的喜爱而供不应求,净值下跌的基金则面临赎回的困境。然而,我国开放式基金市场上的投资者似乎并没有按照常理进行投资或撤资,他们的行为似乎更像是遵循了"劣胜优汰"的机制——净值上涨的基金不受欢迎而净值下跌的基金却颇有市场,进而形成了我国开放式基金的赎回异象。

赎回异象可以从市场与单只基金两个角度来理解:在基金市场整体上,基金净值上涨时却发生大面积的赎回;在单只基金个体上,表现越好的基金面临的赎回压力越大。这一异象与常理相悖,对于基金经理管理基金的积极性、基金市场乃至整个证券市场的稳定性都有不利的影响,也使得开放式基金相对于封闭式基金的典型优点不复存在,背离其设立的初衷。

田穗(2006)利用我国 2001 年至 2005 年 7 月 15 日之前上市的 141 家开放式基金的数据,对开放式基金的赎回现象进行了实证研究。样本基金被分为股票型、债券型、混合型和货币型。研究发现以下现象:① 各类基金发展不均衡,货币基金的规模和增幅都显著好于其他类型的基金;② 开放式基金规模与运作时间成反比;③ 基金规模与业绩之间呈现负相关关系。为了更好地说明并补充解释上述现象,同年赵楠和李维林(2006)在基金个例研究的基础上,通过回归的方法探究从 2005 年 3 月到 2006 年 3 月的 117 只开放式基金的基金净赎回率与基金净值增长率、基金净值和已上市时间之间的关系。结果显示,基金的净赎回率与净值增长率呈现高度的正相关,这说明基金的业绩越好,净赎回率越高。姚颐和刘志远(2004)用探索性研究和实证研究的方法分析了开放式基金的赎回异象,得出了赎回率与基金业绩增长呈正相关并且极值异常的结论,即随着基金业绩增长,赎回率不降反升;当累计净值增长率最高时资金流向仍为赎回,而当累计净值增长率最低时却出现净申购。这说明整体看我国开放式基金市场上确实存在"优汰劣胜"的现象。陆蓉等人(2007)则从偏股型基金的角度证实了我国开放式基金市场上"反向选择"的赎回行为的存在：开放式基金业绩的提高并没有带来资金的净流入，反而表现为赎回的增加。李芸(2013)拓宽了既有研究，从股票型基金和债券型基金两个角度进行讨论。研究表明，在股票型基金中存在着显著的"赎回异象"，而且基金规模越大，净赎回越多。但是在债券型基金中基金业绩与资金流量的关系则呈现正相关性，即债券型基金中并不存在赎回异象，而且与股票型基金不同的是，债券型基金的基金规模与净申购率呈负相关。

二、赎回异象的行为金融学解释

标准金融理论很难解释的开放式基金赎回异象，在行为金融学领域得到了部分的解释。从行为金融学的视角来看，开放式基金的赎回异象主要是由投资者情绪和心理导致的，可以总结为以下几点。

第一，处置效应。根据展望理论，投资者的行为受到其主观决策参照点的影响，而这一参照点的确定未必是理性的结果，而很可能受到各种行为因素的影响。同时，投资者存在损失规避的心理倾向。损失规避体现在价值函数上表现为：盈利部分的价值函数为凹函数，亏损部分的价值函数是凸函数。当基金盈利时，投资者希望能够"落袋为安"，表现出极大的风险厌恶，因此选择赎回基金以实现真正的收益；反之，当基金亏损时，投资者尽可能地避免实现真正的损失，因此选择保留亏损股票，表现出风险偏好。

第二，噪声交易者。尽管处置效应是在各个细分的证券市场中都会存在的现象，但是其对不同市场的影响程度却有所不同，影响程度会受投资者的组成结构等因素的影响。我国开放式基金市场中有大量的个人投资者，他们的投资行为容易受他人影响、以短线操作为主、受心理因素影响大，与机构投资者相比更类似于噪声交易者。因此，大量个人投资者的存在放大了处置效应的作用，进而导致我国开放式基金市场出现赎回异象。

第三，羊群行为。羊群行为研究是行为金融学研究的一个重要方面，指人的思考和行为倾向于与大多数人保持一致的特征。很多实证研究表明，我国证券投资基金表现出高度的羊群行为：投资结构雷同、投资理念趋同、投资风格相似、持股集中程度很高、投资行业集中在金融保险等。比如，投资结构雷同一方面是非理性心理的表现，另一方面反映的是我国资本市场产品不足的问题。我国企业上市流程不顺畅、排队时间长、寻租空间大，且开放式基金可选择的投资产品不多,从而导致开放式基金的投资结构趋同,并且蕴含了巨大的结构性风险。具体而言,某一只基金大规模减持某公司股票的行为会导致该公司股价大幅度下跌,进而导致其他开放式基金的净值受到重挫,继而引发大规模的赎回和系统性的流动性风险。

第四,心理账户。根据行为金融学的心理账户理论,投资者心中一般有多个心理账户,对每一个心理账户都会采取不同的选择。但是在考虑问题时,投资者往往忽略各个心理账户之间的联系,而只关注某一心理账户,将本应该整体考虑的问题切割成若干个分离的心理账户进行考虑。当投资者发现开放式基金市场中存在投资结构雷同的现象时,便会意识到即使一只基金具有非常好的业绩表现,它也很可能受到其他基金操作和整个市场走势的影响而一蹶不振。此时,开放式基金就可能会在投资者心中形成另外一个心理账户。在这个心理账户中,投资者对开放式基金未来的收益持有很强的怀疑态度,在基金净值上涨时希望能够尽早实现收益,从而导致开放式基金的赎回异象。

第五,过度自信。与处置效应的分析类似,过度自信的投资者往往不能接受自己决策失败而导致的损失。他们一般是以现金账户上是否亏损来判断投资收益。因此,没有真正实现的亏损都不被认为是亏损,故亏损的基金会被持有。相反,一旦基金产生收益,过度自信的投资者又会急于赎回基金以证明自己的投资能力。

第二节 期权与商品期货

行为金融学对标准金融学中的期权与商品期货理论进行了拓展和补充,形成了行为金融学的期权和商品期货理论。

一、期权

(一)标准期权定价理论

期权产品可以分为看涨期权和看跌期权。看涨期权的持有者有权利在将来某一特定时间以某一特定价格买入某种资产,看跌期权的持有者有权利在将来某一特定时间以某一特定价格卖出某种资产。合约中所指的特定价格为执行价格或敲定价格,合约中所指的特定时间为到期日或期限。美式期权是指期权持有人在到期日之前任何时间都可以选择行使期权,欧式期权是指期权持有人只能在到期日才能选择是否行使期权。期权赋予持有者去做某一项事情的权利,当然持有者可以选择不去行使这一权利,因为他们必须付出一定费用才能拥有期权。期权的买入方被称为持有多头,期权的卖出方被称为持有空头,卖出期权也称为对期权承约。

在标准金融学的期权定价理论中,有一个简单却非常有效的方法,即二叉树模型。二叉树模型假设基础资产的价格服从随机游走,并使用无套利分析的方法进行定价。将二叉树模型的步长取到足够小时,得到的欧式期权价格可以收敛到布莱克-斯科尔斯(Black-Scholes)价格。布莱克-斯科尔斯期权定价理论是期权定价理论中最经典、最基础的方法之一(Black and Scholes, 1973)。布莱克-斯科尔斯理论需要满足如下假设:① 股价遵循几何布朗运动,即 $\frac{dS}{S} = \mu dt + \sigma dz$,其中单位时间内已知的一个收益率变化为 μ,被称为漂移项,被看作是一个总体的变化趋势;随机波动项为 σdz,被看作是随机波动使得股票价格变动偏离总体趋势的部分。$dz = \varepsilon \sqrt{dt}$ 服从均值为 1、方差为 dt 的正态分布。② 不考虑交易费用和税收等因素,也不考虑保证金问题。③ 不考虑资产价格突然跳动的情况。④ 标的资产可以被自由买卖,允许被卖空,而且所有的证券都是完全可分的。⑤ 期权是欧式期权。⑥ 在期权有效期内,无风险利率保持不变。⑦ 在衍生品有效期内,股票不支付股利。⑧ 所有无风险套利机会都已经被消除。基于以上假设,根据风险中性的定价原则,可得到适用于无收益资产的欧式看跌期权的定价公式:

$$p = Ke^{-r(T-t)}N(-d_2) - S_0 N(-d_1)$$

其中,

$$d_1 = \frac{\ln(S_0/K) + (r + \sigma^2/2)(T-t)}{\sigma \sqrt{T-t}}$$

$$d_2 = \frac{\ln(S_0/K) + (r - \sigma^2/2)(T-t)}{\sigma \sqrt{T-t}} = d_1 - \sigma \sqrt{T-t}$$

在实证研究中往往需要对波动率进行估计。波动率的估计方法如下:定义 $n+1$ 为观测次数,S_i 为第 i 个时间区间结束时的股票价格,$i = 0, 1, \cdots, n$,τ 为时间区间的长度,以年为单位。令

$$u_i = \ln\left(\frac{S_i}{S_{i-1}}\right), \quad i = 1, 2, \cdots, n$$

μ_i 标准差的估计值 s 为

$$s = \sqrt{\frac{1}{n-1}\sum_{i=1}^{n}(u_i - \bar{u})^2}$$

或

$$s = \sqrt{\frac{1}{n-1}\sum_{i=1}^{n}u_i^2 - \frac{1}{n(n-1)}\Big(\sum_{i=1}^{n}u_i\Big)^2}$$

则对波动率的估计为

$$\hat{\sigma} = \frac{s}{\sqrt{\tau}}$$

对于欧式看涨期权,其定价与之类似,只是微分方程的边值条件不同。最终得到欧式看涨期权的定价公式为

$$c = S_0 N(d_1) - K e^{-r(T-t)} N(d_2)$$

(二)行为金融学下的期权定价方法

标准金融学中的期权定价方法主要是二叉树模型和布莱克-斯科尔斯公式,然而随着现代金融理论的不断发展,上述模型的缺点不断显露出来。很多学者因此从行为金融学的角度对期权定价公式进行了拓展。茅力可和张子刚(2005)根据不同假设,将基于心理账户的期权定价模型分为三类:一类是期权和股票在一个心理账户,而债券在另外一个心理账户;一类是债券和期权在一个心理账户,而股票在另外一个心理账户;另一类是债券、期权、股票各自在一个心理账户。他们通过将其与基于无套利机会的期权定价模型进行比较分析,发现根据基于心理账户的三种期权定价模型得到的价格受到股票价格运动的实际概率的影响,因此更加符合投资者依据直觉的投资习惯。郑超亮、李健和袁文俊(2006)认为投资者的过度自信心理会影响期权定价。他们通过引入不同风险偏好类型的投资者的价值函数和决策权重函数,对二叉树模型进行了拓展,发现当市场处于悲观时,风险偏好投资者与风险中性投资者总体上的行为金融定价略高于标准模型定价,当市场处于乐观时,行为金融定价远高于标准模型定价;而对于风险厌恶的投资者,行为金融定价总是低于标准模型定价。韩立岩和周娟(2007)指出,除了市场风险溢价之外,"真正"的不确定性,即奈特(Knight)不确定性会影响当事人的行为选择进而影响资产价格。他们得出奈特不确定环境下的期权定价模型,运用模糊测度参数 λ 和非可加概率的绍凯(Choquet)积分得出欧式无股利期权的价格区间,并选取在深圳证券交易所上市的股票五粮液作为

标的资产进行实证检验。值得注意的是,参数 λ 的变化能够反映投资者情绪的大小。姜伟(2008)在行为金融学的框架下研究了受过度自信投资心理影响的资产定价模型,指出过度自信程度会影响风险溢价的大小,构建了过度自信下的二叉树模型、布莱克-斯科尔斯模型和实物期权定价模型,并且通过案例分析发现,同样程度的过度自信对于不同实物期权的影响是不同的。姜继娇和杨乃定(2008)利用相对财富和习惯形成效用函数来拟合更贴近现实的投资者的有限理性行为,以均值-熵作为风险量度在两个心理账户之间配置资金,结合两心理账户下的 BPT 模型和盖斯克(Geske)复合期权范畴建立了复合实物期权定价模型。于小沣(2008)结合展望理论和心理账户概念,假定投资者将股票和期权放在同一个心理账户,将债券单独放置在另一个心理账户,得出股票的欧式看涨期权价格。他针对芝加哥期权交易所的 50 个期权产品的重要参数进行实证检验,并与传统二叉树模型比较,对二叉树模型进行了更具市场解释能力的修正。闫增利(2011)在详细介绍传统二叉树、三叉树和多叉树模型的基础上,利用展望理论和心理账户理论给出了基于行为金融学的二叉树、三叉树和多叉树模型,并以我国权证市场为研究对象,对修正后的模型进行检验和实证分析,指出基于行为金融学的二叉树模型更具解释能力且反映了我国权证市场的非理性特征。阮青松和吕大永(2013)在传统二叉树模型的基础上引入投资者情绪变量。投资者情绪会通过行为随机折现因子和影响标的资产的期末价值运动概率来影响期权的价值,由此可以推导出由标准期权定价模型给出的理性价值和投资者情绪影响下的情绪价值两部分组成的欧式看涨期权定价模型,发现投资者情绪与期权价格具有正相关关系。郭文英和谢飞(2013)关注投资者行为本身的异质特征,引入反映不同投资者情绪的参数 λ,得出欧式无股利看涨期权和看跌期权的价格预期,并得出投资者越乐观看涨期权的预期价格越高且理性投资者的预期价格与布莱克-斯科尔斯公式一致的结论。乔龙威(2015)引入心理账户和累积展望理论来提升标准期权定价模型的精度,并利用香港恒生指数认购期权的交易数据对基于该期权定价模型的合理性进行实证检验,将二叉树模型、布莱克-斯科尔斯模型和该期权定价模型进行比较分析,发现基于心理账户和累积展望理论的期权定价模型具有优越性。

从以上研究可以看到,标准金融定价理论已经逐渐难以真正反映金融市场中期权价格的决定机制。行为金融学认为有限理性投资者的心理活动在投资理念、投资决策和市场定价中起着关键作用,否定了标准金融学过于苛刻的假设。行为金融学或许是金融衍生品定价尤其是期权定价的一个新方向。

(三) 隐含波动率

事实上,在布莱克-斯科尔斯公式中由当前期权价格、基础资产的同期价格、期权执行价格、距离到期日的时间和无风险利率水平可以倒推出波动率的大小。但是,由这种方法得到的波动率与前面估计得到的波动率是不同的,它是隐含在布莱克-斯科尔斯公式中的期权波动率,被称为隐含波动率。正如资产价格中能够包含一些信息,例如宏观经济和公司经营状况等,通过价格倒推出来的隐含波动率也能包含众多信息,例如反映市场参与者对资产未来回报的预期。隐含波动率增加意味着投资者对未来资产价格走向的判断不明朗,隐含波动率降低意味着投资者对未来价格走向有着比较明确的判断。实证研究表明,期权的隐含波动率往往呈现出"微笑"形状,即随着期权执行价格的上升,隐含波动率呈现先下降后上升的趋势(见图5.1、图5.2)。赫什·舍夫林也画出了具有同样的基础资产、同样的到期时间的看涨期权和看跌期权关于执行价格的隐含波动率走势图,他发现两条隐含波动率曲线并没有重叠,而是看跌期权落在看涨期权的上方(Shefrin,2005)。

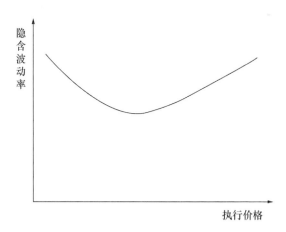

图 5.1　外汇期权隐含波动率的微笑形状

资料来源:Shefrin(2005)。

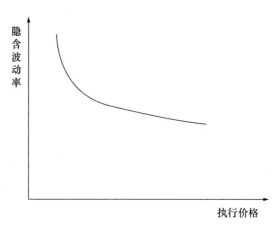

图 5.2　股票期权隐含波动率的微笑形状

资料来源：Shefrin(2005)。

然而根据布莱克-斯科尔斯期权定价模型的假设，期权波动率应该为常数，且看涨期权和看跌期权的隐含波动率曲线应该重合。那么，如何理解这种不一致性呢？标准金融学经常从基础资产不满足几何布朗运动、资产价格存在跳跃不符合布莱克-斯科尔斯公式连续变动的假设、期权市场存在市场溢价、交易成本的存在和不对称性、报价机制与价格误差等角度进行解释。然而行为金融学的不断发展，为"隐含波动率微笑之谜"提供了新的解释思路。

谢尔登·纳腾伯格(Sheldon Natenberg)将布莱克-斯科尔斯期权定价模型中蕴含的风险分为三类：第一类是来自期权执行价格的注入风险，第二类是来自模型过度假设的风险，第三类是来自现实交易中的实际风险。行为金融学从新的视角对第二类风险给出了解释，认为隐含波动性的出现说明期权交易者并不接受布莱克-斯科尔斯模型中关于基础资产价格符合几何布朗运动的假设(Natenberg,1988)。总体上看，市场倾向于过度反应，因此投资者并不能很好地预测市场未来的走向。当未预期到的市场波动发生时，会导致隐含波动率的变化。解决的办法是用一个厚尾和左右不对称的分布来代替对数正态分布。当然，这种"过度反应"的解释并不能被所有人接受。赫什·舍夫林指出过度反应的精髓在于隐含波动率对短期时间的反应，而长期波动率与其对应的短期波动率是呈相反方向变动的，因此无法得出长期波动率是否发生了过度反应的结论，也无法得出长期隐含波动率稳定的结论(Shefrin,2005)。另外,约翰·赫尔(John Hill)给出了股票期权隐含波动率微笑形状的另一个行为金融学上的解释,即交易员对股票市场暴跌的恐惧,并给出了现实的案例(Hill,2004)。

1987年10月,美国华尔街爆发了历史上最严重的一次股灾。道琼斯指数在一天之内重挫508.32点,跌幅达22.6%,创下自1941年以来单日跌幅的最高纪录。仅仅在6.5小时之内,纽约市场损失5000亿美元,其价值相当于美国全年国民生产总值的1/8。这次股市暴跌的影响不仅局限于美国,而且在全球股票市场产生了巨大的"多米诺骨牌"效应,全球主要金融中心的股票市场随后都出现了不同程度的下跌。事实上,图5.2所呈现的股票期权波动率的微笑形状是在1987年10月股票暴跌后才出现的,而在1987年10月之前隐含波动率与执行价格之间没有特别显著的关系。这使某些学者认为,波动微笑存在的原因也许是由于人们对股票市场暴跌的恐惧,是1987年股灾之后遗留的影响。交易员害怕市场上会出现类似上述情形的暴跌,因此对于深度虚值看跌期权赋予较高的价值,这同时造成了较高的波动率。另外,现实数据也为以上解释提供了一些证据。比如,S&P 500指数的下跌往往伴随着波动率倾斜程度的增加,这是因为交易员在股票下跌时会对可能出现的暴跌更加担心;而当S&P 500指数上涨时,倾斜程度会变小。

二、商品期货

期货合约是在将来某一指定时刻以约定价格买入或卖出某一产品的合约。期货合约交易在交易所内进行。为了能够进行交易,交易所对期货合约做了一些标准化。期货合约的交易双方并不一定知道交易对方,交易所设定了一套机制来保证交易双方会履行合约承诺。商品期货就是以基础资产为商品的期货合约,商品期货与其他期货合约的不同之处在于:① 商品在交割和保存过程中可能会产生费用,从而影响期货价格,故在定价时,收入和贮存费用不能忽略。② 商品既可以用于投资,也可以用于消费。③ 商品持有者会认为持有商品比持有期货合约能够提供更多的便利。由持有商品而带来的好处被称为商品的便利收益率。便利收益率反映了市场对将来能够购买商品的可能性的期望。商品短缺的可能性越大,便利收益率就越高。

(一) 商品期货市场中的直觉驱动偏差与无效市场

投资者情绪对期货市场能够产生重要的影响。我们看美国一个浓缩橘子汁市场的例子。美国的浓缩橘子汁市场是一个波动性很大的市场。如何解释这一现象呢？从需求方来看，橘子汁价格应该对浓缩橘子汁价格有重要的影响。而使零售橘子汁价格变动的因素都很稳定，例如消费者偏好、消费者收入、消费橘子汁的方式和替代品价格等，而且这些因素不会在短期内发生巨大的改变。既然需求方因素比较稳定，那么根据基本的经济理论，这必然意味着应该关注供给方因素，而影响供给的重要因素之一是能够对柑橘产量产生巨大影响的天气因素。需要说明的是，天气原因之所以会对整个市场产量产生巨大的影响，是因为美国橘子市场是一个高度地区化的生产市场，几乎所有用于制造浓缩橘子汁的橘子都生长在奥兰多和佛罗里达州附近。因此，佛罗里达州附近的天气状况几乎可以影响整个美国橘子汁市场的价格。

从1995年10月19日到1999年1月20日，浓缩橘子汁的现货价格发生了巨大的波动。根据前面的分析，短期内的大幅价格波动应该是对天气变化的反映。但是，我们考虑下面两个问题。问题一：天气变化导致了价格波动吗？1997年12月一股异常强烈的冷空气带来的冰冻威胁使供给量大幅减少，进而使浓缩橘子汁的价格出现上涨，当日的期货合约价格确实呈现出大幅上涨。但是在反映每个交易日最活跃的商品市场且列出影响价格变动的事件的《道琼斯新闻服务》中，对此次天气变化及其与橘子汁市场的关系都没有任何记录。这种信息的缺乏使一些学者怀疑期货价格是天气变化的反映吗？是对尚未收集到的信息的反映吗？还是仅仅是对彼此的行为和交易的反映？是关于天气和供求的信息导致了商品期货合约价格的变动吗？问题二：如果天气不变，那么价格会波动吗？比如，在不会有冰冻事件发生的夏季，例如1997年7月，即使天气没发生大的变化，期货价格仍旧会发生大幅波动。可见，这种价格波动并不是对天气变化所做出的反应。那么这就产生了一个问题：期货价格究竟是对什么信息做出的反应？

总之，浓缩橘子汁价格看起来相对于其对应的基本价值来说波动太大。影响橘子汁市场的主要因素是佛罗里达州的天气和来自巴西的柑橘供应。理论上看，如果有关于这两方面的新信息出现，则会使浓缩橘子汁期货价格产生较大的变动。但是事实表明,在基本面没有发生变化的情况下,期货价格仍然发生较大幅度的变动。因此,浓缩橘子汁期货市场的价格变动可以看作是直觉驱动偏差和市场无效的有力证据。

另外,随着研究范围的不断拓宽,商品期货市场中的过度自信现象越来越受到关注。过度自信是人们对自己能力和对信息的过度相信而导致的认知偏差。过度自信是投资者一种典型的非理性心理,它既会损害投资者的自身利益,又会影响资本市场效率。在我国对过度自信的研究最初集中于股票市场,近年来才逐渐拓展至其他市场。比如刘志新和薛云燕(2007)通过对在期货市场上占有相当数量的、秉持每日平仓投资策略的"即日交易者"为研究对象,对我国商品期货市场上投资者过度自信心理进行实证检验。研究发现,我国商品期货市场上的投机气氛较浓重,市场中的即日交易者中确实存在过度自信现象,且过度自信的程度与交易次数呈∩形曲线。因此,我国商品期货市场上的过度自信现象不容忽视,应通过外界指导来增强投资者的理性意识和风险意识。

(二)商品期货市场中的羊群行为

相对于股票和基金等市场,我国对期货市场中的羊群行为的研究起步较晚。彭青(2007)认为我国大豆期货市场不存在羊群行为,而豆粕和玉米期货市场上存在羊群行为。余罗钊(2013)认为我国商品期货市场由于发展相对不成熟等原因而有大量的羊群行为。他通过选取4年间我国商品期货市场中所有品种的交易数据,利用资本资产定价模型的横截面绝对偏离度方法进行实证研究,发现市场中存在显著的羊群行为,而且羊群行为的程度与市场行情有关。田利辉、谭德凯和王冠英(2015)使用我国27种已上市的大宗商品合约从2005年到2013年的期货市场数据进行分析,进一步区分了不同市场波动条件下的羊群行为,发现市场在一般波动状态下羊群行为显著存在,但是羊群行为在市场波动剧烈时并不显著。而且,我国的股市和商品期货市场之间不存在显著的溢出联动效应。

由此可见,在我国尚未发展成熟的商品期货市场中,存在很多标准金融学不能解释的投资心理与投资行为。一般来看,期货市场中的杠杆率更高,风险更大,若想在期货市场中获得超额收益,则需密切关注行为金融学视角下的市场特征。

第三节　金融危机后的新发展

2007年到2009年的金融危机给行为金融学的发展带来了新的高潮。罗伯特·海尔布罗纳(Robert Heilbroner)曾把经济学家称为"俗世哲学家",罗伯特·希勒认为对专业化的追求使经济学失去了一定的道德尺度。始于2007年的金融危机便是经济学专业人士的判断错误和智慧过失的证据。或许经济学家看到危机的一些要素,但却没有将所有要素都综合起来,因此没有预测到危机。金融危机让越来越多的经济学家开始反思标准经济学中的理性人假设和有效市场假说,给行为金融学的发展带来了新的契机。

一、动物精神

乔治·阿克洛夫(Geroge A. Akerlof)和罗伯特·希勒指出人类的动物精神使经济变得不稳定,必须将动物精神纳入经济考量之中(Akerlof and Shiller,2009)。这种动物精神可以表现在五个方面:自信及其反馈机制、基于公平的工资和价格、腐败的诱惑、货币幻觉和个人生活经历。比如,公司的股票价格并没有完全反映基本价值。股票市场中的正反馈机制加剧了股价的波动性。当股价下跌时,人们倾向于卖出股票及时止损,导致股价进一步下跌;当资产价格下跌时,借款人倾向于违约,金融机构的贷款意愿下降,导致资产价格进一步下跌……因此我们需采用新的金融管制让市场有效地运行,而这种新的管制中就需要考虑人们的动物精神。市场不仅给我们带来收益,也会给我们带来损失。有时,市场中充满着陷阱。比如,人们常常被广告吸引,但事实上对产品并不了解;人们常常最大限度地花费,然后担心如何偿还下个月的账单。因此,应该通过更多的改革和管制来减少市场给个体带来的陷阱。

安德烈·施莱弗指出,人类是直觉型思考者,但是人类的直觉是不完美的,这导致了其决策会偏离经济学模型预测的结果(Shleifer,2012)。他对现实中人们的认知偏差进行了丰富的研究。妮古拉·珍奈尔丽(Nicola Gennaioli)和施莱弗建立了有关直觉推断的模型(Gennaioli and Shleifer,2010)。行为人常常将从外部获得的数据与记忆中的信息相结合,来对一个假设进行评估。由于不同记忆的可获得性是不同的,因此这样的决策方式将带来代表性偏差。进一步地,研究者在代表性偏差的基础上建立了基于成见的模型(Bordalo et al.,2016)。当决策者对一个目标群体进行评估时,会过度看重这个群体的代表特征,其中代表特征的确定是基于这种特征出现在该群体中的频率,如果出现得非常频繁,就是代表特征。基于成见的这种方式的根本特点在于关注不同群体之间的差异性,以及由此带来的信念差异,特别是当不同群体非常相似的时候。当然,成见也受语境或者参照组的特点的影响。比如,通过考察公司管理者季度调查的数据,施莱弗发现公司的投资计划或者实际投资能够用管理者对盈利增长的预期来解释,而这种预期并不完全理性,其预期偏差能够从过去的收益中得到预测。

在资产管理方面,珍奈尔丽、施莱弗和维什尼认为投资者是基于信任选择管理者来管理资产组合(Gennaioli, Shleifer and Vishny, 2015)。对管理者具有较高的信任会减少投资者感知的投资风险,同时也有利于管理者收取相关费用。在实现均衡时,那些预期收益率较高的资产的管理费用较高。平均来看,尽管资产组合管理者的业绩低于整体市场,但是投资者依然愿意雇佣这些管理者来进行投资。特别是当投资者的预期存在偏差时,信任将使管理者采取迎合投资者的策略来进行投资。

佩德罗·波达洛(Pedro Bordalo)、珍奈尔丽和施莱弗提出了一个市场竞争模型,该模型认为消费者的注意力很容易被商家引导到产品最佳的、凸显的特征例如价格或者质量上,这被称为凸显理论(Bordalo, Gennaioli and Shleifer, 2016)。商家对产品的策略性定位会影响消费者对商品的认知。基于这种与注意力相关的外部性,由于提供不同质量产品的成本不同,在不同市场中会出现不同的凸显价格或凸显质量的均衡。因此,形成何种市场均衡在某种程度上依赖于提供不同质量产品的成本。当这一成本改变时,创新会给市场带来极大的转变,例如星巴克咖啡的去商品化行为。当然,这样的市场机制在标准经济学中并不存在,因为在标准经济学中消费者会平等地看待商品的所有特征。然而根据凸显理论,消费者的注意力会被吸引到甚至是最不寻常或最令人惊讶的特征中,从而导致他们在决策时过度看重这些特征。比如,如果社交媒体集中地报道油价变化,消费者的注意力就会被吸引到油价上,从而有利于低价汽油的销售。同时,他们还研究了凸显理论对法官决策的影响(Bordalo,Gennaioli and Shleifer,2015)。决策的环境会使案件的某些方面呈现凸显的特征,这导致法官在决策时过度看重这些凸显特征,虽然这些特征可能在法律上是无关的。

二、博爱的、慈善的金融

始于2007年的金融危机让人们开始质疑金融体系对于社会发展的作用,学者们由此引发思考,希望用金融创新来让金融更好地服务于社会。由于人们并不像标准金融学描述得那样完全自利,金融也可以是博爱的、慈善的,因此,实现这一目标是非常有可能的。

罗伯特·希勒在《金融与好的社会》一书中思考的核心问题是金融是否可以让我们的社会变得更好。他认为金融具有让社会变得更好、更公平的潜力(Shiller,2012)。当前的经济系统在很大程度上被金融制度所指引,金融制度越来越有影响力,这意味着人们会更平等地参与到金融系统当中,并且能够有效地利用信息和相关资源去发挥他们的优势。在新的金融理论的指导下进行金融创新,能够在一定程度上解决经济上的不平等。但是随着金融危机的出现,人们开始对金融体制表示不满甚至进行抗议,因此需要解决金融危机的深层次问题,而不仅仅是简单的贷款业务等问题。金融是使市场经济呈现繁荣的主要推动力,让社会变得更加繁荣的途径是放开而不是限制金融创新。

罗伯特·希勒在另一篇文章中指出,社会中的每个人都有不同的目标,而金融的要义是将个人目标集合起来形成集体目标(Shiller,2013)。比如,诗人或许可以独自完成诗歌的写作,但是诗歌的出版和推广则需要更多的人的参与。虽然我们经历了金融危机,但是金融理论的快速发展,例如行为金融学的兴起以及行为金融学和神经科学的结合,会给金融更好地服务社会带来更多的契机。比如,下述三个金融创新均有助于促进社会发展。一个金融创新是"社会影响债券",这是2010年由英国的非营利组织"社会金融"(Social Finance)向英国政府提议而设立的,用来降低犯人的再犯罪率。从本质上看,"社会影响债券"类似于一种风险投资,如果实现目标,则政府向投资者返还资金且奖励一部分利润;如果没有实现目标,则政府不进行任何返还。另一个金融创新是众筹,它利用网络平台将无数小投资者的小额资金汇聚成大额资金，使普通人可以获得从事某项活动的资金。美国于2012年通过了《创业企业融资法案》，这给予众筹法律上的支持。虽然众筹存在着很大风险，但是所有的创新都是需要不断更新和改进的。还有一个创新是一种新的公司形式——福利企业，它介于营利企业和非营利企业之间，员工往往更偏爱也更忠于这样的企业。以上这三个创新都可以为拥有相关知识的人提供利用知识去获取回报的机会。对行为金融学和数理金融学等相关学科的认识的加深，有助于我们更好地进行金融创新，处理金融危机背后的深层次问题，让金融体系更好地服务于建立一个更好的社会的目标。

另外，希勒主张放开代表国家GDP的宏观市场。他提议了一项金融创新，即买卖代表美国GDP的股票（Shiller，2006a）。该股票的价格会随着人们对发行国的宏观经济和GDP预期的变化而在市场上波动。比如，如果2011年美国GDP是14.5万亿美元，那么每持有一股该股票便可以获得14.5美元的分红；如果经济发生危机或衰退导致GDP下降，那么政府会减少对投资者的分红。这种股票的所有权是永续的，意味着政府只能通过回购份额的方式来终止自己的义务。希勒认为如果欧洲国家过去曾采取这项措施，那么就可以避免欧债危机，因为当发生欧债危机时，大量债务被延缓支付，导致市场恐慌并使利率上升，而发行这样的股票可以在一定程度上避免为债务重新融资所带来的风险。另外，政府也可以将即将到期的债务改为GDP股份来重新融资以缓解当前的预算危机。事实上，这项金融创新的运作机制非常类似于公司的股权融资。

三、金融市场的脆弱性和泡沫

珍奈尔丽、施莱弗和维什尼对金融市场的脆弱性进行了解释。他们认为当金融中介设计证券时，往往是基于以下两个假设：一是投资者甚至金融中介会忽略一些看似不可能发生的风险；二是投资者更加偏好能够提供稳定现金流的证券。金融中介为了迎合投资者的这些偏好，设计了看似安全但实际上风险被忽略的证券。当风险没有暴露时，证券会过度发行；当投资者意识到这些风险，则会投资于安全性较高的传统证券，从而增加了市场的易变性和脆弱性（Gennaioli，Shleifer and Vishny，2012）。另外，金融市场中的噪声交易者常常把噪声当作信息,这放大了情感因素带来的冲击,使得价格偏离基本价值,给市场均衡带来了远远超过噪声交易者在市场中所占比重的影响,这在一定程度上可以解释发生在2007年春季的对金融风险的普遍低估。

行为金融学对金融市场中的泡沫进行了较多、较深入的研究。其中,最有代表性的经济学家是罗伯特·希勒,他曾经成功地预测了金融市场的泡沫(Shiller,2000)。对于股票市场,他认为美国从1982年开始的经济繁荣从本质上看是投机泡沫,是不能用经济基本面来解释的。在经济繁荣的背后存在着12个可能的结构性因素,而自然形成的蓬齐过程放大了这些因素的影响。蓬齐过程简单来说就是一种反馈机制,是对原始诱发因素的过激反应,即过去的价格上涨提高了投资者的信心和期望,使投资者抬高股价以吸引更多的投资者,从而产生非理性繁荣。另外,非理性繁荣也与包括新媒体效应、锚定效应和羊群行为等在内的文化和心理因素相关。当然,也有一些学者持有不同的观点,认为非理性繁荣是来自于技术进步所带来的未来盈利的提升。对于债券市场,希勒也讨论了作为放大机制的蓬齐过程、新时期经济思想、包括新闻媒体等方面的文化因素,以及包括锚定效应和从众行为的一些心理因素。巴伯瑞斯、罗宾·格林伍德(Robin M. Greenwood)、劳伦斯·金(Lawrence J. Jin)和施莱弗建立了一个关于泡沫的外推模型。在模型中投资者对风险资产的需求是基于两个指标——过去的价格变动和资产被高估的程度,但是人们赋予每个指标的权重是不同且多变的。比如,关于基本面的利好消息会带来更大的价格泡沫,并且伴以更高的交易量(Barberis et al.,2018)。

在对金融泡沫进行预测之外,罗伯特·希勒也给出了警告和一些建设性建议(Shiller,2004)。他提醒人们,对股票市场的痴迷在某种程度上会加大股市的波动性,使金融体系像过山车一样起伏不定。他还提醒人们,对股票市场的痴迷会使人们无法关注更长期的经济前景,而未来的经济前景的价值应该是隐含在当前的资产价值中的。人们的财富正面临着由全球经济剧变所带来的种种风险,因此,应该利用现代信息技术和先进金融理论对基本风险进行管理,这些基本风险来自于工作价值、房屋价值、社区稳定以及国民经济稳定发展等,而这些风险常常被传统的风险管理制度所忽略。利用复杂的全球风险信息数据库，可以建立一种金融新秩序，这种新秩序将涵盖全球市场，并能够创造新的金融产品，包括不平等保险和代际社会保障等，这将极大地改善我们的生活环境。风险管理的创新将有效地防范和化解所有人都面临的一些最严重的风险，这不仅可以为富人带来利益，也会极大地改善穷人和中产阶级的生活水平。

罗伯特·希勒用行为金融学解释了金融泡沫背后的心理因素，并对危机的成因进行了研究（Shiller，2000）。他认为泡沫暗示着人们的非理性，但是非理性并不代表愚蠢。比如，当今美国大学中的捐款基金的管理者不乏顶级经济学者，但是在股市泡沫即将达到顶峰之时，捐款基金中有大约54.7％的比例投资在美国股票市场，仅有10.5％投资在外国股票市场。事实上，这并不是人们犯了傻瓜犯的错，而应归因于人性的弱点。投机泡沫的本质是一种正反馈机制：高股价会提高投资者热情并进一步增加需求，这进一步推高股价；当价格结束上涨时，将产生一个价格向下的正反馈机制来代替价格向上的模式。

在泡沫的形成和破灭的过程中，投资者可能存在下面的一些认知偏差。① 易得性偏差。人们对股票的需求常常依赖于过去收益率的分布。如果过去几个月中股票的收益率较高，则需求将被极大地刺激；如果高收益率是发生在过去几年，则需求的增幅将弱一些；如果高收益率是发生在过去几十年，则增幅还将更弱。这是因为人们对于更遥远的事件的记忆更加模糊。② 代表性偏差。人们在决策时会联系到记忆中的相似模式，而忽略该事件的基本概率。当人们在股市中看到牛市或者熊市模式，代表性偏差使人们预期这种价格模式将会持续，即使真实的趋势可能并不是这样。③ 保守主义偏差。保守主义偏差意味着虽然人们能够正确地对新信息进行反应，但是往往表现为反应不足，即对新信息的反应将持续一段时间，而代表性偏差则表现为反应过度。④ 过度自信。比如，希勒在股市狂跌后的一周内曾向3000位投资者发出问卷，有接近半数的个人或者机构投资者相信股市会反弹，而这种信念仅仅来源于直觉。⑤ 注意力效应。股市上涨会吸引大量投资者的注意。心理学家发现人们会注意其他人所注意的东西，因此人们更容易买进那些吸引他们注意力的资产。这种注意力效应不仅存在于个体投资者中，也存在于专业投资者中。一份调查考察了两类投资者的购买行为，一类是购买最近价格上涨的股票的机构投资者,另一类是购买随机选出的股票的机构投资者。结果显示,在前一类投资者中对所购买股票进行过系统性分析的比例为25%,而在后一类投资者中为67%。⑥自信强化。过去的成功会强化人们的自信。如果人们认为自己具有某项投资的能力,则对该项投资的需求就会增加。人们常常在自认为能力很强的领域进行赌博。⑦一厢情愿。当人们在一项股票投资中获得收益后,会预期未来价格继续上升,同时高估未来的收益,这就像球迷总是觉得自己的球队会赢一样。

对于房地产市场,罗伯特·希勒分析了美国1988年到2002年的季度数据,发现用人均收入可以解释除了8个州以外的其他州的房价变化(Shiller,2008b)。在例外的8个州里,较大幅度的房价变化和基本面因素没有必然关系。对洛杉矶、旧金山、波士顿和密尔沃基四个大都市区的购房者进行调查后,他发现购房者普遍认为他们的房屋投资风险很小,且购房者对未来房价的上升有着不切实际的预期,他们担心如果现在不买,则以后更无法承担高昂的房价。进一步地,他指出房价下跌会使购房者破产,并导致金融机构破产,更长远的影响是使消费者和企业的信心下降,甚至可能带来新一轮世界范围的经济衰退。从2003年到2012年,购房者一般都是消息灵通的,但是他们在短期内对房价反应不足。房地产泡沫可以用购房者对房价的长期预期来解释。事实上,2005年房价下跌的拐点正是伴随着投资者对投机泡沫理解的改变。

爱德华·格拉泽(Edward Glaeser)、黄伟(Wei Huang)、马悦然(Yueran Ma)和安德烈·施莱弗分析了我国房地产市场的繁荣现象(Glaeser et al.,2017)。我国房价从2003年到2014年年均上涨幅度超过10%,平均来看,房价比建筑成本要高出2至10倍。房地产市场的繁荣使开发商数量和家庭持有的空房数量均大幅增加,最后极有可能出现房地产泡沫,随后带来房价狂跌,未来充满着极大的不确定性。另外与美国相比,我国的房地产繁荣有两大不同:一是我国有很高的空房率;二是在我国购房者只能购买70年的房屋使用权。当美国地方政府限制新开发房产数量的时候,我国地方政府鼓励建房来刺激当地产出、提高就业率和增加政府收入。当前,整体上看我国对房地产的需求仍然很强劲,且高房价很可能会持续一段时间,特别是考虑到当前我国家庭的投资产品稀少和房产供应收紧的情况。当然,我国房地产泡沫是否破灭将在很大程度上取决于政府的政策,政府将在价格稳定的收益和限制城市增长的成本之间进行权衡。

四、助推

标准经济学假设人们是理性的,但在现实生活中理性人假设并不成立。我们都是"社会人",都存在不同形式的认知偏差,这导致人们常常不能做出最佳决策。近些年来,涌现出一批关于助推思想的文献,助推思想的核心在于用适量的信息,例如报告他人的行为、告知更简单的实施方法或者采用物质激励等手段,来引导公众实现福利最大化(Thaler and Sunstein,2008)。助推可以理解为是按照可预测的方向改变人们的行为,但并不显著地改变人们的经济激励。从行为金融学的视角来看,助推思想的理论基础是尝试修正人们的认知偏差,其具体实施方案往往需要根据公众的反馈来进行调整。一般来看,助推方案的成本较小,且常常能够达到双赢的局面。助推思想的出现在一定程度上促进了行为金融学的发展。

卡斯·桑斯坦(Cass R. Sunstein)和理查德·塞勒提出了自由主义家长制(Sunstein and Thaler,2003)。他们指出,人们的偏好经常是不明确的,人们的决策经常会被默认选项、描述的框架和参照点而非内容本身所影响,而且人们的理性自制力和意志力都是有限的,这些都使得某种形式的家长制变得必要。自由主义家长制是一种不损害人们的选择自由的形式,它通过对可能的选项进行评估和设计来引导社会福利实现最大化。自由主义和家长制并不是矛盾的,自由主义使人们保留进行决策的权利,而家长制是指政府可以采取适当形式的助推来影响人们的决策,以使人们做出对自己更为有利的选择。在此之前,塞勒也曾对自治权的价值进行了思考。他研究了允许投资者自己选择资产组合的储蓄计划,发现人们的偏好是不明确的,这给社会计划的制订者带来了困难,而自由主义家长制可以为解决包括这一问题在内的许多社会问题提供借鉴。

塞勒和桑斯坦进一步指出,助推不需要强制性手段,也不需要硬性的规定,但是却可以使人们能够同时获得最大利益和自由选择权(Thaler and Sunstein,2008)。助推就是这种轻轻推动人们做出选择的力量。那么,如何进行助推并提供最优的选择体系呢?可以从动机、理解权衡、默认选项、反馈、预计错误和结构性复合选择等方面来考虑。具体来说，动机指影响用户选择的最初因素，设计者应该发现最能让用户关注的动机并使其凸显出来；理解权衡是指让复杂的选择变得更容易理解；默认选项是指由于人们存在损失厌恶的心理，故应该将对大多数人最好的选择设为默认选项；反馈意味着设计者应当增加适当的有效反馈信号，使用户可以根据反馈来调整自己的选择；预计错误是指设计者需要预期到用户可能出现的错误，并通过设计来进行提醒或预防；结构性复合选择指针对复杂庞大的选择体系，应该设计出一种智能的选择体系。

自理查德·塞勒等人提出助推和自由主义家长制以来，越来越多的经济学家开始思考如何应用这些理论来使社会福利实现更大化。首先，助推思想可以在储蓄计划上得到应用 (Thaler and Benartzi, 2004)。2000 年，美国总统布什曾提议一个部分私人化的社保计划，其中工资税的一部分会被纳入到个人储蓄账户中，而瑞典正在采用一个类似的计划。人们应该从瑞典的案例中总结经验来设计私人化的社保计划。该计划的一个特点是参与者可以自行从一个清单里选择资产组合。虽然在清单中有一个基金是默认选项，但是政府仍然鼓励参与者自行选择。起初，瑞典花费了大量的广告和营销费用提出这样的倡议，最终有大约 2/3 的公众听从了政府的倡导。而当政府减少广告和营销投入之后，自行选择资产组合的公众就大幅减少——在 2003 年 4 月只有 8.4% 的公众自行选择资产组合。接下来的问题是，这个自行选择的组合是最优的吗？事实显示，当得知同事的资产组合后，参与者会倾向于选择同事的资产组合，这说明自行选择的组合并不一定比默认基金更好。而且，资产组合一旦被选择后，便极少被调整和改变，参与者也很少对其收益进行评估。基于此，政府为个体提供较少的选择或许是有利的。另外，公众的选择也常常受市场近期收益的影响，因此，一个项目的发起时间对公众的决策也是很重要的。

塞勒和贝纳茨研究了如何利用行为经济学的理论来增加雇员的储蓄率 (Thaler and Benartzi, 2004)。他们首先指出雇员的实际储蓄率比预计的生命周期理论下的储蓄率要低，其主要原因在于有限理性和有限自制力。基于此，塞勒提出了一个名为 SMarT 的项目，该项目的本质是建议人们提前把未来工资中的增长部分投资到退休储蓄当中，但是人们可以随时选择退出该项目。该研究发现在被提供该项目的所有人中,有78%的人参与了这个项目,并且有80%的人持续参与该项目。参与者的储蓄率在40个月的时间里从3.5%提高到13.6%,充分说明了行为经济学在设计决策项目时的有效性,事实上,这个项目设计的巧妙之处在于参与这个项目不会对参与者的当前花销有任何显著的影响。詹姆斯·崔(James J. Choi)、艾米利·海斯莱(Emily Haisley)、詹妮弗·库尔科斯基(Jennifer Kurkoski)和凯德·梅西(Cade Massey)在随机实验中发现,美国雇员对退休储蓄计划401(k)的选择会极大地受到雇主所发的相关邮件的影响,邮件中的某些字句会起到锚定和目标设定的作用。比如,强调高储蓄率的提示会使雇员多投资大约2.9%到储蓄计划中,而强调低储蓄率的提示会降低储蓄,这样的效应会在邮件发送后的两个月到一年的时间里一直持续(Choi et al., 2017)。

其次,助推在消费者决策领域受到的关注也较多。比如,好的默认选项不仅可以简化决策过程、降低风险、增加消费者满意度,还可以为公司带来可观的利润。然而,现实中的公司并没有给予默认选项足够的重视。设置默认选项需要公司对收益进行权衡,这包括消费者的意愿以及公司的成本最小化、利润最大化等目标。默认选项存在不同的类型,应该针对不同的情况选择或不选择特定的类型。比如,依兰·达杨(Eran Dayan)和玛雅·巴尔-希勒尔(Maya Bar-Hillel)研究了食物在菜单上的顺序对消费者决策的影响,发现出现在菜单最前面和最后面的食物被选择的概率是在菜单中间的食物的两倍,因此,应该将更健康的食物放在菜单的首尾(Dayan and Bar-Hillel,2011)。保罗·罗津(Paul Rozin)、悉尼·斯科特(Sydney E. Scott)、梅根·丁利(Megan Dingley)、乔安娜·乌尔班纳克(Joanna U. Urbanek)、蒋虹(Hong Jiang)和马克·卡尔腾巴赫(Mark Kaltenbach)研究了人们在选择按重量计费的沙拉时,很容易受到可得性偏差的影响,比如让食物更难够到,或者改变取食工具,都会减少消费者对该食物的摄取。这样,出于对长期健康的考虑,就应该让卡路里密集型食物更难被人们够到(Rozin et al.,2011)。斯特芬·卡尔贝肯(Steffen Kallbekken)和哈康·萨伦(Hakon Sælen)提出减小盘子的尺寸以及提供相关信息,可以减少餐馆的食物浪费率。这些举措不仅不会减少顾客满意度,反而还会增加餐馆的盈利,带来双赢局面(Kallbekken and Sælen,2013)。奥利维亚·佩蒂(Olivia Petit)、卡洛斯·维拉斯科(Carlos Velasco)和查尔斯·斯彭斯(Charles Spence)尝试应用德博夫大小错觉来引导消费者行为,发现当把食物放在一个更大的器皿里,会让它的分量看起来更小,即使食物的量是相同的。另外,当把食物放在一个更小的器皿里,人们有更强烈的购买意愿,因为食物看起来更多了且更让人有食欲,但这也会减少人们的摄入量(Petit,Velasco and Spence,2018)。

当然,除了储蓄计划和对食物品种和数量的选择之外,助推也可以应用在其他方面。比如,采取一定的金融和非金融激励可以帮助人们做出更好的决策。约翰·李斯特通过实验的方法来解释现实生活中的经济现象。他和史蒂文·莱维特(Steven D. Levitt)、苏珊娜·内克曼(Susanne Neckermann)、莎莉·萨多夫(Sally Sadoff)等人尝试考察行为经济学对学生努力程度的影响(Levitt et al.,2012)。他发现立即派发的奖励对学生的考试成绩有着极大的影响,因为当奖励被立即派发时,学生会把没有得到奖励看作一种损失,这说明把奖励描述为损失比把其描述为收益具有更强的效力,事实上这正是人们的风险规避心理。另外,非金融激励对低年级学生更加有效,但如果奖励被延迟派发,那么这些奖励的激励效力就会消失。将这一研究结果扩展到金融领域,他们发现当下的激励制度会导致投资者过少投资。在另一个实验中,他们发现在一个企业中,两个小组就一周内的平均每小时生产率展开竞赛,其中一组面临的是奖励,而另一组面临的是惩罚。研究发现,面临惩罚的一组比另一组赢得比赛的概率要高出35%。约翰·李斯特和安雅·萨梅克(Anya S. Samek)研究了非物质激励对儿童选择健康食物的影响(List and Samek,2015)。在该实验中,有超过1500个来自芝加哥不同收入家庭的儿童作为参与者,他们将在普通牛奶和巧克力牛奶之间进行选择。研究发现,当没有非物质激励时,只有16%的儿童选择前者;而当有非物质激励时,有40%的人选择了前者。因此,这种非物质激励有利于养成健康的饮食习惯。

此外,阿南特·苏达山(Anant Sudarshan)研究了助推对用电量的影响(Sudarshan,2017)。作者使用了三类影响手段:其他人的用电周报,其他人的用电周报伴以对减少用电量的物质奖励,以及价格差异。研究发现,只收到其他人用电周报的家庭在夏季减少了7%的用电量,这相当于为政府提高12.5%的税收。同时,收到周报的家庭也显示出比对照组更高的价格弹性。

但不同于直觉的是,当用物质激励强化节约用电的激励时,家庭不再减少用电量,这表明改变价格和消费者接收到的信息可以引导消费者进行选择。克斯里汀·罗德(Kristen I. M. Rohde)和威廉·维贝克(Willem Verbeke)研究了金融激励对人们参与健身的影响(Rohde and Verbeke,2017)。一种激励方式是如果人们每周都到健身房至少一次,可以收到数额为10%会员费的退款;另一种激励方式是只要人们保持会员身份,就可以收到退款。研究发现,有条件的激励对人们参与健身活动有着积极的影响,因此应该找寻一些较低花费或非金融的且能获得长期效果的激励政策。本杰明·卡斯特曼(Benjamin L. Castleman)和林赛·佩奇(Lindsay C. Page)研究了对大一学生金融资助的助推,发现通过随机地给学生推送申请联邦学生资助计划的信息,可以将学生的参与率提高14%。类似地,在大学招生时,发信息提醒学生完成录取所需的任务和推送相关的导师信息,可以提高大学的入学率。因此,只需通过低成本的行为经济学助推就可以使学生的教育得到改善(Castleman and Page,2016)。

然而,反对助推的声音也一直存在。比如,马克·宾得(Mark Binder)指出,虽然软家长主义声称在助推过程中尊重个体偏好,但事实上它既没有尊重个体偏好也没有改善个体福利。个人的福利应该是基于事后偏好,而不是事前想要什么,而且人们的事前和事后偏好并不总是一致。人们会产生错误的情感预测、享乐适应和偏好改变等,这将极大影响助推方案的设计(Binder,2019)。

琳达·珊斯顿(Linda Thunström)、本·吉尔伯特(Ben Gilbert)和钱·里顿(Chian J. Ritten)指出助推的分配效应在很大程度上是未知的,它会伤害已经受到伤害的人(Thunström, Gilbert and Ritten,2016)。人们的情感反应是不同的,支付的痛苦对于挥霍无度的人来说可能很小,但对于节约的人来说却很大,因此只能得到次优的结果。首先,考虑一个减少支出的助推设计。这会让本来支出就较少的节约者的支出变得更少,而对能够从减少支出中受益的挥霍无度的人来说,却很难得到显著效果。接下来,考虑一个相反的即增加支出的助推设计。这种助推同样会减少节约者的花费,而对其他类型的消费者的花费则没有显著影响。因此,消费者的不同情感反应和处理信息的复杂性,会使助推给我们带来不希望得到的甚至是相反的福利效果。马克·怀特(Mark D. White)认为自由主义家长制具有误导性,而且也不符合道德伦理。他指出,行为经济学家对人们认知偏差的分析是不完整的,所以助推政策并不能够纠正这些偏差,而且还会带来一些问题(White,2013)。

五、储蓄与养老保险计划

行为金融学通过将社会科学中不同学科的知识相结合,在政策制定中起着愈加重要的作用,例如储蓄和社会保险等方面的改革。事实上,行为金融学对认知偏差和动物精神的认识在很大程度上是金融创新的基石,其中对储蓄方案的设计就是一个很好的例子。标准经济学的储蓄理论有三个理性假设。一个是明确的假设,即储蓄者按照使一生效用函数最大化的原则累积和使用资产;另外两个是隐含的假设,其中一个是家庭有解决最优化问题的认知能力,另一个是家庭有足够的意志力去执行最优计划。但是在现实中,很多人却不能很好地为未来进行储蓄。塞勒和贝纳茨总结了人们在参与储蓄计划中存在的拇指法则和认知偏差,具体如下(Thaler and Benartzi,2004)。

第一,是否参与储蓄计划。固定份额退休计划本应该是一种具有吸引力的储蓄方式。在这种计划中,储蓄额是免税的,累积过程中的税收也是延迟的纳税,并且许多雇主愿意为雇员缴纳同等份额。然而,这样的储蓄计划的参与率却远远没有达到100%。比如,英国的一些固定收益计划完全由雇主付款,但是在25个类似的计划中,只有51%的人参与。那么,如何鼓励员工参与储蓄计划呢?一个方法是改变参与流程,即从员工自愿参与,改为要求员工做出是否参与的选择。研究发现,这种改变能够使参与率提高25%。另一个方法是简化参与流程。比如,员工不需要花时间去选择储蓄率和资产分配方案,只需要选择是否参与。由于参与率和投资选择的数量呈显著负相关关系,因此简化流程也会提高参与率。

第二,储蓄率,这用储蓄占工资水平的百分比来表示。理查德·塞勒发现了两个一般性结论:一是美国401(k)储蓄计划中的储蓄率,并不足以给员工退休后的生活提供足够资金;二是许多员工认为他们本应该储蓄得更多。人们会使用拇指法则或直觉来选择储蓄率(Thaler and Benartzi,2004)。一般情况下,人们会选择 5 的倍数,或者选择储蓄计划中允许的最大储蓄率。但是,当允许的最大储蓄率为 100% 时,人们反而会选择较低的储蓄率,因为这时人们必须选择自己的储蓄率,故转向选择 5 的倍数。还有一种常见的拇指法则是选择能够得到雇主全部匹配的最小储蓄率。假设存在两种匹配方法:一是如果员工将工资中的第 1 个 6% 存入储蓄计划,那么雇主将匹配 50%;二是如果员工将工资的第 1 个 10% 存入储蓄计划,那么雇主将匹配 30%。结果显示,当门槛更高时,人们会储蓄得更多。

第三,资产分配。① 简单多元化策略。人们经常使用简单的多元化法则,即"1/n 法则":当面对 n 个选择的时候,人们会在这些选择中平均分配。研究发现,当美国教师基金中只有股票和债券这两种选择的时候,超过半数的人会五五平分。这样做的甚至包括诺贝尔经济学奖得主哈里·马科维茨。他虽然知道应该计算不同资产类别之间的协方差,但是他仍将自己的投资组合在债券和股票中进行平分。特别地,这种直觉分析法常常依赖于事件的复杂程度。就像吃自助餐时,如果可选菜品较少,我们会每一道菜都尝一些;如果可选菜品非常多,我们会每一类菜而不是每一道菜都尝一些。另外,有趣的是,资产组合表格上的行数也会影响投资者选择的基金数目。比如,如果表格只有 4 行,那么投资者只会选择 4 个基金,以避免再填一张新的表格。

② 自己所在公司的股票。在进行多元化投资时,储蓄计划的参与者往往倾向于投资自己所在公司的股票。不难看出,这种策略是错误的,而不是真正意义上的多元化,因为单一股票要比共同基金提供的资产组合的风险大得多。这一方面是因为人们常常对自己公司的表现过于乐观,另一方面是因为员工们一般认为购买自己所在公司的股票是隐含的建议,而雇主则认为购买自家公司的股票会给公司发展带来潜力和更优惠的税收待遇。

③ 投资时间。20 世纪 90 年代以来,越来越多的参与者倾向于增加股权投资,因为人们意识到,长期来看,与债券相比,股票的回报率要高很多。即使股票价格下跌,投资者也会认为这是一个良好的购买时机,因为股票仍会再次上涨。不幸的是,结果人们常常是高买低卖,而这并不是理性的。

④ 心理账户。心理账户是个体投资者解读和评价交易、投资、赌博和其他金融事件的一种方法。储蓄计划的参与者们往往对旧钱(即已经累积在

储蓄计划中的钱)和新钱(即还没有累积在计划中的钱)采用不同的心理账户。他们调整旧钱的倾向远远低于调整新钱的倾向。人们往往不愿意重新分配旧钱,但又经常发现新的投资结果不如以前,这便是人们的后悔厌恶心理。对于新钱来说,还没有任何的参照点,因此调整新钱可能会带来较少的后悔。当然,心理账户也影响着雇员对自己所在公司的股票的投资,雇员们会把自己公司的股票看成是一类独立的资产,放入单独的心理账户,它既不属于股票也不属于债券。贝纳茨和塞勒发现当面对不允许投资于自己公司的股票的储蓄计划时,人们会在股票和债券基金中平分投资,但是当面对允许投资于自己公司股票的计划时,人们将42%投资于自己所在公司的股票,然后在债券型基金和股票型基金中平分剩下的58%(Benartzi and Thaler, 2001)。

⑤ 框架依赖。如果储蓄计划参与者能够经常地观察到不同基金的短期收益率,那么就会表现为短视性损失厌恶,其中,短视性意味着人们频繁地评估他们的资产组合,当然,这会使他们频繁地看到损失。短视性与损失厌恶相结合,便使人们对短期的损失高度敏感。一般来看,股票投资的波动性较大、损失更频繁。贝纳茨和塞勒通过实验发现,对于能够观察到每年收益率的投资者,股票的投资比例大约为41%;而对于仅能够观察到长期收益率的投资者,该比例却为82%(Benartzi and Thaler, 1995)。

⑥ 同群效应。理论上看,理性但不熟练的投资者可能会向相关专家寻求帮助,但事实上,投资者常常向他们的配偶或者朋友寻求帮助,而这些配偶或朋友却不一定具有专家的资质。比如,在得克萨斯州的一个连锁超市的调查发现,同一个超市中的雇员的投资行为高度趋同,但不同超市之间雇员的行为却有很强的差异性,这是因为大部分雇员会把本超市的店长当作投资专家。

另外,始于"所有权社会"的概念,出于对"所有权"重要性的认识,一些国家用私人账户来替代传统固定收益养老保险账户。比如,丹尼斯·第帕斯奎尔(Denise DiPasquale)和爱德华·格拉泽发现在控制人口学和社会学等特征后,房屋的所有者一般是更有责任感的公民(DiPasquale and Glaeser, 1997)。英国在2005年4月发起了一个新项目,政府会为每位新生儿赠送一个250英镑的基金,低收入家庭将获得500英镑的基金,之后父母将对基金进行投资。这一项目旨在使父母认识到自己的投资行为与经济社会有着紧密的联系。"所有权社会"的概念得到了罗伯特·希勒的认同,他指出行为金融学应该对此进行深入的研究。

作为退休储蓄计划的一项重要制度创新是生命周期基金(Shiller,2006b)。该基金是基于生命周期理论、根据持有人的年龄不断调整投资组合的一种投资基金。尽管这个计划会为投资者提供较多的可供选择的基金,但是也会特别地提供一个目标日期基金,雇主会根据相关要求将这个目标日期基金设为默认选择,结果显示,这一默认的基金会被最频繁地选择。其中,目标日期基金是指雇员在达到某一年龄时会自动加入生命周期基金,除非他和家人签署弃权协议。这一安排反映了行为金融学的一个主题,即人们的注意力是变化无常的,而且也很容易被干扰,所以默认选项的影响力较大。如果能对默认选项进行很好的设计,则可以帮助人们更好地规划自己的行为。

理查德·塞勒和施莫·贝纳茨认为,基于工资的储蓄计划是必要的,但仅仅提供一个储蓄计划是不够的,即使是对于那些能够得到雇主资助安排的雇员来说也是如此(Thaler and Benartzi,2004)。因为几乎有四分之一的雇员并没有参与储蓄计划,雇员即使参与了计划,也存在储蓄不足的问题。为了使储蓄计划有更好的实施效果,需要以下四个方面的保证:① 可得性。每个雇员都能够很容易地参与到储蓄计划中。比如,奥巴马总统曾提出让没有参与退休计划的雇员自动参与个人退休账户。② 自动参与。事实上,有许多雇员有意愿参与储蓄计划,但却一直没有付诸行动。因此,自动参与会克服拖延症。③ 自动投资。储蓄计划中需要有一个默认投资选项。比如,美国的一些资产经理已经设计出多元化且能够根据投资者年龄来调整投资组合的默认投资选项。④ 自动增加储蓄率。研究显示,当人们被要求做出选择时,他们往往会选择更高的储蓄率。自动投资能够让人们进行投资,但为了解决投资不足的问题,资产经理们设计了"明天储蓄更多"的计划,即个人把未来的工资增长部分投资到储蓄计划。它的亮点在于:一是该计划不会对当前支出有立即的影响;二是即使参与该计划是默认选项,但是人们可以随时退出。结果表明,绝大多数人都选择了默认选项,且没有退出计划。由此可以看出:第一,将储蓄率增加和工资增加相联系,有助于提高储蓄率。因为这时储蓄率的增加不会使雇员意识到支出的减少,这可以减弱损失厌恶的影响。第二,虽然雇员有退出的权利,但是由于惯性,他们会保持参与在储蓄计划中。

  罗伯特·希勒对社会保险和个人账户计划提出风险分担的理念(Shiller,2003)。他认为在重新设计社会保险时,应该谨慎地考虑代际风险管理问题,这需要使用行为金融学近年来的成果,并且利用新的电子信息技术。个人账户最重要的作用是帮助个体参与股权等投资,这需要对风险和回报进行权衡。股票能够提供非常高的收益率,所以人们利用股票来为退休后的生活进行储蓄是合理的。但是由于风险和不确定性,很少有人建议人们完全依赖股票投资。事实上,现支现付制度反映了投资的风险。如果没有政府参与,代际的风险分担是不可能实现的,因为人们没有办法与未出生的孩子进行交易,并且每个人都需要在年轻的时候决定如何在高风险高收益和低风险低收益的资产之间进行选择。而政府参与则可以改变这一局面。比如,当今天的投资结果不好时,年轻一代可以通过增加现支现付制度中的贡献份额来帮助年老一代,当然年轻一代在未来也会获得更多的好处。当今天的投资结果良好时,年老一代可以帮助年轻一代,因为年轻一代可以支付较少的份额,当然这同时也会降低收益。这样,代际风险分担计划给人们提供了选择更多风险资产的天然动力。

  另外,罗伯特·希勒还提出,政府——而不是私人部门——需要对投资工具进行创新(Shiller,2004)。因为私人部门在教育公众时需要支付较高的成本,公众接受新的知识需要漫长的时间,而且私人部门这样做的收益会被后来的竞争者所窃取。比如,政府是第一个发行指数化债券的机构,这一事实就可以说明私人部门创新的局限性。特别地,政府的创新需要基于个体的差异和特质。具体来说:① 不同个体的收入存在着不同的风险,而目前尚没有可以对冲职业收入风险的投资工具。因此,政府可以尝试创造一种类似于"宏观市场"的投资方式来对冲风险。② 不同个体有着不同的购房需求,而这种房屋价值风险也可以在个人账户中被对冲掉。③ 不同个体的预计退休时间是不同的,个人账户设置应该让人们更便利地选择退休时间,而不是为了满足政府需求而设置最低门槛。这可以赋予个体权衡金融约束和内在需求的自由。

第六章 行为金融学学科代表人物、经典著作和学术组织

行为金融学于20世纪80年代后期在西方金融学界逐渐兴起,并产生了越来越大的影响。本章将对行为金融学领域的代表人物、经典著作和学术组织进行介绍。

第一节 行为金融学学科代表人物

行为金融学的发展必然离不开在该领域具有卓越思想的领军人物,离不开这些思想巨人的创造性的知识贡献和长期不懈的执著钻研。在行为金融学领域有很多为学科的发展做出突出贡献的学者,这里介绍有代表性的七位学者。

一、罗伯特·希勒

在过去二三十年间,一些思想卓越的金融学者对现代行为金融学的发展做出了重要的贡献,其中一个代表人物是罗伯特·希勒(Robert Shiller)。

罗伯特·希勒1972年在麻省理工学院获得经济学博士学位,现任美国耶鲁大学金融学教授,是美国国家经济研究局研究员、纽约联邦储备委员会研究员。他在行为金融学、金融市场学和宏观金融学等领域有着很深的学术造诣,在金融市场中的公众舆论和道德判断等方面的研究也颇有建树。他擅长用数学分析和行为分析相结合的方法研究宏观市场中的经济行为,包括股市中的价格泡沫,尤其是证券市场和房地产市场中的投机泡沫。

早在1981年,希勒就发表了论文《股价的过度波动能用其后的股利变化来解释吗?》,指出了股票市场的过度波动性,对有效市场假说形成了挑战(Shiller,1981)。1989年,他出版了专著《市场的波动性》,强调流行观点在价格波动中的重要角色(Shiller,1989)。2000年,他出版了《非理性繁荣》,对当时股市空前繁荣的现象进行了全面研究(Shiller,2000)。2009年,他又和经济学家乔治·阿克洛夫(George A. Akerlof)合作完成了《动物精神》,

阐释了人们的心理对经济的影响以及对全球经济复苏的重要性（Akerlof and Shiller, 2009）。

希勒的代表作《非理性繁荣》是在 20 世纪 90 年代互联网泡沫达到高峰之前出版的。在该书中，希勒指出了金融市场非理性的一面，这比当时其他经济学家都要早得多。他描述了金融市场波动的心理根源，比较清晰地揭示了那些动摇经济运行和影响人们生活的市场泡沫产生和破灭的过程。20 世纪 90 年代，美国股票市场在新经济神话的刺激下，呈现出前所未有的繁荣状态，人们的投资热情持续高涨。道琼斯指数、S&P 500 指数和纳斯达克指数等都不断创出历史新高。而希勒以敏锐的洞察力看到了这种繁荣背后隐藏的危机。他警告投资者，无论是用哪种方法来衡量，当前的股票价格都是被高估了。在接下来的几年里，股价会大幅下跌，投资者将对市场感到非常失望。不幸的是，希勒的预言成为了现实。

继《非理性繁荣》之后，希勒又将目光投向了另一个更为宏观、更为复杂的问题——21 世纪的金融应该向何处发展？他出版了著作《金融新秩序：管理 21 世纪的风险》，描述了一套促进财富增长的电子化的风险管理体系（Shiller, 2004）。他批判了人们对股票市场的迷信，股市的大起大落决定了人们不可能从股市中获得稳定的收益。人们应该更加关注实体经济的因素，比如可以从人力资本和房地产市场中获得收益。但是，随着全球化进程的加快，这些实体经济因素面临的风险也以前所未有的速度放大，如何化解这些风险是影响我们工作、生活甚至整体经济发展的关键。

另外，希勒对我国金融市场的发展也给予了一定的关注。他曾多次来到中国，在不同的场合对我国经济的发展尤其是房地产市场的发展提出了宝贵的建议。2014 年 3 月希勒在参加第二届诺贝尔经济学家中国峰会时谈到，为了适应新的经济形势，金融是一种需要经常实验和改进的技术。在当前的经济形势下，应该鼓励金融创新，加强金融民主化的建设，让更多的人享受金融带来的便利。这是对希勒 2012 年的著作《金融与好的社会》的现实诠释（Shiller, 2012）。

二、理查德·塞勒

现代行为金融学的另一个重要代表人物是理查德·塞勒（Richard Thaler),他被认为是行为金融学的理论先驱之一,以其在行为金融学领域的贡献于 2017 年获得诺贝尔经济学奖。他是美国芝加哥大学商学院行为科学和金融学教授、决策研究中心主任、美国经济学会会员。

在行为金融学领域,理查德·塞勒成果颇丰,出版和编辑了《行为金融学的发展》《赢家的诅咒》《助推》和《"错误"的行为:行为经济学的形成》等著作(Thaler,1993,2002,2008,2015)。他擅长用通俗的语言向人们展示日常生活中的悖论和反常情况,揭示行为金融学的真谛。他认为,标准经济学的假设——人们是高度理性和没有感情的,且可以像电脑一样进行超级运算——是不合理的,采用纯粹市场的方法进行行为金融学研究也是不完全的。

塞勒非常关注 20 世纪 90 年代美国股票市场呈现的非理性繁荣的景象。他在与欧文·拉蒙特(Owen A. Lamont)合作的论文《市场能自我调节吗?高科技股票中的不合理定价》一文中,以 3com 公司及其子公司奔迈(Palm)为例,考察了在互联网泡沫时期投资者的非理性行为(Lamont and Thaler,2003)。1999 年,3com 公司计划以公开发行的方式转让奔迈 5%的股权,如果投资者行为是理性的,那么根据转让条件,3com 公司将在转让后的几个月里保持较高的市场价值。但是,在转让发生后的 2000 年 3 月,奔迈公司是以高于原来公司基本价值的市场价格在交易,而 3com 的净资产竟然为负值! 这在理性的市场中是不可能发生的。

塞勒对金融市场中的投资者心态进行了翔实的研究(De Bondt and Thaler,1985)。他与维纳·德·邦特合作研究发现,投资者对消息的反应是过度的。在保守主义倾向和代表性偏差的影响下,投资者对过去业绩不好的股票即输家股票表现得过于悲观,而对过去业绩好的股票即赢家股票表现得过于乐观。换句话说,投资者容易低估输家股票,高估赢家股票。当然,这种状况不会长久存在,它会随着时间而被纠正。从长期来看,输家股票的表现要好于市场平均水平,而赢家股票的表现要差于市场平均水平,这就是所谓的长期趋势逆转的现象。

值得一提的是,除了专研于金融理论之外,塞勒也积极地把他的理念应用于实践。1992 年,他与罗塞尔·富勒在美国加利福尼亚州创立了自己的投资公司——富勒和塞勒资产管理公司(Fuller & Thaler Asset Management)。这个资产管理公司管理着大约 15 亿美元的资产。它以行为金融学为基础,利用人们因心理偏差而产生的行为错误,选择相应的投资策略获取超额收益。从 1992 年到 2001 年该公司的投资收益率高达 31.5%,而同期市场上的平均收益率仅为 16.1%。

三、赫什·舍夫林

金融学界的国际顶尖学者赫什·舍夫林(Hersh Shefrin)早年任职于伦敦经济学院,后来任美国圣塔克拉拉大学列维商学院金融学教授。他被认为是当今世界上最杰出的行为金融学家之一。在行为金融学、金融学领域,他进行了大量原创性研究,诸多论文发表于《金融学期刊》《金融经济学期刊》《金融研究评论》和《金融管理》等全球知名学术期刊。

长期以来,赫什·舍夫林与理查德·塞勒、迈尔·斯塔特曼保持合作,将心理学和社会学等相关学科的研究成果应用到金融学中,在行为金融学研究的诸多方面发表了重要的论著,为行为金融学的发展做了突出的贡献。

1985 年,赫什·舍夫林和迈尔·斯塔特曼对金融市场中的投资者心态和投资者行为进行了考察(Shefrin and Statman,1985)。他们发现,在后悔厌恶和自傲心理的影响下,投资者倾向于长期持有输家股票,而过早地卖掉赢家股票,这种现象被称为处置效应。处置效应的存在,给市场带来了较高的交易量和波动性。2002 年,舍夫林出版了行为金融学领域的重要著作《超越恐惧和贪婪:行为金融学与投资心理诠释》,以生动的案例分析的方式,介绍了金融市场中的投资者心态和投资者行为(Shefrin,2002)。他认为市场上的投资者普遍是过度乐观的,他们高估或者过分看重好的事情,同时低估或者忽视不好的事情,这种心态直接导致了 2000 年股票市场资产泡沫的破灭。

赫什·舍夫林在行为金融学领域的突出贡献,还体现在对资产定价理论的修正和完善等方面。20 世纪 80 年代以来,作为标准金融学理论基石之一的资本资产定价模型(CAPM)不断受到挑战和质疑。舍夫林和斯塔特曼以其独特的分析方法,于 1994 年对 CAPM 进行了修正,提出了行为资产定价模型(BAPM)(Shefrin and Statman,1994),2000 年,他们又进一步提出了行为组合理论(Shefrin and Statman,2000),并于 2005 年出版了经典著作

《资产定价的行为方法》(Shefrin,2005)。行为资产定价理论阐述了理性交易者和非理性交易者相互作用下的资产定价方式。市场上不仅包含理性的信息交易者,还包括没有严格的均值-方差偏好的非理性交易者,即噪声交易者。正是这些噪声交易者的存在,使得市场变得无效率。同时,资产组合的预期收益是由行为 β 决定的,而且,均值-方差有效组合会随着时间而发生改变。与市场组合相比,行为资产组合即行为 β 组合中的成长型股票的比例比较高。在舍夫林和斯塔特曼的行为组合理论中,投资者的资产组合是金字塔结构的。金字塔的每一层都对应着特定的投资目标和风险。金字塔的底层是较低风险的安全资产,随着层次的提高,资产的风险和收益也相应提高。

在公司金融方面,2007 年赫什·舍夫林出版了《行为公司金融——创造价值的决策》(Shefrin,2007),首次讨论了心理和行为偏差对公司金融决策的影响。比如,非理性投资者和自傲管理者的存在,使得投资决策和融资决策与标准金融理论的预测发生背离。2008 年舍夫林出版了《管理错觉:情绪和直觉如何影响企业决策》(Shefrin,2008)。这本书从会计、财务规划、激励和信息共享等四个流程,展示了如何识别那些可能使企业背离初始愿景的心理偏差,以及克服这些心理偏差的具体方法。

四、安德烈·施莱弗

著名金融学家、美国哈佛大学金融学教授安德烈·施莱弗(Andrei Shleifer)于 1982 年获得哈佛大学数学学士学位,1986 年获得麻省理工学院经济学博士学位,先后在普林斯顿大学、芝加哥大学和哈佛大学等高校任教。

安德烈·施莱弗是美国金融学界年轻一代经济学家的代表人物之一。除了对行为金融学的研究,他的研究领域还包括公司治理理论、转轨经济学、法律和经济学等方面。施莱弗著述颇丰。他非常善于用简明的模型来表达新颖的思想。美国经济学会评价施莱弗说,他在芝加哥经济学派的影响下,通过建立简单的模型,强调了经济机制的重要作用,探讨了市场、制度和政府在经济中扮演的不同角色。

安德烈·施莱弗于 1995 年获得金融学界最高奖项之一——史密斯·伯林顿杰出论文奖,1999 年获得美国经济学会的约翰·贝茨·克拉克奖,2000

年获得公司金融和组织领域的詹森奖。其中,克拉克奖是非常重要的经济学奖项,获得该奖的难度仅次于诺贝尔经济学奖。这个奖项是为纪念著名经济学家约翰·贝茨·克拉克教授而于1947年设立的。

安德烈·施莱弗获得克拉克奖的重要原因之一是对市场非有效性的研究。近四十年来,市场有效性一直是标准金融学理论的核心命题,市场有效性意味着资产价格从长期看等于其基本价值。然而,施莱弗对这一经典理论提出了挑战,他于2000年出版了重要著作《并非有效的市场:行为金融学导论》(Shleifer,2000)。他在该书中指出,投资者并非都是理性的,且市场中的非理性是不能被消除的,套利行为是不完全和有风险的,这就导致市场并非有效。同时,书中针对市场的非有效性,提出并检验了一些理论模型。

作为俄裔经济学家,安德烈·施莱弗也非常关注俄罗斯的经济改革及经济中存在的问题,其中包括寻租、腐败和政府治理等问题。他出版了《正在私有化的俄国》《掠夺之手》和《没有地图:俄罗斯的政治策略和经济改革》等著作(Boycko,Shleifer and Vishny,1995;Shleifer and Vishny,1998;Shleifer and Treisman,1999)。他认为,私有化之后的俄罗斯已经逐渐由权贵资本主义来控制,其根本原因在于法治的缺失。因此,解决俄罗斯经济问题的关键是法治。

安德烈·施莱弗既是行为金融学的理论先驱又是坚定的实践者。1994年,他与另外两位顶尖金融学家约瑟夫·兰考内斯克、罗伯特·维什尼在芝加哥创建了LSV资产管理公司。该公司利用行为金融学理论中的投资者行为和资产定价规律,对市场中的错误定价进行识别以获取利润。2006年2月,LSV公司管理的量化价值投资组合的资产规模达到了500亿美元。后来,施莱弗出售了其在公司的所有权。

五、迈尔·斯塔特曼

迈尔·斯塔特曼(Meir Statman)也是行为金融学的重要理论先驱之一。他是美国圣塔克拉拉大学的金融学教授,担任很多核心学术期刊顾问委员会的委员,在行为金融学领域著述颇丰。

迈尔·斯塔特曼非常关注现实中的投资者和管理者如何进行投资决策,以及这些决策如何对市场产生影响。他认为,人们并不像标准金融学所说的那样,在任何情况下都能快速和准确地进行效用最大化分析。现实中的投资者不是理性的,也不是非理性的,而是正常人。作为正常人,投资者存在着心理偏差和认知偏误,比如,缺乏自我控制、对问题的呈现方式很敏感、忽视与自己观点相悖的信息、过度自信以及厌恶损失等。因此,投资者应该了解和克服这些认知偏差,成为聪明的投资者。

迈尔·斯塔特曼于1999年发表的论文《行为金融学:过去的争论和未来的选择》,堪称该领域的经典之作(Statman,1999)。该文认为,行为金融学主要关注金融市场中的投资者心态和投资者行为等问题,比如:影响投资者的认知偏差和情绪有哪些?投资者的需求是什么?投资者是如何构造投资组合的?风险和后悔的本质是什么?金融分析师和政策制定者是如何影响投资者决策的?

迈尔·斯塔特曼与赫什·舍夫林进行合作,完成了行为金融学领域诸多有重要意义的著述,比如1985年的论文《过早售出赢家股票、太久持有亏损股票的处置效应:理论和证据》、1994年的论文《行为资产定价理论》、2000年的论文《资产组合理论》等(Shefrin and Statman,1985,1994,2000)。他们对传统的资产定价理论进行了修正和完善,认为行为和心理因素影响着个人投资者和基金管理者的金融决策。

2012年,迈尔·斯塔特曼出版了专著《为什么你炒股赚不到钱:行为金融的投资启示》(Statman,2012)。在该书中,他以专业的高度和平实的语言,一针见血地指出了人们在金融市场中的心理陷阱:人们惧怕风险但渴望高额利润;人们过度乐观却又容易陷入羊群行为之中;人们的疯狂催生了非理性繁荣与破碎的泡沫……因此,投资者应该认识到自身的局限,形成对财富的正确认知,从而回避投机的陷阱。

六、丹尼尔·卡尼曼

丹尼尔·卡尼曼(Daniel Kahneman)是著名的经济学家和心理学家,行为金融学发展史上的先驱人物。他是美国普林斯顿大学心理学教授,并拥有以色列希伯来大学、加拿大不列颠哥伦比亚大学和美国伯克利加利福尼亚大学的教授头衔,是美国科学院院士、国际数量经济学会会员和实验心理学家学会会员。

丹尼尔·卡尼曼与弗农·史密斯分享了2002年诺贝尔经济学奖。瑞典皇家科学院认为,卡尼曼的突出贡献在于"将心理学领域的真知灼见运用到经济科学中,尤其是研究了人们在不确定情况下如何进行判断和决策"。卡尼曼将心理学的研究视角与经济科学结合起来,将心理学的理论观点和研究方法正式引入到经济学中,成为行为金融学领域的奠基人。

丹尼尔·卡尼曼的研究经历主要可以分为四个阶段。

第一阶段:认知心理学。早在20世纪60年代,他就在以色列的希伯来大学开始了这方面研究。当时他的研究重点是视觉洞察力和注意力,并在《科学》杂志上发表了题为《瞳孔的直径与记忆力负荷》的论文(Kahneman and Beatty,1966)。

第二阶段:决策和判断理论。在这一时期,卡尼曼主要关注人类行为中的非理性因素。在希伯来大学,卡尼曼与阿莫斯·特沃斯基合作完成了多篇具有里程碑意义的文章,比如发表于1971年的论文《对小数定律的信念》(Tversky and Kahneman,1971),发表于1974年的论文《不确定情况下的判断:直觉和偏差》(Tversky and Kahneman,1974)。其中,最著名的是发表于1979年的论文《展望理论:一项风险条件下的决策分析》(Kahneman and Tversky,1979)。与经典的预期效用理论相比,展望理论可以更加逼真地刻画现实中的投资者行为。展望理论可以解释金融市场中的诸多异常现象,例如阿莱悖论、股权溢价之谜以及期权微笑等。

第三阶段:行为经济学。20世纪70年代末丹尼尔·卡尼曼与阿莫斯·特沃斯基、理查德·塞勒一起,从认知心理学的高度,完善和丰富了既有的经济学和金融学模型,开启了经济学研究的新时代。在丹尼尔·卡尼曼之前,经济学理论认为人们的行为是由外在的激励推动的,而心理学认为内在的因素才是决定行为的因素。卡尼曼以深刻的洞察力,看到了经济理性这一前提的缺陷,认为人们的行为是由外在激励和内在因素共同驱使的。卡尼曼的研究激励了经济学家用认知心理学的洞察力来研究经济学,使得经济学理论更加丰富和充实。

丹尼尔·卡尼曼这一阶段的研究主要包括两方面的内容。第一,不确定情况下的判断。在不确定情况下,人们无法对概率分布和经济环境等进行全面和客观的分析,因此就会盲目和错误地依赖某些经验和原则,这导致人们的行为与标准经济理论中的预测存在系统性偏差。其中的一个表现是小数定律,即人们常认为从大样本中得到的经验平均值也同样适用于小样本,这与统计学中的大数定律是相违背的。第二,非理性决策。人们对风险的态度和行为经常背离标准经济理论中的最优行为模式。在决策过程中,人们不仅存在直觉上的偏差,还存在偏好上的偏误。

第四阶段:享乐心理学。从20世纪90年代开始,丹尼尔·卡尼曼逐渐将研究重心转移为享乐心理学。享乐心理学主要研究是什么因素使得人们的生活和经历变得幸福或痛苦、快乐或悲伤、高兴或不安等,这也被称为"体验效用",即当前正在体验且在未来可以被回忆的感受,这种感受是可以测度的(Kahneman,2000)。这与经济学家杰里米·边沁的效用理论有异曲同工之处,即快乐和痛苦的感觉统治着我们的生活。进一步地,卡尼曼还提出了国民幸福之术,用来衡量人们的幸福感,这一概念也逐渐得到经济学家的重视。

七、弗农·史密斯

弗农·史密斯(Vernon Smith)被称为实验经济学之父。他自2001年起担任美国乔治·梅森大学经济学和法律学教授、经济学跨学科研究中心研究员,曾任美国亚利桑那大学、马萨诸塞大学和普渡大学教授。弗农·史密斯以独著和合作的方式,撰写了250多篇(部)实验经济学、资本理论、金融和自然资源经济学等领域的论著。他于1997年建立了国际实验经济学研究基金会。

2002年,史密斯与丹尼尔·卡尼曼共同分享了该年度的诺贝尔经济学奖。两位获奖者的研究成果相互渗透和融合。他们利用心理学和经验科学的研究方法,对标准经济学研究提出了大胆挑战,修改了经典的经济学假设,开创了行为经济学和实验经济学的研究领域。丹尼尔·卡尼曼用认知心理学的方法研究人类的判断和决策行为,而弗农·史密斯通过实验室研究方法,测试和检验根据经济学理论做出的预测的不确定性。弗农·史密斯将经济分析方法引入实验室,开创了一系列实验研究准则,奠定了实验经济学的基础。史密斯的突出贡献在于在实证经济研究——尤其是在市场机制的研究——中开创了实验研究方法。史密斯的实验设计方法是以人为研究对象来支持或反驳经济模型或理论的预测能力,这种方法可以与博弈论方法相结合来解释经济决策者的行为。

20世纪60年代,弗农·史密斯开始进行市场机制和拍卖的研究。1962年,他发表了论文《竞争性市场行为的实验研究》(Smith,1962),1965年,他又发表了论文《实验性拍卖市场与瓦尔拉斯假定》,开创了实验经济学的研究方向(Smith,1965)。他认为"双向式拍卖"的集中式市场机制,非常接近现代金融和商品市场的交易体制。同一时期,史密斯提出了"风洞实验"的方法,提倡在实施经济政策前,应该先在实验室进行模拟运作,比如美国电力市场的解除管制问题和是否对公共部门实施私有化等问题,都可以用这种方法进行事先模拟。20世纪70年代,史密斯认识到实验的研究方法可以应用于公共选择理论、公共经济学等领域,由此,实验经济学方法逐渐得到主流经济学家的认同(Smith,1989,1991)。

弗农·史密斯还关注对市场机制的研究,尤其是市场机制的可选择性的重要性。他通过实验证明了一个运作良好的市场不一定要有大量的买方和卖方,且拍卖者的预期收入与他所选择的拍卖方式密切相关。比如,企业的预期收入就取决于该企业所选择的拍卖机制(Smith,2000)。

如今,实验经济学对经济学等学科产生了越来越广泛的影响。虽然实验经济学不能取代实地观察和研究,但是它们同样重要。因为实地研究的理论和模型必须依赖很多对假设、参数和行为的判断,而实验室研究可以对这些判断进行评判和筛选。

第二节　行为金融学学科经典著作

在过去三四十年间,一些卓越的经济学家发表了代表性的经典著作,为行为金融学的发展和繁荣做出了重要贡献。

一、《非理性繁荣》

《非理性繁荣》(*Irrational Exuberance*, by Robert J. Shiller. 2000. Princeton, NJ: Princeton University Press.)是美国金融学教授罗伯特·希

勒的代表作,发表于2000年互联网经济泡沫崩溃的前夕。该书一经出版就迅速走俏,跃升至非小说类畅销书排行榜的前列,其中的重要原因是它成功地预言了市场的衰落,而且加深了人们对于非理性的理解。

20世纪90年代,西方和亚洲多个国家和地区的股票市场呈现出前所未有的繁荣景象,尤其是与科技和互联网相关的股票价格飞速上涨。然而,在投资者普遍认为前景一片大好的情况下,罗伯特·希勒以经济学家特有的洞察力,准确地预测了股市的下跌和互联网泡沫的破灭。他利用大量的数据对股票价格进行基本面分析,发现股价被严重地高估了。在该书中,他考察了美国股票市场140多年来实际市盈率的变化情况。实际市盈率表明投资者对每单位美元收益的支付意愿,即相对于收益的股票价格。美国股市市盈率在1929年9月曾达到了历史最高水平32.6,但随后出现暴跌,到1932年下降了大约80%。在1999年12月,美国股市市盈率竟然达到了史无前例的44.2!而与此同时,一些经济基本面指标并没有呈现同幅度的增长,例如,美国居民个人收入和GDP增长都不到30%,若不考虑通胀因素,这一数字还要降低近一半;企业利润增长不到60%;美国十个主要城市的实际住宅价格平均增长率仅为9%。那么,面对如此高的市盈率和价格水平,投资者的看法如何呢?大部分人认为,这种繁荣的景象还能够维持一段时间并有望继续攀升,因为以互联网为代表的新经济已经来临,这是一项非常重要的技术进步,将大幅度地提高经济效益,并给未来的收益带来显著的增长。但事实并非如此,就在《非理性繁荣》问世之际,美国股票市场发生了巨震。2000年3月,以科技股为主的纳斯达克综合指数在短短的六天时间里从5048的最高点暴跌了将近900点,到3月15日跌至4580点。2001年互联网泡沫破灭,大多数互联网公司停止了交易,这最终导致股票市场的大面积崩溃。

罗伯特·希勒在该书中指出,"非理性繁荣"的一个显著特征是投资者高度乐观,且对股市具有高度的信心。他们甚至认为,即使股市跌落也将迅速反弹。这种过度乐观心态通过正反馈机制在经济中得以放大。过去的价格增长增强了投资者的信心,形成了对价格进一步增长的预期,使得价格进一步提升并带来进一步的增长,这种循环不断进行下去,便形成投机型泡沫。然而,这种泡沫不可能永久持续下去,当投资者对股票的需求停止时,价格就会停止增长,从而导致股市的下跌和泡沫的破灭,甚至带来经济衰退。

在《非理性繁荣》第二版中罗伯特·希勒对第一版的内容进行了修正和更新,对市场波动做了更为透彻的阐释。同时,他也论及美国国内和国际房地产市场的走势,认为在 2000 年的股市泡沫破灭之后,"非理性繁荣"非但没有消失,反而在房地产市场中再次出现,所以在未来的几年里房价很有可能出现下跌。

另外,罗伯特·希勒还阐述了金融市场波动的心理根源,论证了资本主义市场经济所固有的不稳定性。他认为,要摆脱这种不稳定性,出路在于社会制度的改进,比如提供分散化的投资选择、增加保险品种,以及进一步完善社会保障制度来保障人们的收入和财产等。

二、《并非有效的市场:行为金融学导论》

《并非有效的市场:行为金融学导论》(*Inefficient Markets：An Introduction to Behavioral Finance*, by Andrei Shleifer. 2000. New York，NY：Oxford University Press.)是美国哈佛大学经济学教授安德烈·施莱弗的代表著作。该著以全新的行为金融学分析方法介绍了行为金融学的基础理论,对市场有效性提出了质疑。

20 世纪 70 年代,美国著名经济学家尤金·法玛提出了著名的有效市场假说,这被认为是标准金融学的重要理论基础(Fama,1970)。该假说认为,在存在大量的具有完全信息的理性投资者的市场中,资产价格能够充分地反映所有可以利用的信息。而安德烈·施莱弗在该书中认为:理性投资者的假设不仅违背了心理学规律,而且在原理上也行不通;市场中的非理性并不是随机的,且是不能被消除的;套利行为也是不完全的和有风险的,会受到投资者心态的波动性、时间期限、代理问题和交易成本等因素的影响。这些因素导致市场并非有效。施莱弗还提到,要理解股票市场中的价格波动等异常现象,就不能忽视投资者心态及其变化对市场的影响。因此,为了更好地理解股票市场是如何运行的,应该从投资者心态的角度入手来分析市场的非有效性。

该书首先从理论和实证上对有效市场理论提出了质疑。金融市场中存在两类交易者：理性的套利者和大量的非理性的噪声交易者。噪声交易者的行为是随机的和不可预测的，从而使得资产价格存在风险，套利行为是不完美的。而在这一过程中，噪声交易者可以通过影响资产的价格来获得较高的预期收益率。这样，即使不存在基本面风险，资产的价格也会显著地偏离基本价值，市场有效性难以得到实现。施莱弗着重从噪声交易者风险和专业套利的角度指出套利行为的有限性，并以封闭式基金为例，详细介绍了在投资者心态和噪声交易者风险的共同作用下，封闭式基金的价格与其基本价格发生偏离，从而使基金的折价现象长期存在。

进一步地，安德烈·施莱弗在书中提出了行为金融学的两个经典理论模型——投资者心态模型和正反馈交易模型，并进行了实证检验。这两个模型主要关注股票市场中的两种投资异常现象：短期内对新消息的反应不足和长期中的反应过度。这两种现象分别源于投资者的保守主义偏差和代表性偏差。作者通过建立模型来分析这两种偏差的产生机制，并对投资者的决策过程进行模拟。

三、《超越恐惧和贪婪：行为金融学与投资心理诠释》

《超越恐惧和贪婪：行为金融学与投资心理诠释》(*Beyond Greed and Fear: Understanding Behavioral Finance and the Psychology of Investing*, by Hersh Shefrin. 2002. New York, NY: Oxford University Press.) 是美国金融学家赫什·舍夫林的代表作，也是行为金融学领域的第一部综合性著作。这是一本面向金融业实务界的论著，它以生动的案例分析的方式，阐述了行为金融学研究成果的应用价值，介绍了金融市场中的投资者心态和投资者行为，以及这些心态和行为对金融实务的影响。

行为金融学主要关注投资者心态理论以及它如何影响投资者决策和金融市场的正常运行。在该书中，赫什·舍夫林通过最新的心理学研究结果和现实案例，帮助我们理解那些影响股票选择、金融服务和公司金融决策的行为。该书用丰富多彩的案例介绍了现实市场中投资分析师、货币基金经理、投资银行家和公司管理者们所犯的错误。这些错误都很常见，但人们为此付出了昂贵的代价。赫什·舍夫林指出，金融从业人员必须避免因这些错误而进入投资陷阱。他还提及共同基金业所穿的"皇帝的新装",对职业投资者的能力提出了质疑,认为即使最敏感的投资者也应该考虑被动型的投资策略。

该书分为六大部分。第一部分对行为金融学做了基本的介绍。行为金融学的研究包含三大主题:直觉驱动偏差,包含过度自信、锚定效应和模糊厌恶等;框架依赖,包含损失厌恶、自我控制和后悔厌恶等;无效市场,包含代表性偏差、保守主义等。第二部分是行为金融学对市场所进行的预测。第三部分是个人投资者行为和个人投资组合的选择。第四部分介绍了机构投资者行为,比如封闭式基金、开放式基金和固定收益证券等。第五部分是行为公司金融理论,包括公司并购和赢家诅咒等。第六部分论及期权、期货和外汇等问题。赫什·舍夫林在该书中特别强调,学习行为金融学绝不是要击败市场,而是要避免在市场中可能犯的投资错误。

四、《行为金融学的最新进展》

《行为金融学的最新进展》(Advances in Behavioral Finance,edited by Richard H. Thaler. 1993. New York,NY:Russell Sage Foundation.)是行为金融学家理查德·塞勒编的一本论文集,出版于1993年,书中包括了当时行为金融学领域最有代表性的经典论文。

理查德·塞勒把这本论文集分为六个部分。第一个部分是"噪声"。"噪声"这一概念是经济学家费雪·布莱克在1986年首先提出来的(Black,1986)。这一部分主要包括噪声的介绍、噪声交易者风险与套利行为的有限性、噪声交易者风险与封闭式基金之谜等相关文章。第二部分是关于市场过度波动性的文章。根据标准公司金融理论,股票价格应该等于其未来支付的股利的净现值。但是金融学家罗伯特·希勒在1981年发现,从历史数据来看,股利的净现值基本上是保持稳定的,但股票的价格却发生着剧烈的波动,从而对标准金融理论提出了质疑(Shiller,1981)。第三部分是关于投资者的过度反应和反应不足的现象。现实中的投资者并不是遵循贝叶斯理性的决策者,他们很可能高估刚刚发生的信息,低估或者忽略股票的历史信息和长期走势,这在某种程度上可以对市场的过度波动性做出解释。第四部分是关于国际金融市场中的一些异常现象,包括远期汇率偏差和本土偏差等。在标准的国际金融理论下,即期汇率与远期汇率的差异应该与未来的货币成交价的变化密切相关,但现实中却并非如此。另外,人们持有的投资组合也不是完全风险分散的,人们更倾向于投资本国、本地区或者本公司的股票。第五部分是行为公司金融问题,包括投资者对现金股利的偏好、收购与兼并中的自傲情绪和新股发行异常等方面的文章。第六部分是个体投资者行为,这包括"售盈持亏"的处置效应、现实市场中的投资者心态以及信用卡市场中的无效竞争等问题。

2005 年,理查德·塞勒又出版了《行为金融学的最新进展(第二辑)》,这本论文集也包含类似的六个部分,分别是:套利行为的有限性、股票收益和股票市场溢价、过度反应和反应不足的实证研究、投资者心态与过度反应和反应不足理论、个人投资者行为以及行为公司金融。

五、《行为金融:洞察非理性心理和市场》

行为金融学的一个基本观点是投资者并非理性。著名的投资专家詹姆斯·蒙蒂尔(James Montier)在总结多年实践经验的基础上,对这一既实际又严谨的新兴学科进行了全面的介绍,揭示了人们在投资决策中的非理性本质。《行为金融:洞察非理性心理和市场》(*Behavioral Finance*:*Insights into Irrational Minds and Markets*,by James Montier. 2002. Chichester, West Sussex:John Wiley & Sons Ltd.)是行为金融学领域较早的综述性经典著作。

该书的作者詹姆斯·蒙蒂尔是 GMO 资产管理公司的资产配置经理,曾任美国兴业银行的全球策略主管。他对投资者心理与金融市场之间的互动有着深刻的见解。除了这本书,蒙蒂尔还出版了《行为金融运用指南》和《价值投资:聪明投资者的工具》等著作(Montier,2007,2009)。他在对投资者的心理特征进行总结的基础上,结合自身的经验,提出了克服非理性行为的一些具体方法,包括"懂得反向思维"、"不要投资于你不理解的产品"、"要有耐心地等待泡沫收缩"等七大投资定律。

詹姆斯·蒙蒂尔认为标准金融模型有着致命的缺陷,它们甚至无法对金融市场的运行做出大致的预测。当今的金融市场是一个行为金融学的世界,人类的情感规则和逻辑在其中起着重要的作用。金融市场不仅能够反映资产负债表中所包含的信息，更能反映由这些信息所引发的心理因素及变化。

该书第一章和第二章介绍了行为金融学的心理学基础、套利行为的有限性和无效市场，后两者也被认为是行为金融学的理论基础。其中，行为金融学的心理学基础主要包括错误的判断和错误的偏好两个部分。第三章提出了风格投资的概念，并对价值型股票、成长型股票以及动量效应等进行了研究。第四章和第五章是比较理论化的部分。作者讨论了价值估值、盈利分析、对资本成本的衡量以及使用风险价值方法的风险控制理论及缺陷等内容。第六章是对股票和债券的资产配置。第七章是行为公司金融问题。最后一章是对行为分析方法中的一些关键概念的总结。金融学家理查德·塞勒评价此书说："《行为金融》是独树一帜的，它把经验丰富的投资者的具有洞察力的见解，用实用的方法和可以被读者理解的方式，与金融理论相结合。这本书对所有需要研究市场行为的学生和需要用行为金融学方式来提高收益的投资者来说，都是非常有用的。"

六、《资产定价的行为方法》

《资产定价的行为方法》(*A Behavioral Approach to Asset Pricing*, by Hersh Shefirn. 2005. Burlington，MA：Elsevier Academic Press.)是美国金融学家赫什·舍夫林另一部重要的代表作。在经济学家罗伯特·希勒看来，这本书在行为金融学与标准金融学的资产定价理论之间架起了一座桥梁，使行为金融学有了更为深远和广泛的用途。

该书对经典金融理论提出了挑战，在分析标准资产定价理论的经典假设的同时，将行为金融学的成果引入其中，对这些假设进行了重构。赫什·舍夫林构造了一个严谨的理论模型，即一般性的、行为导向的跨时期模型，并提供了有效的实证检验工具。通过对这个模型进行拓展，舍夫林还对金融衍生产品、固定收益证券和均值-方差有效组合等进行了讨论。

该书首先介绍了行为金融学的重要概念——直觉驱动偏差和表征推断，并将这两个重要概念应用到个人投资者、机构投资者、公司管理者以及投资分析师等的实际决策中，在一个对数效用模型中说明了表征推断的异质性信念的含义，并对其进行了推广。该书还给出了市场情绪的相关概念。

市场情绪可以看作是市场中的总量错误。只有当市场情绪等于零时,价格才是有效的。在此基础上,股权市场中的风险溢价可以理解为一个基本溢价和一个情绪溢价。此外,该书还给出了利率期限结构、期权价格和均值-方差资产组合等金融理论的行为形式。这些行为理论并不是割裂开来的不同理论,而是书中提出的单一的、统一的行为资产定价理论的各种特殊形式。最后,该书阐述了展望理论对资产定价的重要意义。

该书的重要特点在于它给出了一个资产定价的理论框架。在这个理论框架中,行为信念和偏好可以通过模型中的随机折现因子对所有的资产价格产生重要的影响,其中,行为随机折现因子能够反映投资者的心理因素。从这个角度看,该书围绕随机折现因子构建了行为资产定价理论,并对其进行拓展性论述。与标准金融理论中向下倾斜的随机折现因子不同,现实中典型的行为随机折现因子是震荡的。未来的研究方向应该是分析随机折现因子的震荡是来自于投资者理性,还是来自于投资者错误,还是同时来自于这两者。

七、《行为公司金融:创造价值的决策》

《行为公司金融:创造价值的决策》(Behavioral Corporate Finance: Decisions that Create Value, by Hersh Shefirn. 2005. New York, NY: McGraw-Higher/Irwin.)也是美国金融学家赫什·舍夫林的重要著作。该书从行为金融学的角度对公司金融问题进行了探讨。该书考察了人们在进行资本预算、资本结构和股利政策等决策时可能出现的认知偏差和行为特征,以及这些认知偏差和行为特征对决策结果造成的重要影响。该书的理论是对标准公司金融理论的重大突破。

在心理学因素的影响下,标准公司金融工具在现实中很难得到有效的运用。该书在对这些心理学因素进行介绍和识别的基础上,探讨了如何减轻和消除这些心理因素带来的负面影响,并提出了具体的方法和步骤,以实现公司价值的最大化。赫什·舍夫林指出,该书的主要目的是帮助人们了解如何尽量避免可能出现的心理学偏差,使公司金融工具能够得到有效的运用。该书用行为学的方法,讨论了公司金融研究所涵盖的绝大部分内容。

赫什·舍夫林在书中的第一章首先对一些常用的心理学概念进行了介

绍,比如过度乐观、直接推断和框架效应等。该书并不是强调过度乐观等心理学概念,而是考察这些心理学概念对管理者的决策所造成的影响。第二章讨论了过度乐观对公司价值评估的影响。第三章讨论了过度乐观对公司资本预算的影响。接下来舍夫林运用行为学的方法,对风险与收益以及市场的非有效性进行分析。在过度自信和过度乐观等直觉驱动偏差的影响下,人们常常对风险估计不足,容易承担过多的风险,并获得较低的收益。作者还讨论了投资者心态与公司的资本结构和股利政策的关系,这包括在资本结构问题上投资者的时机选择问题,以及投资者对现金股利的偏好等。最后,作者讨论了委托-代理冲突、公司治理理论等问题。他在书中指出,在损失规避和过度自信等心理偏差的影响下,以股票期权为基础的报酬补偿可能会加剧委托-代理冲突。

八、《金融心理学:掌握市场波动的真谛》

心理因素可以影响市场上的价格波动,这一事实正在被越来越多的人所接受。《金融心理学:掌握市场波动的真谛》(*The Psychology of Finance—Understanding the Behavioral Dynamics of Markets*,by Lars Tvede. 2002. Revised Edition. Chichester, West Sussex: John Wiley & Sons, Ltd.)是金融市场心理学的重要研究成果,既有理论创新又有实用价值。该书论述了金融市场的神秘一面,即"市场心理行为",描述了这些行为是如何产生的,探讨我们如何运用这些知识来提高对金融市场的认识。该书是行为金融学的通俗导论,是金融市场技术分析法的心理基础。

该书作者拉斯·特维德是瑞士的投资银行家、基金经理和金融衍生品投资专家。1996年,拉斯·特维德与其他人合作成立了宽带因特网公司,同时他还是一家对冲基金的董事。特维德在总结多年的投资经验的基础上,于1999年完成了这部著作,2002年修订再版。

该书的突出贡献是奠定了金融市场技术分析的一整套行为学和心理学基础,刻画了投资者的心理因素,探讨了这些心理因素如何影响金融资产的价格变化。特维德认为,股票市场波动印证的并不是事件本身,而是人们对事件的反应,是数百万人对这些事件将会如何影响他们的未来的认识。换句话说,最重要的是,股票市场是由人所组成的。该书强调,利用技术分析法和图形分析法可以在一定程度上预测未来市场的走势。

拉斯·特维德在书中介绍了金融市场的四项原理。掌握了这些原理，就掌握了金融市场的本质和真谛。第一项原理是"走在市场前面"。要想战胜市场，就必须走在市场前面，能够预测市场的未来。一个成熟的投资者应该能够预测人们会把资金投向什么地方。第二项原理是"市场是非理性的"。作者从大众心理学的角度，分析了人们的动物本性和从众心理。第三项原理是"混沌支配"。混沌是一个数学的概念。近年来，混沌理论和分形理论等非线性科学在金融领域得到了广泛的应用。第四项原理是"图形是可以自我实现的"。市场中的很多投资者都使用同样的图形进行预测，试图从中获利，而不管这些图形的实际含义是什么。然而，如果所有人都使用同样的技术分析法，那么它就不只是自我实现，还会自我毁灭。

九、《行为金融学综述》

金融学家尼古拉斯·巴伯瑞斯和理查德·塞勒合作的《行为金融学综述》(A Survey of Behavioral Finance, by Nicholas Barberis and Richard H. Thaler. 2003. In *Handbook of the Economics of Finance*, edited by G. M. Constantinides, M. Harris and R. Stulz. Elsevier Science B. V.)发表于2003年。这篇文章对行为金融学理论进行了框架性描述，使其更具逻辑性，是当时非常全面的行为金融学综述性文章。

在标准金融学理论的框架下，市场中的人们是理性的。这包含下面两层含义。第一，在获得新的信息时，人们会及时地根据贝叶斯法则准确无误地更新自己的信念。第二，更新信念后，人们遵照预期效用最大化的原则进行决策。然而，现实市场中存在大量的现象，是与标准金融学理论相违背的，于是，行为金融学应运而生。为了更好地解释现实市场中的这些异常现象，行为金融学放松了标准金融学下的理性经济人假定。行为金融学认为，在很多情况下人们并不会严格地遵循贝叶斯法则来更新自己的信念，或者即使及时且正确地更新了信念，人们的决策也不符合预期效用最大化的原则。

这篇文章首先谈到了市场的非有效性。一些对行为金融学存在质疑的人们认为，即使市场中存在不完全理性的投资者，市场也是有效的，因为从长期看,这些不完全理性的投资者对市场的影响会被套利行为所消除。但该文指出套利行为是有限的,资产价格会长期地偏离其基本价值,市场并非有效。那么,投资者的非理性行为如何在市场中得到体现呢?该文从信念和偏好两个角度介绍了投资者存在的一些心理偏差。比如,从信念上看,包括过度自信、代表性偏差、锚定效应和可行性偏差等;从偏好上看,包括模糊厌恶和展望理论等。其中,展望理论描述了投资者在不确定情况下的决策,是行为金融学的一个重要理论基础。作者先后讨论了整体股票市场中的股权溢价之谜和股市的过度波动性等现象,个体股票收益中的规模溢价、价值溢价和动量效应等现象,封闭式基金的折价交易问题,现实市场中的个人投资者行为,例如分散化不足和本土偏差。该文最后还探讨了行为金融学在公司金融领域的具体应用。

十、《展望理论:一项风险条件下的决策分析》

《展望理论:一项风险条件下的决策分析》(Prospect Theory: An Analysis of Decisions under Risk, by Daniel Kahneman and Amos Tversky. 1979. *Econometrica*, 47(2): 263—292.)是心理学家丹尼尔·卡尼曼和他的同事阿莫斯·特沃斯基在1979年合作完成的,发表在著名的经济学类期刊《计量经济学》上。卡尼曼和特沃斯基在这篇文章中提出了非常著名的展望理论,也被称为前景理论或期望理论。

长期以来,预期效用理论是标准金融学的重要理论基础,它完美地描述了人们在不确定情况下的决策。但在现实生活中,人们的行为经常会违背预期效用理论。这篇文章在对预期效用理论进行批判的基础上,提出了展望理论。展望理论通过引入心理学知识,更好地揭示了人们在不确定情况下的行为准则。它动摇了标准金融学所依赖的预期效用理论,并为行为金融学奠定了坚实的理论基础。

展望理论是描述性范式的一个决策模型。在展望理论中,人们在不确定情况下的决策分为两个阶段:编辑阶段和估值阶段。在编辑阶段,人们通过编码、合成、分离、删除、简化和优势检查等方式,对事件进行组织和整理并得到其简化形式。在估值阶段,针对已被编辑过的事件,人们计算出预期价值并进行评估。展望理论中的预期价值可以用两个尺度来衡量:价值函数和权重函数。与预期效用理论不同的是，这里的价值是指与参照点相比的损失或收益，而不是投资者的绝对财富。对于不同的参照点来说，财富的增加或减少所带来的效用是不同的。价值函数的重要特征是：在收益区间呈凹性，在损失区间呈凸性，这意味着人们在获得收益时是风险规避的，而在遭受损失时是风险偏好的。另外，价值函数在损失区间比在收益区间更加陡峭，因为人们是厌恶损失的。相对于收益而言，损失对人们的影响更大。权重函数是与事件发生的概率相对应的，在某些情况下，可以看作是事件发生的主观概率。一般来看，事件的权重都小于其发生的概率，但是小概率事件除外。人们常常高估小概率事件发生的可能性，对小概率事件赋予的权重往往高于其发生的真实概率。比如，人们愿意购买彩票，这是因为人们常常高估获利的可能性，在这种情况下，人们是风险偏好的；同时，人们也愿意购买保险，这是因为人们常常高估发生损失的可能性，在这种情况下，人们是风险规避的。

在对展望理论进行介绍的基础上，这篇文章还分析了确定性效应、反射效应和分离效应等现象。确定性效应是指与不确定事件相比，人们更加偏好确定性事件。也就是说，人们更愿意"落袋为安"，而不愿意去"赌一把"。反射效应是指人们在遭受损失时和获得收益时的偏好刚好相反。在遭受损失时，人们更愿意去"赌一把"，而不愿意接受既定的损失。分离效应是指在两个事件之间进行选择时，人们往往忽略这两个事件的共同部分，而专注于不同的部分，从而简化了选择过程。

十一、《过早售出赢家股票、太久持有亏损股票的处置效应：理论和证据》

20 世纪 80 年代，同在美国圣塔克拉拉大学的赫什·舍夫林和迈尔·斯塔特曼对股票市场中的个人投资者行为进行了研究，发现了非常著名的处置效应。他们的文章《过早售出赢家股票、太久持有亏损股票的处置效应：理论和证据》(The Disposition to Sell Winners Too Early and Ride Losers Too Long: Theory and Evidence, by Hersh Shefrin and Meir Statman. 1985. *Journal of Finance*，40(3)：777—790.)于 1985 年 7 月发表在金融学类顶尖杂志《金融学期刊》上。

在标准金融理论下，对个人投资者行为的经典描述是预期效用理论。

但是随着"阿莱悖论"等一些异常现象逐渐被发现,预期效用理论开始受到学者们的质疑,并逐渐被丹尼尔·卡尼曼和阿莫斯·特沃斯基提出的展望理论所取代。展望理论能够更好地描述人们在不确定情况下的行为。

在这篇论文中,赫什·舍夫林和迈尔·斯塔特曼主要讨论了个人投资者买卖股票的决策。人们是更加愿意卖出盈利的股票实现收益呢?还是愿意卖出亏损的股票实现损失呢?乔治·康斯坦丁尼德斯考察了投资者的最优策略(Constantinides,1983,1984)。根据美国的税法,短期的收益和损失按照一般收入的标准征税,而长期的收益和损失按照一个较低的税率标准征税。因此,康斯坦丁尼德斯认为出于对税收的考虑,投资者应该在短期内迅速实现损失,而收益却可以在中长期内再得到实现。但是,现实市场中的投资者行为却并非如此。

赫什·舍夫林和迈尔·斯塔特曼研究发现,投资者倾向于长时间持有正在遭受损失的股票,而过早地卖掉正在获得收益的股票,这被称为处置效应。处置效应是现实市场中普遍存在的一种投资者的非理性行为。一般来看,投资者不愿意以亏损的价格卖出股票,因为人们不愿意承认自己的投资是失败的,不愿意放弃在这个投资中获利的机会。他们宁愿等到价格涨回到当初的购买价格,做到不赔不赚,即所谓"扳平症"。

这篇文章从展望理论、心理账户、追求自豪/避免损失和自我控制四个角度,对处置效应进行了解释,并提供了实证检验和证据。根据展望理论,在获得收益时,投资者是风险规避的,他们更愿意实现已经发生的盈利;而在遭受损失时,投资者是风险偏好的,宁愿再赌一把而不愿意接受损失。另外,在心理账户的作用下,投资者倾向于把股票的收益和损失分别放入不同的心理账户,而如果能够利用税收掉期等方式,把这些收益和损失综合起来考虑的话,投资者就会获得更高的收益。此外,投资者也受后悔厌恶和追求自豪感的影响。如果卖出盈利股票,实现盈利,投资者会感到非常自豪;反之,如果卖出遭受亏损的股票,投资者会对自己的行为感到后悔和痛苦。

进一步地,赫什·舍夫林和迈尔·斯塔特曼通过对金融市场中的两类数据进行分析,证实了处置效应的存在。一类数据是个人投资者的股票交易数据。他们将股票按照持有期的不同依次分为三组——1个月以下、2到6个月和7到12个月,考察在不同组别中投资者实现收益的比例。考虑到税收因素和交易费用,第一组股票实现收益的比例应该最低,第二组股票实现收益比例应该较低,而第三组实现收益的比例应该比较高。但数据却显示,在所有的三组中,投资者实现收益的比例大约都是 60%,实现损失的比例大约都是 40%。可见,投资者更加愿意实现收益。另一类数据是共同基金的交易数据。此类数据显示,实现收益的比例要明显地高于实现损失的比例。综上所述,处置效应是广泛存在的,投资者更加愿意过早卖出盈利的股票而过长时间地持有亏损的股票。

十二、《市场能自我调节吗?高科技股票中的不合理定价》

20 世纪 90 年代,美国高科技和互联网的股票价格大涨,股票市场上呈现出前所未有的非理性繁荣景象。美国哈佛大学的欧文·拉蒙特与芝加哥大学的理查德·塞勒合作的《市场能自我调节吗?高科技股票中的不合理定价》(Can the Market Add and Subtract? Mispricing in Tech Stock Carve-Outs, by Owen A. Lamont and Richard H. Thaler. 2003. *Journal of Political Economy*,111(2):227—268.)一文特别关注了这一时期的投资者非理性行为。该文是一篇关于互联网股票泡沫的经典论文。

欧文·拉蒙特和理查德·塞勒在文章中主要考察了发生在高科技股票中的股权转让现象。股权转让是指母公司以部分公开发行的方式,转让所持有的下属子公司的股份。根据标准金融理论,同样的资产应该有同样的价格,这被称为单一价格定律。如果每持有 1 股甲公司的股票,可以获得 x 股乙公司的股票,那么甲公司的股票价格就应该至少是乙公司股票价格的 x 倍。这篇文章通过对 1998 年到 2000 年的数据进行考察,发现违反单一价格定律的现象是持续存在的。造成这种错误定价的主要原因是交易成本和投资者的非理性行为。投资者的非理性行为导致股票价格与其基本价值发生偏离,而高昂的交易成本则限制了套利行为很好地发挥作用,使得错误定价得以长期存在下去。

这篇文章以 3com 公司及其子公司奔迈(Palm)为例,说明了高科技股票中的不合理定价现象。3com 公司是美国一家经营电脑网络系统和服务的上市公司,奔迈是 3com 的一个生产掌上电脑的子公司。2000 年 3 月,3com 通过一次公开发行卖出了 5% 的奔迈公司股票。同时 3com 宣布,如果获得美国国税局的通过,它将在年底之前卖出剩余 95% 的奔迈股票,与此同时,每股 3com 股票能获得 1.5 股奔迈股票。由于 3com 公司还有其他的盈利部门,如果单一价格定律成立的话,那么 3com 的股价就应该至少是奔迈股价的 1.5 倍。事实上,在公开发行的前一天,3com 的收盘价是每股 104.13 美元。第一个交易日结束时,奔迈以每股 95.06 美元收盘。根据单一价格定律,3com 的股价应该至少是 143 美元,然而 3com 却跌到了 81.81 美元!这意味着除了奔迈业务外,3com 的自有资产和业务的市场价值是每股 −60 美元!很显然,这是非常不合理的。然而,这一现象竟然持续了好几个月。虽然接下来 3com 的公司价值由最初的负值逐渐接近零,再转变为正值,但是这个过程非常缓慢,这说明市场在修正不合理定价时,在时间上是滞后的。

可能你会认为,在这一过程中,理性投资者可以通过套利行为获取超额利润,同时对错误定价进行纠正。他们可以在购买 1 股 3com 股票的同时,抛售 1.5 股奔迈的股票,这样当奔迈公司被全部转让出来时,投资者就可以在较低的风险水平上获得较高的回报。然而,拉蒙特和塞勒指出,套利行为是不完美的,其中最大的障碍是过高的交易成本,或者说对卖空能力的限制。那些为了卖空而借入奔迈股票的投资者,很可能被告知没有可以被借入的股票,或者需要支付非常高的借入价格。另外,市场上对卖空奔迈股票的需求是非常强大的,比如,在做空意愿最高涨的时候,空头销售高达 147.6%!需求远远超出了市场的供给能力,也导致奔迈的价格始终居高不下。需要说明的是,以上奔迈和 3com 的例子并不是市场上的个别现象,在拉蒙特和塞勒的样本中,还有很多类似的案例。

除此之外,欧文·拉蒙特和理查德·塞勒还研究了期权市场。在一个运行良好的期权市场中,看跌期权和看涨期权应该实现对等。但是,奔迈的股票期权却违反了这种对等性。一方面,非理性投资者愿意以不现实的高价购买股票;另一方面,理性投资者不愿意或者不能够卖空足够多的股票,这就导致看跌期权比看涨期权的价格要高出一倍。这进一步说明了高昂的卖空成本和对奔迈股票超强的卖方需求,使得套利机制不能完全发挥作用。

这篇文章对标准金融学理论中的市场有效性提出了挑战。非理性投资者的存在,导致市场价格不能充分地反映出公司的基本价值。另外,不可预测的非理性、卖空限制和交易成本等,使得套利行为是有成本和有风险的,最终导致市场并非有效。

第三节 行为金融学重要期刊和学术组织

当前,中外金融学界非常关注行为金融学的研究。众多的研究机构创立了一些重要的学术组织,创办了一些在该领域富有影响力的重要期刊。这些学术组织和重要期刊对行为金融学的产生、发展及其在世界范围内的广泛应用起到了重要的推动作用。

一、重要期刊

(一)《行为金融学期刊》

行为金融学界最重要的期刊应属《行为金融学期刊》(Journal of Behavioral Finance,JBF)。该期刊为经同行评审的季刊,收录行为金融学领域的相关研究。在这一迅速发展的新领域中,JBF 收录了学科发展最前沿、顶尖的研究作品。所有投稿至该期刊的学术论文都需经过编辑初审、两名匿名审稿人评审的同行评议程序。

JBF 创刊于 2000 年,原名为《心理学与金融市场期刊》(The Journal of Psychology and Financial Markets)。该期刊致力于促进尚未在标准金融学和经济学期刊上发表的行为金融学方面的研究,展现资本市场中个人或团队情感、认知和行为方面的最新研究成果,涵盖人格、社会、认知和临床心理学以及精神病学、组织行为学、会计学、市场营销学、社会学、人类学等多学科的交叉研究成果。此外,该期刊还鼓励构建心理学对资本市场波动影响的知识体系,以形成对资本市场的新理解和改善投资决策。该期刊还致力于推动行为学研究者对资本市场进行行为数据的记录,为拓宽研究领域提供了机会。

(二)《行为与实验金融学期刊》

《行为与实验金融学期刊》(Journal of Behavioral and Experiment Finance,JBEF)创建于 2013 年。该期刊主要关注行为金融学和实验金融学领域一些较具影响力的研究成果，并为该领域作者提供高质量的发表平台。

 JBEF 为人们了解金融决策提供了一种新的视角。其宗旨是出版金融领域与行为学相关或使用实验手段研究的高质量论文，包括但不局限于：认知偏差、神经生物学在金融决策中的影响；民族及团体文化对决策的影响；情绪与资产定价；金融决策与交易的实验设计与应用；方法论实验和自然实验。行为学和实验方法的经验和理论研究均在其出版范围之内，同时开设了"常用软件工具"专栏，介绍实验和行为学测试的相关程序代码。该期刊还涵盖行为金融学和实验金融学领域的综述类文章，鼓励年轻学者投稿，同领域最近发表的其他较高影响力的研究同样有机会在该期刊上再次刊载。

（三）《国际行为会计与金融期刊》

《国际行为会计与金融期刊》（International Journal of Behavioural Accounting and Finance，IJBAF）主要刊载会计学和金融学领域有关金融市场、公司或政府背景的行为学研究，包括关于人类行为与会计学、金融学之间的交互影响的理论和经验类论文。该期刊领域广阔，涵盖财务会计、管理会计、审计等会计学的主要分支，以及公司金融、投资与金融市场等金融学分支的行为学研究。

IJBAF 致力于成为出版会计与金融学领域中以行为学为议题的原创学术作品的前沿期刊。"行为学议题"这一术语指意广泛，包括但不限于存在于个人、群体、组织、金融市场和社会中的经济、管理、心理和社会学相关议题。多数刊登在 IJBAF 上的研究都将经验方法作为研究的核心，但 IJBAF 同样刊登类型多样的文章，如原创论文、论文综述、技术报告、案例研究、会议报告、管理报告、书评、笔记、评论及新闻等，同时还会不定期地刊登行为会计学、行为金融学等重要议题的专题。

（四）《经济学与行为研究期刊》

《经济学与行为研究期刊》（Journal of Economics and Behavioral Studies，JBES）作为一份开源期刊，为全球读者免费提供有价值的信息，通过与学者和执业者合作来拓宽其知识基础。该期刊主要刊登国内外商界新兴热点和发展的相关研究，接受管理经济学、金融经济学、发展经济学、金融心理学、策略管理、组织行为学、人类行为学、营销学、人力资源管理和行为金融学等学科的投稿。

（五）《行为经济学、金融、创业学、会计与交通期刊》

《行为经济学、金融、创业学、会计与交通期刊》(Journal of Behavioural Economics, Finance, Entrepreneurship, Accounting and Transport, JBEFEAT)刊登经济、金融、创业学、会计和交通等领域的行为学研究。该期刊致力于讨论行为学理论在多领域研究中的影响。JBEFEAT 是首个引入"行为创业学"和"行为交通学"概念的期刊，同时重点刊登有关投资者、管理者及企业家心理在决策过程中的作用的学术文章。

（六）《行为金融学评论》

《行为金融学评论》(Review of Behavioral Finance, RBF)主要刊登行为金融学领域的优质原创文章，采用同行评审制，收录经验、实验、理论研究以及评论类文章等。

RBF 不仅涵盖金融决策过程的理论和数量研究，还涉及决策者的行为学特质对企业资本结构、投资者资产组合以及金融市场运行的影响。该期刊接受金融学、心理学及决策科学领域的投稿，研究方法可以是金融学、市场会计学、经济学、心理学、社会学和数学等。

（七）《行为决策期刊》

《行为决策期刊》(Journal of Behavioral Decision Making, JBDM)创刊于 1996 年，在行为金融学领域有着重要的影响。该期刊关注心理学研究方法，常常提出有关基础决策过程的心理学新理论，报告并诠释标准经济理论所不能解释的现象。JBDM 刊登原始经验研究报告、方法论研究成果、批判性综述论文和理论分析，同时还刊载相关技术软件和书评类文章。

JBDM 致力于刊登关于决策的行为学研究，并为该类研究提供讨论和传播的平台。它同时关注的研究领域还有心理、社会、政治和经济等。此外，JBDM 的审稿人可以为文章提供建设性的参考意见。

（八）《国际实用行为经济学期刊》

《国际实用行为经济学期刊》(International Journal of Applied Behavioral Economics, IJABE)主要关注组织或企业中的经济个体的偏好、态

度和行为特征的影响。正如期刊的名称所指,该期刊特别关注应用型学术论文及来自业界的案例研究与分析,并强调行为经济学在商务中的实际应用。

(九)《经济心理学期刊》

《经济心理学期刊》(Journal of Economic Psychology,JEP)由国际经济心理研究协会(International Association for Research in Economic Psychology,IAREP)创办,主要登载行为学、心理学方面的经济相关研究。

JEP 提倡经济学理论与方法的创新,例如使用行为科学方法研究经济行为以改善社会问题。它强调经济心理学是使用心理学方法研究实体经济活动的学科,研究范围包括偏好、判断、选择、经济互动和经济活动决策,同时研究经济组织对人类行为与福利的影响。从研究层次上看,JEP 兼具微观个体与宏观经济。IAREP 成立于 1982 年,是一个定位于为相关研究者搭建经济学和心理学桥梁的出版组织,除出版学术刊物以外,还承办年度论坛、研讨会和暑期学校等。

二、学术组织

(一)行为金融学研究所

行为金融学研究所(Institute of Behavioral Finance,IBF)注重研究心理学对于投资者决策及市场波动性的影响。通过出版学术期刊《行为金融学期刊》(The Journal of Behavioral Finance)和举办学术会议,IBF 拥有行为金融学研究的前沿地位,涉及的研究领域包括启发式偏差、泡沫形成及过度反应和反应不足等。IBF 致力于联络经济学、金融学、心理学、社会学等领域的业界及学界有志者,共同探讨行为金融学领域的热点问题;通过集结多学科学术成果,致力于寻找投资决策及市场异象的更好阐释。

(二)行为与家庭金融研究所

行为与家庭金融研究所(Institute for Behavioral and Household Finance,IBHF)属于康奈尔大学戴森经济管理学院,是一所致力于支持行为金融学和家庭金融研究与教学的研究中心。

IBHF 的宗旨是成为家庭金融、行为金融学及消费金融政策的顶尖研究中心,以优化金融行为模型为目标,利用其学术人士、金融业界专家、政界人士及其他研究机构的资源,为投资决策行为研究提供支持,同时为消费金融提供有关政策的信息服务。IBHF 的重点项目有:半年度家庭金融及行为金融学研讨会、访问学者项目、博士后研究项目、研究学者项目、金融教育及白皮书系列等。

(三)行为金融和经济学学会

行为金融和经济学学会(Academy of Behavioral Finance & Economics)致力于为行为金融学、经济学等方面的研究成果及专业发展提供优质交流平台。

(四)安联全球投资者行为金融学中心

安联全球投资者行为金融学中心(Allianz Global Investors Center for Behavioral Finance)成立于 2010 年,是一所致力于将学术成果投入应用、创造出供金融策略顾问使用的实用工具的研究机构。

(五)耶鲁国际金融学中心

耶鲁国际金融学中心(Yale International Center for Finance)坐落于耶鲁大学管理学院,是行为学研究领域领先的研究机构,在行为决策学、行为经济学及行为金融学等方面研究成果卓著。

第七章 行为金融学的未来

近年来,不论在理论上还是在实践上,行为金融学都取得了显著的进展。每年都有大量行为金融学领域的论文发表,同时,行为金融学的观点也越来越普遍地出现在各种媒体上。可以说,经过数十年的发展,行为金融学已经发展和成熟起来,并逐渐成为一门备受关注且得到广泛认可的学科。本章介绍行为金融学在我国的发展状况,并探讨其未来的发展方向。

第一节 行为金融学在我国的发展

一、行为金融学的发展现状

20世纪末以来,行为金融学在我国逐渐兴起。我国行为金融学研究还处于起步阶段,研究的深度和广度还有待进一步提升。近年来,学者们从行为金融学的视角对我国市场上资产价格的变动、投资者行为、市场结构和绩效等问题,进行了全新的分析和阐释。尤其是2005年以来,随着我国资本市场的逐步开放和证券市场投资的大幅增加,行为金融学研究得到了较快发展。

郝东洋(2011)把行为金融学在我国的发展大体分为两个阶段。第一个阶段是2001年之前,这是行为金融学研究发展的初级阶段。这一阶段主要是对国外行为金融学理论的介绍,阐述行为金融学理论与标准金融学理论的差异,对投资者的一些心理特征和决策行为进行描述,并对解释股票市场行为特征的前景进行了预判。第二个阶段是2001年之后的迅速发展期。在这一阶段,行为金融学的研究着眼于对金融市场具体问题的应用性研究,行为金融学研究的深度不断拓展,研究的方法得到创新,而且研究的领域也不再局限在早期的沪深股票市场,还延伸到基金、期权和期货等市场。

在行为金融学中国化的过程中,很多学者都做出了重大贡献。相关的文献综述和研究在学术期刊上屡见不鲜,这对行为金融学在我国的发展起到了很好的引导作用。他们的研究成果主要集中在以下几个方面。第一,对行为金融学理论的综述和总结。这包括行为金融学与标准金融学的理论冲突；根据展望理论对现实中投资者的心态和决策特征进行总结；对行为金融学最新研究成果的介绍；等等。第二，对投资者心态和行为的研究。一些经济学和心理学研究者通过调查问卷、心理实验和数量检验等方法，对投资者进行了多元化的尝试性研究，但都集中在对投资者过度自信的实证研究以及对羊群行为进行实证分析等方面。整体上看，我国在这方面的研究还比较缺乏和分散。第三，利用我国金融市场的数据进行实证分析和检验。针对规模溢价、价值溢价和日历效应等市场上异常现象的实证研究，在我国早已开展。近年来，基于行为金融学理论的投资策略研究，正在如火如荼地展开，比如，对动量交易和反转交易策略的研究逐渐增多。

关于我国行为金融学的研究热点，陈菊花和詹程（2009）采用了类型分析和内容分析的方法，分析了1998年到2007年的行为金融学研究热点，发现行为金融学的研究热度逐年提高，综述类和规范类的研究占较大比重。随着研究深度的推进，实证研究逐渐增加。非理性行为对证券市场的影响、行为金融投资决策模型等是研究的热门领域。

上述研究涉及的时间段是行为金融学在中国发展的第一个十年，并未涉及2007年之后的文献。我们运用类似的统计分析方法，分析2007年到2016年十年间行为金融学在我国的新进展。我们选择中国社会科学引文索引（CSSCI）数据库，以"篇名/关键词"为检索项，"行为金融"为检索词，以发表时间为2007年到2016年进行检索。通过检索并筛选，共得出215篇相关文献。我们以年为单位，对样本文献的类型和内容进行统计研究。我们对样本的内容进行归类统计，分析我国行为金融学的研究内容和热点；按照年份对文献进行分类，分类标准见表7.1；按照此类型划分，逐年统计出各类型行为金融学文献数量并进行加总，结果如表7.2所示。

表7.1 文献的分类标准

文献类型	分类标准
规范型	表明立场或是政策性的文章
描述型	以案例或数据为描述对象；不进行实证分析
概念型	试图论述变量或概念之间的关系；不进行实证分析
文献型	对文献的回顾、总结、评论、延伸
实证型	以定量分析验证理论假设，或以演绎数学模型为主的文章

表 7.2　行为金融学不同类型文献的逐年汇总

年度 类型	2016	2015	2014	2013	2012	2011	2010	2009	2008	2007	总计
规范型	0	6	0	1	0	0	2	1	3	1	14
描述型	0	2	2	1	4	4	1	6	1	5	26
文献型	1	2	2	2	5	5	1	7	10	9	44
概念型	1	2	1	1	2	1	8	7	6	11	40
实证型	3	10	6	6	11	12	8	6	17	12	91
总计	5	22	11	11	22	22	20	27	37	38	215

按年份统计,各年份文献总量变化反映在下述折线图中(图 7.1)。初步分析统计结果,容易看出近十年间,2007 年和 2008 年是行为金融学文章发表的密集时期。在这两年间,实证类文献占绝大部分比重,占当年 30% 左右,其次是文献综述,占 25% 左右。规范型和描述型所占比例相对较小,共约占当年总计的 8% 到 10%。2013 年和 2014 年行为金融学文章发表相对较少,略呈 U 型低谷,也可能由于文献总量有限,数据偶然性误差相对较大。2016 年的行为金融学文献最少,只有 5 篇,这是由于截至本书写作时,2016 年的数据尚不完整,但考虑到这些最新文献尽管少,却能对最近的研究热点提供信息,故在本次统计中加以保留,但不将其反映于折线图中。

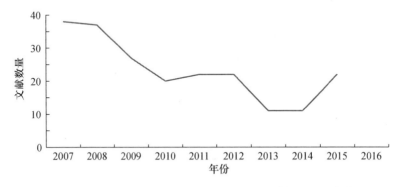

图 7.1　2007 年到 2016 年 CSSCI 中行为金融学相关文献数量

将本次类型分析结果与陈菊花和詹程(2009)的统计结果相比较,可以发现与前十年相比,近十年间我国行为金融学研究的特点如下:(1)每年发表文献数量未发生显著增长,维持在相对稳定的数量水平。比起 1998 年到 2007 年十年间学科刚刚在中国兴起时的蓬勃现象,2007 年之后行为金融学文献进入稳定产出的平台期。(2)实证研究占较大比重,规范型和文献型比例下降。这一变化反映了学科发展的规律之一:理论研究之后往往是实证研究的兴盛,学科的实用性逐渐得到体现。学科在这十年间完成了研究类型的转型,为行为金融学理论指导实践打下了基础,具有较高的现实意义。

当然,我国行为金融学的研究还存在明显的不足。一方面,在理论研究上,原创性明显不足。尽管行为金融学在我国兴起已有一段时间,且在近年迅速升温,但目前关于行为金融学理论的文献大都停留在引进和介绍国外最新理论的阶段,尚缺少理论创新,鲜有体现我国特色的行为金融学研究。另一方面,在实证研究上,尽管我国学者在这方面做了一些尝试,但主要仍局限在对国外研究的学习和模仿上。

二、行为金融学与我国股票市场

标准金融学把理论与现实的反差归因为市场的不完善和无效率,而当所有的研究都以此为研究范式时,很显然这些研究就会失去真实意义。因此,行为金融学理论打破了理性框架对研究范式的局限,为理解我国股票市场提供了一个崭新的视角,是探讨和解释我国股票市场现实问题的一个有效工具。作为一个新兴的市场,我国股票市场的特定历史发展阶段决定了其不完善性。一方面,与西方发达国家的成熟市场相比,我国的股票市场还存在明显的差距;另一方面,与标准金融学理论的预测相比,我国的市场也存在明显的反差。比如,宏观政策环境的不确定性较大,标准金融学中的有效套利机制不尽完善,投资者的非理性程度较高,等等。这都说明基于标准金融学理论的投资策略很难获得成功,因此,行为金融学在我国具有较强的适用性和现实意义。

学者们一般认为,我国的股票市场仍以弱有效市场为主要特征,这就为非理性行为提供了肥沃的土壤。在我国投资者中,中小投资者占绝大部分。这些中小投资者很容易受过度自信、过度恐惧、赌徒谬误、暴富心理和从众心理等心理学偏差的影响,短线操作频繁。同时,这些中小投资者还表现出明显的羊群行为,且其程度显著地高于发达国家的成熟市场。另外,政策因素对投资者行为也有着显著的影响,随着政策的出台与导向的变化,人们的交易频率和交易行为也会发生变化。因此,无论在理论上、实践上还是政策导向上,行为金融学都有着深刻的指导意义。从某种意义上说,金融投资过程首先是一个心理过程,这个心理过程特征决定了投资者的行为选择,而这些行为选择又决定了政策的制定。由心理和行为的偏差导致的决策偏误,会导致资产的错误定价,并造成股市的非理性状态和持续震荡。

在实践上,行为金融学可以为投资者提供针对非完全理性市场行为的投资策略。比如,个人投资者可以借助行为金融学的研究成果,尽量避免决策中的认知偏差,使自身的行为尽可能理性;机构投资者可以利用个人投资者的认知偏差,采取相应的投资策略并获得超额收益。

在政策上,政府和监管机构可以借助行为金融学的研究成果,改进现有的政策,对经济风险进行有效的预测和控制。宏观层面上,政策对市场的调节当然必不可少,但应该尽量减少对股票市场的直接干预、行政干预,有效发挥市场这只"看不见的手"的功能,建立市场的自我恢复和自我适应机制。同时,尽量减少政策风险对市场和投资者的冲击。政策的制定和出台应具有前瞻性、稳定性和连续性,让投资者对市场的前景有一定的预见性,这有利于减少投资者的非理性行为。微观层面上,应该从最基本的"人"的工作做起,在培养投资者的理性投资理念上下工夫。政府应该倡导正确的价值观和投资理念,鼓励投资者拓宽投资渠道,追求投资组合和长期投资的理念,减少投资的盲目性。

特别地,作为机构本身的政府也可能存在心理上的认知偏差与情绪偏误。这需要政府尽可能提升自身的监管水平。同时,政府可能存在的非理性行为也提示我们应该避免"政策市"的出现。我国证券市场的有效程度较弱,且投资者表现为有限理性,政府在此时不应该直接参与或干预市场,而应该认清投资者心理与市场发展规律,提升自身监管水平,建立适当的规则,保证市场的稳定。随着行为金融学理论的不断发展,政府作为监管者和政策制定者,在制定政策时不应该拘泥于标准金融学理论下的政策指导,而应该更加深入地了解投资者的心理。如若不然,可能会产生恶劣的结果。

比如,2016年1月初"熔断机制"的实施正是一个没有充分考虑投资者心理从而给市场带来巨大冲击的典型例子。"熔断机制"分为广义和狭义两种:广义是指为控制股票、期货或其他金融衍生产品的交易风险,为其单日价格波动幅度规定区间限制;狭义则专指指数期货的"熔断"。"熔断"一词来源于物理电路保险:一旦电压异常,保险丝会自动熔断以免电器受损。金融交易中的"熔断机制",其作用同样是避免金融交易产品价格波动过度,给市场一定时间的冷静期,向投资者警示风险,并为有关方面采取相关的风险控制手段和措施赢得时间和机会。国外交易所采取的熔断机制一般有两种形式:"熔即断"与"熔而不断"。前者是指当价格触及熔断点后,随后的一段时间内交易暂停;后者是指当价格触及熔断点后,随后的一段时间内买卖申报在熔断价格区间内继续撮合成交。国际上采用比较多的是"熔即断"的熔断机制。我国实行的熔断机制分为两档熔断阈值和不同的熔断时间,具体政策为:当沪深300指数上涨或下跌触发5%阈值,则暂停交易15分钟,熔断结束时进行集合竞价,之后继续当日交易。14点45分及之后触发5%熔断阈值,暂停交易至收市。另一档阈值为7%,在全天任何时段沪深300指数上涨或下跌触发7%熔断阈值,暂停交易至收市。当涉及特殊时段时须遵守如下规则:① 开盘集合竞价阶段不实施熔断;② 上午熔断时长不足的,下午开市后补足;③ 熔断机制全天有效;④ 股指期货交割日仅上午实施熔断,无论触及5%还是7%引发的暂停交易,下午均恢复交易;⑤ 若上市公司计划复牌的时间恰遇指数熔断,则需延续至指数熔断结束后方可复牌。

熔断机制在我国的实施过程分为几个阶段:2015年9月6日证监会负责人答记者问时表示,证监会将研究实施指数熔断机制;2015年9月7日上交所、深交所和中金所发布征求意见通知;2015年12月4日证监会正式发布指数熔断相关规定;2016年1月1日熔断机制正式实施;2016年1月4日和2016年1月7日,A股发生两次熔断;2016年1月8日起暂停实施指数熔断机制。其中,2016年1月4日A股发生历史上首次"熔断":于13点13分跌幅超过5%,引发第一次熔断。暂停之后重新开盘5分钟之后即引发第二次熔断,三个交易所暂停交易至收市。1月7日A股开盘半小时内两次熔断,仅成交14分钟,近1700只个股跌停,4日内有2日触发熔断,创造历史最快收盘纪录。当晚,经证监会批准,上交所、深交所和中金所决定于1月8日起暂停指数熔断机制。

熔断机制在国外表现出色,有效地避免了大规模股灾的发生。对于我国监管者来说,熔断机制是一种保护市场的干预手段。但是实际上,熔断机制在我国开始实施的5个交易日之内就引发了两次熔断。究其原因是我国熔断机制的推出过于仓促,导致部分机制设计不合理,且我国资本市场的基本情况和投资者结构与国外相差甚远。我国的熔断机制是在保留了涨跌停板的基础上设立了两档熔断阈值,这与国际上涨跌停板与熔断两者取其一的做法相违背。另外,我国资本市场上散户占比过大,这种由散户主导的市场更易引发追涨杀跌的羊群行为。当市场情绪被散户的投机心态所主导时,人们往往会对特定的事件的调整过度反应,并引起大范围恐慌。在第一次熔断的15分钟内,人们并未像想象中那样冷静下来,而在静默期内紧张情绪进一步升温,并选择在市场触及7%的熔断点前将存货卖出,机构投资者由于止损和应对赎回的要求也选择跟着散户的步伐抛出筹码。

具体来看,我国熔断机制的失败在一定程度上来自于下述投资者心理因素。第一,磁吸效应。当股市下跌近5%时,我国资本市场上大量散户的恐慌心理,使股价会加速下降至5%,实现第一次熔断。这正是所谓的"磁吸效应"。磁吸效应的具体表现有三个特点:① 在接近涨跌停或熔断价格水平时,价格上涨或下跌的速度会越来越快;② 当有可能触发涨跌停或熔断时往往就会触发"磁吸效应";③ 在磁吸效应发生的过程中往往伴随成交量的剧烈变化和价格剧烈波动。第二,反应不足与过度反应。在熔断政策的整个推广期内,市场并未对该政策产生恐慌的反应,市场参与者也没有对熔断可能造成的后果进行充分的预期。然而当政策正式推行的第一天,市场就出现了群体性恐慌式的反应,A股瞬间跳水。很明显投资者过度放大了这一政策带来的后果,导致此后频繁发生熔断,这是过度反应的表现。第三,政策制定者的过度自信。过度自信源于自我归因偏差。诚然,外国熔断政策确实有利于股市的稳定,但是这并不意味政策制定者、专家或是市场参与主体等相关人员对于我国A股实行熔断政策也应该持有相同的预期,即认为熔断政策是有助于我国A股市场稳定的政策。过度自信会导致投资者夸大对股票或消息的准确判断,没有做足发生不利情况的预期,而一旦事件向不利方向发展,就容易造成极端的过度反应。

对熔断政策的梳理可知,此政策的设计和实施没有充分考虑到我国个人投资者的心理,更没有从行为金融学的角度考虑羊群行为和过度反应,对由投资者心理恐慌而可能导致的"磁吸效应",也没有采取很好的预防和改正措施。这虽然可能并不是导致熔断政策出现重大失误的唯一原因,但是却也在此次重大流动性危机中产生了重大影响。因此,监管机构出台政策时,应该多从行为金融学的角度考虑投资者的心理因素,以制定更加行之有效的监管政策。行为金融学的研究可以拓展对股票市场不稳定性的理论认识,并为我国金融市场的发展提供参考依据。

行为金融学的现实性、开放性和创新性,可以为我国股票市场提供丰富的、具有说服力的解读;同时,我国股票市场的特殊性又为行为金融学的发展和本土化提供了难得的契机。正因为如此,行为金融学一经介绍到我国,就立刻引起了理论界和实务界的重视,形成了研究和应用的热潮。因此,利用行为金融学理论来分析我国股票市场的特点并制定出科学的投资和监管策略,将是一个非常有意义的研究课题。

第二节 行为金融学的发展空间

行为金融学的迅速崛起及其在金融学中地位的提高,都是在与标准金融学理论的争论中发展起来的。从最初对标准金融学理论基本假设的质疑、指出套利行为的有限性、对股市中异常现象的解释,到提出行为资产定价理论和行为公司金融理论等,行为金融学都形成了独特的观点,并逐步形成完整的理论体系。然而,金融行为的复杂性在于其过程和结果中,理性成分和非理性成分是混杂交织和相互作用的,且人们的心理又是多样的。行为金融学应该积极吸收标准金融学理论的优点,相互借鉴和完善,使其更加符合实际市场的需要,对研究金融市场的运作和预测未来走势起到良好的促进作用。

一、当前研究的不成熟之处

标准金融学经过长期发展,已经形成了一套统一的、推理严密的、建立在数理模型基础上的理论体系,有其存在的合理性和较强大的生命力。相对于标准金融学,行为金融学所提出的各种主张更加符合实际,并对标准金融学中所不能解释的异常现象进行了比较合理的解释。行为金融学从金融学与心理学相结合的角度,推翻了现代金融理论中经典的理性人假设,对于整个金融理论的发展具有重大的意义。但是行为金融学却一直处于一个比较尴尬的境地：展望理论虽然是行为金融学的重要理论基础，却无法完整地给出价值函数的度量；行为资产定价模型是对标准金融学理论中资本资产定价模型的重要拓展，却又因为噪声交易者的存在而很难度量这一部分的系统性风险；此外，行为金融学作为一套以非理性为基础的分析方法，在某些情况下却以理性为依托……这一系列问题都对行为金融学的发展提出了巨大的挑战，却也提供了丰富的想象空间。

　　行为金融学的产生和发展为我们思考金融问题、分析金融现象提供了一个新的视角与维度，但是这个维度本身存在的诸多问题还需要加以解决。行为金融学的意义不应只在于"破"，而是要"立"。行为金融学需要基于新的假设，发展并运用新的基于其核心理论的研究方法，才能改变行为金融学目前"破而不立"的状况。但行为金融学毕竟还属于一个新兴的研究领域，与有着悠久历史的标准金融学相比，必然有着不成熟和不完善的地方。

　　第一，从理论体系和理论模式上看，行为金融学理论较分散且过于具体化，还没有形成一套相对独立的理论体系。标准金融学重在"立论"，用规范化的模式来分析金融现象，而行为金融学重在"破论"，用描述化的模式来发现标准金融学的漏洞，并找到自己的立足点。行为金融学以人们的实际决策为出发点，并与心理学等理论相结合，所以，针对金融市场中的不同现象，行为金融学都能给出相应的解释，对于市场中的诸多现象，总能用相应的心理偏差来解释。然而在很多情况下，这些偏差是相互矛盾的，例如过度反应和反应不足。因此，行为金融学缺乏具有普遍解释能力的理论或模型，导致其理论体系显得比较分散和零碎。

　　行为金融学到目前尚没有一个可以替代有效市场假说的理论模型。目前，行为金融学提出以"非效率市场"来代替有效市场，从而对非理性投资者、非理性管理者进行分析。但是"非效率市场"这个定义非常模糊，有效市场假说并不是通过对资产价格的形成方式而定义的，它只是指出了资产的价格可以充分反映既有信息，因此，任何替代有效市场假说的模型，必须在资产价格形成的过程和方式上做出更加具体和更加清晰的解释，而这一模型也必须通过实证检验。

　　第二，从分析工具上看，行为金融学理论过多地借助于心理学、社会学等相关学科的研究成果，尚缺乏精巧的模型和深厚的数学功底。另外，行为金融学采用了实验心理学的若干理论和实验方法,但实验室与现实生活毕竟存在本质的区别,这也是行为金融学的弱点之一。

另外,还需要注意的是,行为金融学要避免成为应用心理学的分支,在采用心理学研究成果的基础上,也要注重金融学本身的理论逻辑分析。在这方面已经有学者对行为金融学提出了很有意义的洞见。巴伯瑞斯和塞勒指出行为金融学从放宽理性经济人假设中的一个或两个基本条件出发,建立相应的分析模型,对行为人的决策进行更为细致的刻画(Barberis and Thaler,2003)。根据行为金融学对理性假设修正的主要出发点,可以将其分为基于信念的模型和基于偏好的模型。基于信念的模型主要应用的心理学基础是情感心理学和认知偏差及决策判断偏差,而利用展望理论的相关假设来捕捉投资者的偏好特征是基于偏好的模型的常用做法。我们可以引入心理学的研究结论,放松理性人假设,但是一定要继续坚持经济学、金融学本身所自有的逻辑分析框架。

二、未来的研究方向

行为金融学的发展应该更加注重理论模型和整个学科体系的构建,并进一步开拓研究的分支领域,加强与其他学科的交流与融合。具体来说,应该从下面三个角度来着手。

第一,行为金融学理论体系的构建。目前,行为金融学的理论体系还比较松散。如何有效地整合现有研究成果,在广泛吸收相关学科成果的基础上,建立起一套甚至可以和标准金融学理论相媲美的相对完善的理论体系,是行为金融学发展面临的一个重要挑战。比如,针对既有的资产定价理论,我们能否从基本假设出发,将这些理论融合在一个统一的分析框架内?

第二,对行为金融学的理论研究。应该进一步结合心理学和社会学等相关学科,加强对投资者认知规律和决策过程的研究,并将这些研究有效地应用到既有的金融理论中去。另外,标准金融学理论假设的不合理性,导致金融市场上存在很多与理论不相符的异常现象。对这些现象进行发现和挖掘,也可以为行为金融学的研究提供更加丰富的理论素材。

(1)在资产定价和资产组合理论方面。在解释资产价格、资产组合与标准金融学理论相偏离的问题上,行为金融学取得了长足的进展。标准的资产定价理论是过于简化的线性形式,而行为金融学将心理因素、决策行为等非线性因素引入模型中,将投资者行为的研究结果与资产选择理论相结合,这是非常值得肯定的地方。但是,现有的行为金融学模型大多是基于投资者的心态特征和展望理论,在各自的目标函数上加上不同的行为特征,来解释某一特定的现象。行为金融学还没有形成自己的像标准金融学中的均值-方差资产组合和资本资产定价模型那样被广泛接受和认可的模型。同时,也应该注意到行为金融学的模型不应过于复杂,否则其实际应用就有一定的难度,这就需要我们在模型的全面性和形式简化之间寻求一种平衡。这是值得未来深入研究的地方。

(2) 在投资者行为方面。行为金融学从投资者有限理性的角度提出了投资者的心态与行为等相关模型,对股价的动量效应和长期逆转趋势等现象给出了具有说服力的解释。但是,这些模型之间却存在分歧,无法相互印证和支持。未来具有挑战性的研究方向包括:金融市场中的信息是如何传播的;投资者的信念和心态是如何形成的;投资者为什么会进入市场;他们是如何评估风险的;投资者会采取什么样的投资策略;等等。这些对于研究股票市场泡沫和波动性具有重要的意义。

(3) 在行为公司金融方面。在这方面行为金融学发展得相对完善,初步形成了自己的理论框架。从市场时机理论、融资次序的啄食理论到管理者非理性模型,行为金融学的假设条件逐步接近真实世界。行为公司金融理论的发展前景越来越广泛。它可以为上市公司制定投资决策、融资决策和股利政策等提供参考,也可以解释现实中的一些问题,在公司法和证券法等领域内,对现存和潜在的法律政策的制定也有一定的帮助作用。但它的一个不足之处在于,现有研究分别考虑了非理性投资者与理性管理者、非理性管理者与理性投资者这两种情况,还不能够将这两种情况很好地结合起来。行为公司金融理论形成于2005年,还是一个非常年轻的理论分支,其发展方向包括:投资者心理如何对实体经济造成影响;投资者心理如何影响公司的决策行为;资本市场如何影响投资、消费乃至整个宏观经济;等等。

第三,对行为金融学的应用研究。与标准金融学理论相比,行为金融学从人们真实的心理和行为出发,研究人们在现实中的行为。其特有的先天优势,决定了行为金融学的研究结果应该付诸于投资实践并指导投资者的行为。行为金融学有助于帮助投资者识别和克服心理偏差并做出正确的决策,还有助于满足投资者不同的心理需求,创新与设计出相应的金融产品。因此,行为金融学在投资者个人理财、上市公司与投资者关系以及券商客户关系管理等方面,都有着广阔的应用前景。

行为金融学可以在资产管理中得到具体的贯彻和应用。对于投资者而言,行为金融学的指导意义在于提供了一种针对非完全理性信念和市场行为的投资策略。比如,针对投资者的心理偏差,维纳·德·邦特和理查德·塞勒提出了反向交易策略(De Bondt and Thaler,1985),布拉德·巴伯和特伦斯·奥迪恩提出应该减少交易频率以实现较高的收益率(Barber and Odean,2000)。此外,学者们还提出了动量交易策略、成本平均策略和时间分散化策略等积极的资产管理策略。

行为金融学可以用于指导金融创新。根据行为金融学的理论,人们对风险的认识是不足的。首先,人们对自身风险的认识容易受到易得性偏差的影响,即人们对风险的认识受控于显性和隐性因素,而不是取决于风险的大小,显性但较低的风险容易被重视,隐性但较高的风险容易被忽略。其次,人们往往更关注自身及其家庭所面临的风险,但是对其他人所面临的风险或者整个市场、整个国家所面临的宏观风险视而不见,而这些宏观的、外在的风险却又切实地影响个人及其家庭所处的风险环境,即人们并不时常关注的风险,实质上也会对其自身的利益产生非常大的冲击。最后,人们往往过度关注短期的风险,而对长期可能存在的风险缺乏预见性。对风险认识的不足使得投资者在面对一些超乎预期的事件时过度地受心理因素影响,表现出更大程度的非理性。针对风险进行金融意识方面的创新,可以从行为金融学所强调的心理因素入手,使投资者对于投资决策所涉及的风险有更全面、深刻、及时的了解,有助于缓解我国金融市场中的一些异常现象,促进整个金融市场的健康发展。

行为金融学的研究显示了投资者在进行投资决策时可能会受到认知、情绪等方面的偏差影响而导致决策的失误。这种失误可能会使投资者错过好的投资机会或给投资者带来更多的损失,投资者应该增强自身的理性水平来尽可能减少心理偏差带来的负面影响。以2015年A股股灾发生时的投资者行为为例。根据腾讯证券在2016年年中即股灾一周年时的《股灾金融行为报告》，可以了解当时投资者的心理行为状况：3000～4000点入市的投资者占28%；4000～5000点的占19%；5000点以上的占7%。可见近半数投资者借牛市入市。股灾发生后，30%的投资者选择"死等解套"。短线交易依然是投资的最大特点，有53%的投资者的交易频率在一周之内。股灾发生的一年后，仍有62%的股民持有股灾时持仓的股票。另外，羊群行为特征明显，"受人影响"而入市的股民占42%，47%的股民买股票是根据"行情热点"，等等。同时，投资者也可以研究其他非理性投资者的心理状况，并在大多数投资者意识到自身的心理偏差和错误之前，利用这种偏差制定投资策略以期获得超额收益。这一全新的投资理念催生了一些行之有效的投资策略，包括反向投资策略、动量交易策略、成本平均策略、时间分散化策略和设立止损点策略等。

行为金融学可以对政策制定和金融监管形成理论支持，比如：政府应该在什么时候、以什么形式干预市场；如何帮助投资者克服心理偏差；如何减少噪声交易以保证市场的良好运行；运行良好的市场需要什么样的制度保证；等等。这有助于进行产品创新，增加资本市场中的产品种类，使投资基金有更多的选择空间，从而更好地发挥专业化资产配置的优势，对我国资本市场的健康发展具有重大意义。此外，金融机构还可以利用投资者的框架依赖和损失规避等心理，设计更符合投资者需求的金融产品。基于行为金融学的产品设计创新有助于促进资本市场的蓬勃发展。

近年来，行为金融学在国外已受到越来越多的专家学者、政府决策者和金融从业人员的重视，越来越多的金融类公司正在积极地采用行为金融学的概念或理论。尤其是一些学者已经开始用行为金融学的投资策略来指导投资过程。在美国市场中，已经出现了数家以行为金融学理念为指导的投资管理公司，比如，德雷曼价值管理公司、富勒和塞勒资产管理公司、马丁格尔资产管理公司和LSV资产管理公司等。另外，欧洲的一些金融机构，包括KBC银行、荷兰银行和摩根富林明资产管理公司等也都采用行为金融学的投资策略来运作。

那么，行为金融学正在向着什么方向发展呢？金融学家罗伯特·希勒对行为金融学的前景做了非常乐观的估计：随着时间的推移，行为金融学越来越不能看作是金融学中一个微不足道的分支，而会逐渐成为金融理论的

第七章 行为金融学的未来

中心支柱。

在未来,行为金融学与标准金融学是否有整合的可能呢?金融学家迈尔·斯塔特曼认为,尽管标准金融学与行为金融学围绕市场有效性这一问题争论了许多年,但争论的焦点却很模糊。事实上,它们的分歧主要在于对市场有效性的不同理解。市场有效性可以有两种不同的理解:一是市场的不可战胜性,二是资产价格的理性决定。行为金融学中的一些理论不被标准金融学接受,并不是因为它发现了标准金融学无法解释的一些异常现象,而是因为行为金融学将非理性因素引入了模型中,而标准金融学始终坚持用投资者理性的假设来证明市场的有效性,而这其实是非常困难的。不可否认的是,当金融学家尤金·法玛和肯尼思·弗伦奇提出资产定价的三因素模型之际,就已经叩开了行为金融学的大门(Fama and French,1993)。目前,包括投资者认知偏差在内的越来越多的因素被加入到标准金融学理论之中。那么,行为金融学与标准金融学如何找到一个平衡点呢?法玛给了我们一个很好的答案:一个良好的金融学理论应当在承认我们是"正常"的投资者的基础上,全面刻画金融市场的整体运行规律(Fama,1998)。

在金融学家理查德·塞勒看来,行为金融学发展的终点是"将行为主义作为常规金融分析的一部分和核心工具"(Thaler,1999)。我们有理由相信,在研究者的辛勤努力下,在金融市场从业人员的大力推进下,行为金融学将成为金融学研究中不可或缺的一部分。当然,作为一门独立学科的行为金融学的未来终将怎样,是自成一套体系并最终取代标准金融学理论和有效市场假说,还是补充现有理论体系并最终与之融合,还需要时间的检验。

虽然至今行为金融学还没有形成能与标准金融学理论相媲美的理论体系,但这种不成熟不正是吸引我们的地方吗?它为我们留下了充分的思考空间。可以预见,在不久的将来,行为金融学将在我国乃至世界迎来发展的春天!

参考文献

英文部分

Abel, A. B. 1990. Asset Prices Under Habit Formation and Catching Up with the Joneses. *American Economic Review Papers and Proceedings*, 80: 38-42.

Abel, A. B. 1999. Risk Premia and Term Premia in General Equilibrium. *Journal of Monetary Economics*, 43(1): 3-33.

Ackert, L. F., Deaves, R. 2010. *Behavioral Finance: Psychology, Decision-Making, and Markets*, Singapore: Cengage Learning Asia Pte. Ltd.

Admati, A. R., Pfleiderer, P. 2000. Does It All Add Up? Benchmarks and the Compensation of Active Portfolio Managers. *Journal of Business*, 70(3): 323-350.

Akerlof G. A., Shiller, R. J. 2009. *Animal Spirits: How Human Psychology Drives the Economy, and Why It Matters for Global Capitalism*. NJ: Princeton University Press.

Allais, M. 1953. Le Comportement de l'Homme Rationnel devant le Risque, Critique des Postulats et Axiomes de l'Ecole Americaine. *Econometrica*, 21(4): 503-546.

Arthur, W. B., Holland, J. H., LeBaron. B., Palmer, R. G., Taylor, P. 1997. Asset Pricing Under Endogenous Expectations in an Artificial Stock Market. *SSRN Electronic Journal*, No. 2252.

Arzac, E. 1974. Utility Analysis of Chance-Constrained Portfolio Selection. *Journal of Financial and Quantitative Analysis*, 9(6): 993-1007.

Arzac, E., Bawa, V. 1977. Portfolio Choice and Equilibrium in Capital Markets with Safety-first Investors. *Journal of Financial Economics*, 4(3): 277-288.

Baker, M., Stein, J. C., Wurgler, J. 2003. When Does the Market Matter? Stock Prices and the Investment of Equity-Dependent Firms. *Quarterly Journal of Economics*, 118(3): 969-1005.

Bakshi, G. S., Chen, Z. 1996. The Spirit of Capitalism and Stock-Market Prices. *CEMA Working Papers*, 86(1): 133-157.

Banerjee, A. V. 1992. A Simple Model of Herd Behavior. *The Quarterly Journal of Economics*, 107(3): 797-817.

Banz, R. 1981. The Relation between Return and Market Value of Common Stocks.

Journal of Financial Economics, 9(1): 3-18.

Barber, B., Odean, T. 2000. Trading is Hazardous to Your Wealth: The Common Stock Performance of Individual Investors. *Journal of Finance*, 55(2): 773-806.

Barber, B., Odean, T. 2001. Boys Will Be Boys: Gender, Overconfidence, and Common Stock Investment. *Quarterly Journal of Economics*, 116(1): 261-292.

Barber, B., Odean, T. 2008. All That Glitters: The Effect of Attention and News on the Buying Behavior of Individual and Institutional Investors. *Review of Financial Studies*, 21(2): 785-818.

Barberis, N., Greenwood, R., Jin, L., Shleifer, A. 2018. Extrapolation and Bubbles. *Journal of Financial Economics*, 129(2): 203-227.

Barberis, N., Huang, M., Santos, T. 2001. Prospect Theory and Asset Prices. *Quarterly Journal of Economics*, 116(1): 1-53.

Barberis, N., Shleifer, A., Vishny, R. 1998. A Model of Investor Sentiment. *Journal of Financial Economics*, 49(3): 307-345.

Barberis, N., Thaler, R. 2003. A Survey of Behavioral Finance, in *Handbook of the Economics of Finance*, Vol. 1B, Edited by Constantinides, G., Harris, M., Stulz, R. Amsterdam: North-Holland.

Baron, D. 1982. A Model of the Demand for Investment Banking Advising and Distribution Services for New Issues. *Journal of Finance*, 37(4): 955-976.

Barone, E. 1989. The Italian Stock Market: Efficiency and Calendar Anomalies. *Journal of Banking & Finance*, 14(2):483-510.

Benartzi, S., Thaler, R. 1995. Myopic Loss Aversion and the Equity Premium Puzzle. *Quarterly Journal of Economics*, 110(1): 73-92.

Benartzi, S., Thaler, R. 2001. Naïve Diversification Strategies in Defined Contribution Savings Plans. *American Economic Review*, 91(91): 79-98.

Bernard, V., Thomas, J. 1989. Post-earnings Announcement Drift: Delayed Price Response or Risk Premium?. *Journal of Accounting Research*, 27(27): 1-36.

Bikhchandini, S., Hirshleifer, D., Welch, I. 1992. A Theory of Fads, Fashion, Custom and Cultural Change as Informational Cascades. *Journal of Political Economy*, 100(5): 992-1026.

Binder, M. 2019. Soft Paternalism and Subjective Well-Being: How Happiness Research Could Help the Paternalist Improve Individuals' Well-Being. *Journal of Evolutionary Economics*, 29(2): 539-561.

Black, F. 1976. The Dividend Puzzle. *Journal of Portfolio Management*, 2: 5-8.

Black, F. 1986. Noise. *Journal of Finance*, 41(3): 529-543.

Black, F. 1993. Estimating Expected Return. *Financial Analysts Journal*, 49(5): 36-38.

Black, F., Scholes, M. 1973. The Pricing of Options and Corporate Liabilities. *Journal of Political Economy*, 81(3): 637-654.

Blume, M., Crockett, J., Friend, I. 1974. Stock Ownership in the United States: Characteristics and Trends. *Survey of Current Business*, 54(11): 16-40.

Bordalo, P., Coffman, K., Gennaioli, N., Shleifer, A. 2016. Stereotypes. *Quarterly Journal of Economics*, 131(4): 1753-1794.

Bordalo, P., Gennaioli, N., Shleifer, A. 2015. Salience Theory of Judicial Decisions. *Journal of Legal Studies*, 44(S1): S7-S33.

Bordalo, P., Gennaioli, N., Shleifer, A. 2016. Competition for Attention. *Review of Economic Studies*, 83(2): 481-513.

Boycko, M., Shleifer, A., Vishny, R. 1995. *Privatizing Russia*. MA: MIT Press.

Brav, A., Graham, J. R., Harvey, C. R., Michaely, R. 2005. Payout Policy in the 21st century. *Journal of Financial Economics*, 77(3): 483-527.

Brescia, R. H. 2009. *Part of the Disease or Part of the Cure: The Financial Crisis and the Community Reinvestment Act*. Social Science Electronic Publishing.

Brown, S. J., Goetzmann, W. N. 1995. Performance Persistence. *Journal of Finance*, 50(2): 679-698.

Brown, P., Kleidon, A. W., Marsh, T. A. 1983. New Evidence on the Nature of Size Related Anomalies in Stock Prices. *Journal of Financial Economics*, 12(1): 33-56.

Burrell, O. K. 1951. Possibility of an Experimental Approach to Investment Studies. *Journal of Finance*, 6(2): 211-219.

Cadsby, C. B., Ratner, M. 1992. Turn-of-Month and Pre-Holiday Effects on Stock Returns: Some International Evidence. *Journal of Banking & Finance*, 16(3): 497-509.

Campbell, J. Y. 1991. A Variance Decomposition for Stock Returns. *Economic Journal*, 101(405): 157-179.

Campbell, J. Y. 2000. Asset Pricing at the Millennium. *Journal of Finance*, 55(4): 1515-1567.

Campbell, J. Y., Cochrance, J. 1999. By Force of Habit: A Consumption-Based Explanation of Aggregate Stock Market Behavior. *Journal of Political Economy*, 107(2): 205-251.

Capen, E., Clapp, R., Campbell, W. 1971. Competitive Bidding in High Risk Situations. *Journal of Petroleum Technology*, 23(6): 641-653.

Castleman, B. L., Page, L. C. 2016. Freshman Year Financial Aid Nudges: An Experiment to Increase FAFSA Renewal and College Persistence. *Journal of Human Resources*, 51(2): 389-415.

Chamberlin, E. H. 1948. An Experimental Imperfect Market. *Journal of Political Economy*, 56(2): 95-108.

Chan, K. C., Chen, N. 1991. Structural and Return Characteristics of Small and Large Firms. *Journal of Finance*, 46(4): 1467-1484.

Choi, J. J., Haisley, E., Kurkoski, J., Massey, C. 2017. Small Cues Change Savings Choices. *Journal of Economic Behavior & Organization*, 142: 378-395.

Chong, R., Hudson, R., Keasey, K., Littler, K. 2005. Pre-Holiday Effects: International Evidence on the Decline and Reversal of a Stock Market Anomaly. *Journal of International Money and Finance*, 24(8): 1226-1236.

Chopra, N., Lakonishok, J., Ritter, J. R. 1992. Measuring Abnormal Performance: Do Stocks Overreact? *Journal of Financial Economics*, 31(2): 235-268.

Clark, J. 1918. Economics and Modern Psychology: II. *Journal of Political Economy*, 26(2): 136-166.

Constantinides, G. M. 1983. Capital Market Equilibrium with Personal Tax. *Econometrica*, 51(3): 611-636.

Constantinides, G. M. 1984. Optimal Stock Trading with Personal Taxes: Implications for Prices and the Abnormal January Return. *Journal of Financial Economics*, 13(1): 65-89.

Constantinides, G. M. 1990. Habit Formation: A Resolution of the Equity Premium Puzzle. *Journal of Political Economy*, 98(3): 519-543.

Cont, R., Bouchaud, J. P. 2000. Herd Behavior and Aggregate Fluctuations in Financial Markets. *Social Science Electronic Publishing*, 4(2): 170-196.

Cooper, A. C., Woo, C. Y., Dunkelberg, W. C. 1988. Entrepreneurs' Perceived Chances for Success. *Journal of Business Venturing*, 3(2): 97-108.

Cutler, D., Poterba, J., Summers, L. 1991. Speculative Dynamics. *Review of Economic Studies, 58(3): 529-546.

Daniel, K. 2001. Overconfidence, Arbitrage and Equilibrium Asset Pricing. *Journal of Finance*, 56(3): 921-965.

Daniel, K., Hirshleifer, D., Subrahmanyam, A. 1998. Investor Psychology and Security Market Under-and Overreactions. *Journal of Finance*, 53(6): 1839-1885.

Dayan, E., Bar-Hillel, M. 2011. Nudge to Nobesity II: Menu Positions Influence Food Orders. *Judgment and Decision Making*, 6(4): 333-342.

De Bondt, W. 1993. Betting on Trends: Intuitive Forecasts of Financial Risk and Return. *International Journal of Forecasting*, 9(3): 355-371.

De Bondt, W., Thaler, R. 1985. Does the Stock Market Overreact? *Journal of Finance*, 40(3): 793-805.

De Bondt, W., Thaler, R. 1987. Further Evidence on Investor Overreaction and Stock Market Seasonality. *The Journal of Finance*, 42(3): 557-581.

De Bondt, W., Thaler, R. 1994. Financial Decision-Making in Markets and Firms: A Behavioral Perspective. *Handbooks in Operations Research & Management Science*, 9: 385-410.

De Long, J. B., Shleifer, A., Summers, L., Waldmann, R. 1990a. Noise Trader Risk in Financial Markets. *Journal of Political Economy*, 98(4): 703-738.

De Long, J. B., Shleifer, A., Summers, L., Waldmann, R. 1990b. Positive Feedback Investment Strategies and Destabilizing Rational Speculation. *Journal of Finance*, 45(2): 375-395.

De Long, J. B., Shleifer, A., Summers, L., Waldmann, R. 1991. The Survival of Noise Traders in Financial Markets. *The Journal of Business*, 64(1): 1-19.

Dipasquale, D., Glaeser, E. L. 1997. Incentives and Social Capital: Are Homeowners Better Citizens?. *Harvard Institute of Economic Research Working Papers*, 45(2): 354-384.

Easterbrook, F. H. 1984. Two Agency-Cost Explanations of Dividends. *American Economic Review*, 74(4): 650-659.

Epstein, L. G. 2006. Comparative Dynamics in the Adjustment-Cost Model of the Firm. *Journal of Economic Theory*, 27(1): 77-100.

Epstein, L. G., Zin, S. E. 1991. Substitution, Risk Aversion and the Temporal Behavior of Consumption and Asset Returns: An Empirical Analysis. *Journal of Political Economy*, 99(2): 263-286.

Fama, E. 1965. The Behavior of Stock Market Prices. *Journal of Business*, 38(1): 34-105.

Fama, E. 1970. Efficient Capital Markets: A Review of Theory and Empirical Work. *Journal of Finance*, 25(2): 383-417.

Fama, E. 1998. Market Efficiency, Long-term Returns and Behavioral Finance. *Journal of Financial Economics*, 49(3): 283-306.

Fama, E., French, K. 1988. Dividend Yields and Expected Stock Returns. *Journal of Financial Economics*, 22(1): 3-35.

Fama, E., French, K. 1992. The Cross-Section of Expected Stock Return. *Journal of Finance*, 47(2): 427-465.

Fama, E., French, K. 1993. Common Risk Factors in the Returns of Bonds and Stocks. *Journal of Financial Economics*, 33(1): 3-56.

Fields, M. J. 1934. Security Prices and Stock Exchange Holidays in Relation to Short Selling. *Journal of Business of the University of Chicago*, 7(4): 328-338.

Fisher, K., Statman, M. 1997. Investment Advice from Mutual Fund Companies. *Journal of Portfolio Management*, 24(1): 9-25.

Fosback, N. 1976. *Stock Market Logic: A Sophisticated Approach to Profits on Wall Street*. Fort Lauderdale, FL: The Institute for Econometric Research.

Frank, C. 1973. The Behavior of Stock Prices on Fridays and Mondays. *Financial Analysts Journal*, 29(6): 67-69.

Fratianni, M. 2008. Financial Crises, Safety Nets, and Regulation. *Social Science Electronic Publishing*, 13(2): 169-208.

Frédéric, P. 1996. Noise Trading in Small Markets. *Journal of Finance*, 51(4): 1537-1550.

French, K. 1980. Stock Returns and the Weekend Effect. *Journal of Financial Economics*, 8(1): 55-69.

French, K., Poterba, J. 1991. Investor Diversification and International Equity Market. *American Economic Review*, 81(2): 222-226.

Friedman, M. 1953. The Case for Flexible Exchange Rates. In *Essays in Positive Economics*. Chicago, IL: University of Chicago Press.

Friedman, M., Savage, L. J. 1948. The Utility Analysis of Choices Involving Risk. *Journal of Political Economy*, 56(4): 279-304.

Gadarowski, G. 2002. Financial Press Coverage and Expected Stock Returns. *Social*

Science Electronic Publishing, 267311.

Gennaioli, N., Shleifer, A. 2010. What Comes to Mind. *Quarterly Journal of Economics*, 125(4): 1399-1433.

Gennaioli, N., Shleifer, A., Vishny, R. 2012. Neglected Risks, Financial Innovation and Financial Fragility. *Journal of Financial Economics*, 104(3): 452-468.

Gennaioli, N., Shleifer, A., Vishny, R. 2015. Money Doctors. *Journal of Finance*, 70(1): 91-114.

Gervais, S., Heaton, J., Odean, T. 2002. The Positive Role of Overconfidence and Optimism in Investment Policy. *Working Paper*, Berkeley: University of California.

Gervais, S., Odean, T. 2001. Learning to Be Overconfident. *Review of Financial Studies*, 14(1), 1-27.

Gitman, L. J., Forrester, J. R. 1977. A Survey of Capital Budgeting Techniques Used by Major U.S. Firms. *Financial Management*, 6(3): 66-71.

Glaeser, E., Huang, W., Ma, Y., Shleifer, A. 2017. A Real Estate Boom with Chinese Characteristics. *Journal of Economic Perspectives*, 31(1): 93-116.

Graham, J. R. 1999. Herding Among Investment Newsletters: Theory and Evidence. *Journal of Finance*, 54(1): 237-268.

Graham, J. R., Harvey, C. R. 2001. The Theory and Practice of Corporate Finance: Evidence from the Field. *Journal of Financial Economics*, 60(2-3): 187-243.

Grether, D. M. 1980. Bayes Rule as a Descriptive Model: The Representativeness Heuristic. *The Quarterly Journal of Economics*, 95(3): 537-557.

Grinblatt, M., Keloharju, M. 2001. How Distance, Language, and Culture Influence Stockholdings and Trades. *Journal of Finance*, 56(3): 1053-1073.

Grinblatt, M., Titman, S. 1989. Portfolio Performance Evaluation: Old Issues and New Insights. *Review of Financial Studies*, 2(3): 393-421.

Grinblatt, M., Titman, S., Wermers, R. 1995. Momentum Investment Strategies, Portfolio Performance, and Herding: A Study of Mutual Fund Behavior. *American Economic Review*, 85(5): 1088-1105.

Hackbarth, D. 2003. Managerial Traits and Capital Structure Decisions. *Journal of Financial & Quantitative Analysis*, 43(4): 843-881.

Haugen, R. 1999. *The New Finance: The Case against Efficient Markets*. Second Edition. Upper Saddle River, NJ: Prentice-Hall.

Heaton, J. B. 2002. Managerial Optimism and Corporate Finance. *Financial Management, 31(2): 33-45.

Hill, J. 2004. *Options, Futures and Other Derivatives*. Englewood Cliffs, NJ: Prentice-Hall.

Hirshleifer, D., Shuway, T. 2003. Good Day Sunshine: Stock Returns and the Weather. *Journal of Finance*, 58(3): 1009-1032.

Hirshleifer, D., Subrahmanyam, A., Titman, S. 1994. Security Analysis and Trading Patterns When Some Investors Receive Information Before Others. *Journal of Finance*, 49(5): 1665-1698.

Hirshleifer, D., Teoh, S. H. 2003. Herd Behavior and Cascading in Capital Markets: A Review and Synthesis. *European Financial Management*, 9(1): 25-66.

Hirshleifer, D., Teoh, S. H. 2009. The Psychological Attraction Approach to Accounting and Disclosure Policy. *Contemporary Accounting Research*, 26(4): 1067-1090.

Hong, H., Stein, J. 1999. A Unified Theory of Underreaction, Momentum Trading, and Overreaction in Asset Markets. *Journal of Finance*, 54(6): 2143-2184.

Huberman, G. 2001. Familiarity Breeds Investment. *Review of Financial Studies*, 14(3): 659-680.

Ibbotson, R. G. 1975. Price Performance of Common Stock New Issues. *Journal of Financial Economics*, 2(3): 235-272.

Jaffe, J., Westerfield, R. 1985. The Week-End Effect in Common Stock Returns: The International Evidence. *Journal of Finance*, 40(2): 433-454.

Jegadeesh, N. 1990. Evident of Predictable Behavior of Security Returns. *Journal of Finance*, 45(3): 881-898.

Jegadeesh, N., Titman, S. 1993. Returns to Buying Winners and Selling Losers: Implications for Stock Market Efficiency. *Journal of Finance*, 48(1): 65-91.

Kahneman, D. 2000. Experienced Utility and Objective Happiness: A Moment-Based Approach. In Kahneman, D., Tversky, A. (eds). *Choices, Values and Frames*. New York, NJ: Cambridge University Press and the Russell Sage Foundation.

Kahneman, D., Beatty, J. 1966. Pupil Diameter and Load on Memory. *Science*, 154(3756): 1583-1585.

Kahneman, D., Riepe, M. 1998. Aspects of Investor Psychology: Beliefs, Preferences, and Biases Investment Advisors Should Know About. *Journal of Portfolio Management*, 24(4): Summer.

Kahneman, D., Slovic, P., Tversky, A. 1982. *Judgement under Uncertainty*:

Heuristics and Biases. New York: Cambridge University Press.

Kahneman, D., Tversky, A. 1979. Prospect Theory: An Analysis of Decision under Risk. *Econometrica*, 47(2): 263-292.

Kallbekken, S., Sælen, H. 2013. 'Nudging' Hotel Guests to Reduce Food Waste as a Win-Win Environmental Measure. *Economics Letters*, 119(3): 325-327.

Kataoka, S. 1963. A Stochastic Programming Model. *Econometrica*, 31(1/2): 181-196.

Keim, D. B. 1983. Size-Related Anomalies and Stock Return Seasonality: Further Empirical Evidence. *Journal of Financial Economics*, 12(1): 13-32.

Keim, D. B. 1989. Trading Patterns, Bid-ask Spreads, and Estimated Security Returns: The Case of Common Stocks at Calendar Turning Points. *Journal of Financial Economics*, 25(1): 75-97.

Keynes, J. M. 1936. *The General Theory of Employment, Interest and Money*. London: Macmillan.

Kim, G., Markowitz, H. 1989. Investment Rules, Margins and Market Volatility. *Journal of Portfolio Management*, 16(1): 45-52.

Klein, R. W., Bawa, V. S. 1977. The Effect of Limited Information and Estimation Risk on Optimal Portfolio Diversification. *Journal of Financial Economics*, 5 (1977): 89-111.

Kross, W. 1985. The Size Effect is Primarily a Price Effect. *Journal of Financial Research*, 8(3): 169-179.

Krugman, P. R. 2009. The Road to Global Economic Recovery. *Revista De Economia Del Caribe*, 4:1-19.

Lakonishok, J., Shleifer, A., Vishny, R. W. 1992. The Impact of Institutional Trading on Stock Prices. *Journal of Financial Economics*, 32(1): 23-43.

Lakonishok, J., Smidt, S. 1988. Are Seasonal Anomalies Real? A Ninety-Year Perspective. *Review of Financial Studies*, 1(4): 403-425.

Lamont, O. A., Thaler, R. 2003. Can the Market Add and Subtract? Mispricing in Tech Stock Carve-Outs. *Journal of Political Economy*, 111(2): 227-268.

Landier, A., Thesmar, D. 2009. Financial Contracting with Optimistic Entrepreneurs: Theory and Evidence. *Review of Financial Studies*, 22(1): 117-150.

LeBaron, B. 2006. Agent-Based Computational Finance. In Tesfatsion, L., Judd, K. L. (eds). *Handbook of Computational Economics II: Agent-Based Computational*

Economics. Oxford: North Holland.

Le Bon, G. 1896(2002). *The Crowd: A Study of the Popular Mind*. Mineola, NY: Dover Publications.

Lee, C., Shleifer, A., Thaler, R. 1991. Investor Sentiment and the Close End Fund Puzzle. *Journal of Finance*, 46(1): 75-109.

Lehmann, B. N. 1990. Fads, Martingales, and Market Efficiency. *Quarterly Journal of Economics*, 105(1):1-28.

Levitt, S. D., List, J. A., Neckermann, S., Sadoff, S. 2012. The Behavioralist Goes to School: Leveraging Behavioral Economics to Improve Educational Performance. *ZEW-Center for European Economic Research Discussion Paper*. No. 12-038,

Levy, R. A. 1967. The Theory of Random Walks: A Survey of Findings. *The American Economist*, 11(2): 34-48.

Lichtenstein, A., Fishhoff, B., Phillips, L. 1982. Calibration of Probabilities: The State of the Art to 1980, In Kahneman, D., Slovic, P., Tversky, A. (eds). *Judgment under Uncertainty: Heuristics and Biases*. Cambridge: Cambridge University Press.

List, J. A., Samek, A. S. 2015. The Behavioralist as Nutritionist: Leveraging Behavioral Economics to Improve Child Food Choice and Consumption. *Journal of Health Economics*, 39(4): 135-146.

Lo, A. W., Mackinlay, A. C. 1990. When Are Contrarian Profits Due to Stock Market Overreaction? *Review of Financial Studies*, 3(2):175-205.

Lo, A. W., Mackinlay, A. C. 1999. *A Non-Random Wald Down Wall Street*. NJ: Princeton University Press.

Logue, D. 1973. On the Pricing of Unseasoned Equity Issues: 1965-69. *Journal of Financial and Quantitative Analysis*, 8(1): 91-103.

Lopes, L. 1987. Between Hope and Fear: The Psychology of Risk. *Advances in Experimental Social Psychology*, 20(3): 255-295.

Lowry, M. 2003. Why Does IPO Volume Fluctuate So Much? *Journal of Financial Economics*, 67(1): 3-40.

Lucas, R. E. 1978. Asset Prices in an Exchange Economy. *Econometrica*, 46(6): 1429-1445.

Lux, T., Marchesi, M. 2000. Volatility Clustering in Financial Markets: A Microsimulation of Interacting Agents. *International Journal of Theoretical & Applied Finance*, 3(4): 675-702.

Mackay, C. 1841. *Extraordinary Popular Delusions and the Madness of Crowds*. New York, NY: John Wiley-Marketplace Books.

Mackinlay, A. C. 1995. Multifactor Models Do Not Explain Deviations from the CAPM. *Journal of Financial Economics*, 38(1): 3-28.

Malkiel, B. G. 2003. *A Random Wald Down Wall Street*. New York: W. W. Norton & Company.

Malmendier, U., Tate, G. 2005. CEO Overconfidence and Corporate Investment. *Journal of Finance*, 60(6): 2661-2700.

Malmendier, U., Tate, G. 2008. Who Makes Acquisitions? CEO Overconfidence and the Market's Reaction. *Journal of Financial Economics*, 89(1): 20-43.

Markowitz, H. 1952a. Portfolio Selection. *Journal of Finance*, 7(1): 77-91.

Markowitz, H. 1952b. The Utility of Wealth. *Journal of Political Economy*, 60(2): 151-158.

Markowitz, H. 1959. *Portfolio Selection: Efficient Diversification of Investments*. New York: Wiley.

Maug, E., Naik, N. 2011. Herding and Delegated Portfolio Management: The Impact of Relative Performance Evaluation on Asset Allocation. *Quarterly Journal of Finance*, 01(02): 265-292.

Mehra, R., Prescott, E. 1985. The Equity Premium: A Puzzle. *Journal of Monetary Economics*, 15(2): 145-161.

Mehra, R., Sah, R. 2002. Mood Fluctuations, Projection Bias, and Volatility of Equity Prices. *Journal of Economic Dynamics and Control*, 26(5): 869-887.

Merton, R. C. 1973. An Intertemporal Capital Asset Pricing Model. *Econometrica*, 41(5): 867-887.

Miller, M. 1986. Financial Innovation: The Last Twenty Years and the Next. *Journal of Financial & Quantitative Analysis*, 21(4): 459-471.

Montier, J. 2002. *Behavioral Finance: Insights into Irrational Minds and Markets*. Chichester, West Sussex: John Wiley & Sons Ltd.

Montier, J. 2007. *Behavioural Investing: A Practitioner's Guide to Appling Behavioural Finance*. West Sussex, UK: John Wiley & Sons Ltd.

Montier, J. 2009. *Value Investing: Tools and Techniques for Intelligent Investment*. West Sussex, UK: John Wiley & Sons Ltd.

Natenberg, S. 1988. *Option Volatility and Pricing Strategies: Advanced Trading*

Techniques for Professionals. Chicago, IL: Probus Publishing.

Nofsinger, J. R. 2002. *The Psychology of Investing*. Upper Saddle River: NJ: Pearson Education, Inc.

Odean, T. 1998. Are Investors Reluctant to Realize Their Losses?. *Journal of Finance*, 53(5): 1775-1798.

Odean, T. 1999. Do Investors Trade Too Much?. *American Economic Review*, 89(5): 1279-1298.

Oliver, B. R. 2005. The Impact of Management Confidence on Capital Structure. *SSRN Electronic Journal*, No. 791924.

Orléan, A. 1995. Bayesian Interactions and Collective Dynamics of Opinion: Herd Behavior and Mimetic Contagion. *Journal of Economic Behavior & Organization*, 28(2): 257-274.

Paulos, J. A. 1988. *Innumeracy: Mathematical Illiteracy and Its Consequences*. New York: Hill & Wang.

Petit, O., Velasco, C., Spence, C. 2018. Are Large Portions Always Bad? Using the Delboeuf illusion on Food Packaging to Nudge Consumer Behavior. *Marketing Letters*, 29(4):435-449.

Pompian, M. 2006. *Behavioral Finance and Wealth Management—How to Build Optimal Portfolio that Account for Investor Biases*. Hoboken: John Wiley & Sons, Inc.

Prendergast, C., Stole, L. 1996. Impetuous Youngsters and Jaded Old-Timers: Acquiring a Reputation for Learning. *Journal of Political Economy*, 104(6): 1105-1134.

Raberto, M., Cincotti, S., Focardi, S. M., Marchesi, M. 2001. Agent-Based Simulation of a Financial Market. *Physica A: Statistical Mechanics & Its Applications*, 299(1-2): 319-327.

Raiffa, H. 1968. *Decision Analysis: Introductory Lectures on Choices under Uncertainty*, Reading, MA: Addison-Wesley.

Ramiah, V. B., Davidson, S. 2003. Noise Traders and a Behavioral Asset Pricing Model: Australian Evidence. *Working Paper of RMIT University*.

Reilly, F. K. 1973. Further Evidence on Short-Run Results for New Issue Investors. *Journal of Financial and Quantitative Analysis*, 8(1): 83-90.

Reinganum, M. R. 1981. Misspecification of Capital Asset Pricing: Empirical Anomalies Based on Earnings Yields and Market Values. *Journal of Financial Economics*,

9(1): 19-46.

Ritter, J. R. 1998. Initial Public Offerings. *Contemporary Finance Digest*, 2(1): 5-30.

Rohde, K. I. M., Verbeke, W. 2017. We Like to See You in the Gym—A Field Experiment on Financial Incentives for Short and Long Term Gym Attendance. *Journal of Economic Behavior & Organization*, 134: 388-407.

Roll, R. 1986. The Hubris Hypothesis of Corporate Takeovers. *Journal of Business*, 59(2): 197-216.

Ross, S. A. 1976. The Arbitrage Theory of Capital Asset Pricing. *Journal of Economic Theory*, 13(3): 341-360.

Roth, A. E. 1993. On the Early History of Experiment Economics. *Journal of the History of Economic Thought*, 15(02): 184-209.

Roy, A. D. 1952. Safety-First and the Holding of Assets. *Econometrica*, 20(3): 431-449.

Rozeff, M. S. 1982. Growth, Beta and Agency Costs as Determinants of Dividend Payout Ratios. *Journal of Financial Research*, 5(3): 249-259.

Rozeff, M. S., Kinney, W. 1976. Capital Market Seasonality: The Case of Stock Returns. *Journal of Financial Economics*, 3(4): 379-402.

Rozin, P., Scott, S., Dingley, M., Urbanek, J. K., Jiang, H., Kaltenbach, M. 2011. Nudge to Nobesity I: Minor Changes in Accessibility Decrease Food Intake. *Judgment and Decision Making*, 6(4): 323-332.

Samuelson, W., Zeckhauser, R. J. 1988. Status Quo Bias in Decision Making. *Journal of Risk and Uncertainty*, 1(1): 7-59.

Scharfstein, D. S., Stein, J. C. 1990. Herd Behavior and Investment. *The American Economic Review*, 80(3): 465-479.

Shafir, E., Diamond, P., Tversky, A. 1997. Money Illusion. *The Quarterly Journal of Economics*, 112(2): 341-374.

Sharpe, W. F. 1964. Capital Asset Prices: A Theory of Market Equilibrium under Conditions of Risk. *Journal of Finance*, 19(3): 425-442.

Shefrin, H. 2002. *Beyond Greed and Fear: Understanding Behavioral Finance and the Psychology of Investing*. New York, NY: Oxford University Press.

Shefrin, H. 2005. *A Behavioral Approach to Asset Pricing*. Burlington, MA: Elsevier Academic Press.

Shefrin, H. 2007. *Behavioral Corporate Finance: Decisions That Create Value*. New York, NY: McGraw-Hill/Irwin.

Shefrin, H. 2008. *Ending the Management Illusion: How to Drive Business Results Using the Principles of Behavioral Finance*. New York, NY: McGraw-Hill Companies.

Shefrin, H., Statman, M. 1984. Explaining Investor Preference for Cash Dividends. *Journal of Financial Economics*, 13: 253-282.

Shefrin, H., Statman, M. 1985. The Disposition to Sell Winners Too Early and Ride Losers Too Long. *Journal of Finance*, 40(3): 777-790.

Shefrin, H., Statman, M. 1994. Behavioral Capital Asset Pricing Theory. *The Journal of Financial and Quantitative Analysis*, 29(3): 323-349.

Shefrin, H., Statman, M. 2000. Behavioral Portfolio Theory. *Journal of Finance and Quantitative Analysis*, 35(2): 127-151.

Shiller, R. 1981. Do Stock Prices Move Too Much to Be Justified by Subsequent Changes in Dividends?. *American Economic Review*, 71(3): 421-436.

Shiller, R. 1989. *Market Volatility*. Cambridge, MA: MIT Press.

Shiller, R. 1990. Speculative Prices and Popular Models. *Journal of Economic Perspectives*, 4(2): 55-65.

Shiller, R. 2000. *Irrational Exuberance*. Princeton, NJ: Princeton University Press.

Shiller, R. 2002. From Efficient Market Theory to Behavioral Finance. *Cowles Foundation Discussion Papers*, 17(1): 83-104.

Shiller, R. 2003. Social Security and Individual Accounts as Elements of Overall Risk-Sharing. *American Economic Review*, 93(2): 343-347.

Shiller, R. 2004. *The New Financial Order: Risk in the 21st Century*. NJ: Princeton University Press.

Shiller, R. 2006a. Tools for Financial Innovation: Neoclassical versus Behavioral Finance. *The Financial Review (Statesboro)*, 41(1): 1-8.

Shiller, R. 2006b. The Life-Cycle Personal Accounts Proposal for Social Security: An Evaluation of President Bush's Proposal. *Journal of Policy Modeling*, 28(4): 427-444.

Shiller, R. 2008a. *The Subprime Solution: How Today's Global Financial Crisis Happened and What to do about It*. Princeton, NJ: Princeton University Press.

Shiller, R. 2008b. Historic Turning Points in Real Estate. *Eastern Economic Journal, 34(1):1-13.

Shiller, R. 2012. *Finance and Good Society*. NJ: Princeton University Press.

Shiller, R. 2013. Finance Contributing to the Good Society. *Business Economics*, 48(1): 77-80.

Shleifer, A. 2000. *Inefficient Markets: An Introduction to Behavioral Finance*. New York, NY: Oxford University Press.

Shleifer, A. 2012. Psychologists at the Gate: Review of Daniel Kahneman's Thinking, Fast and Slow. *Journal of Economic Literature*, 50(4): 1080-1091.

Shleifer, A., Treisman, D. 1999. *Without a Map: Politics Tactics and Economic Reform in Russia*. MA: MIT Press.

Shleifer, A., Vishny, R. 1998. *The Grabbing Hand: Government Pathologies and Their Cures*. MA: Harvard University Press.

Shleifer, A., Vishny, R. 2003. Stock Market Driven Acquisitions. *Journal of Financial Economics*, 70(3): 295-311.

Siegel, J. 1998. *Stocks for the Long Run: The Definitive Guide to Financial Market Returns and Long-Term Investment Strategies*. New York: Mc Graw-Hill.

Simon, H. A. 1955. A Behavioral Model of Rational Choice. *Quarterly Journal of Economics*, 69(1): 99-118.

Smith, V. 1962. An Experimental Study of Competitive Market Behavior. *Journal of Political Economy*, 70(2):111-137.

Smith, V. 1965. Experimental Auction Markets and the Walrasian Hypothesis. *Journal of Political Economy*, 73(4): 387-393.

Smith, V. 1976. Experimental Economics: Induced Value Theory. *American Economic Review*, 66(2): 274-279.

Smith, V. 1982. Reflections on Some Experimental Market Mechanisms for Classical Environments, *Research in Marketing*, 13-47.

Smith, V. 1989. Theory, Experiment, and Economics. *Journal of Economic Perspectives*, 3(1): 151-169.

Smith, V. 1991. *Papers in Experimental Economics*. Cambridge: Cambridge University Press.

Smith, V. 2000. *Bargaining and Market Behavior*. Cambridge: Cambridge University Press.

Solnik, B., Bousquet, L. 1990. Day-of-the-Week Effect on the Paris Bourse. *Journal of Banking & Finance, 14(2): 461-468.

Sornette, D., Zhou, W. X. 2006. Predictability of Large Future Changes in Major Financial Indices. *International Journal of Forecasting*, 22(1): 153-168.

Spiess, K., Affleck-Graves, J. 1999. The Long-Run Performance of Stock Returns Following Debt Offerings. *Journal of Financial Economics*, 54(1): 45-73.

Spiwoks, M., Bizer, K., Hein, O. 2008. Informational Cascades: A Mirage? *Journal of Economic Behavior & Organization*, 67(1): 193-199.

Statman, M. 1999. Behavioral Finance: Past Battles and Future Engagements. *Financial Analysts Journal*, 55(6): 18-27.

Statman, M. 2012. *What Investors Really Want: Discover What Drives Investor Behavior and Make Smarter Financial Decisions*. Singapore: McGraw-Hill Companies.

Stattman, D. 1980. Book Values and Expected Stock Returns. *The Chicago MBA: A Journal of Selected Papers*, 4: 25-45.

Stein, J. C. 1996. Rational Capital Budgeting in an Irrational World. *The Journal of Business*, 69(4): 429-455.

Sudarshan, A. 2017. Nudges in the Marketplace: The Response of Household Electricity Consumption to Information and Monetary Incentives. *Journal of Economic Behavior & Organization*, 134: 320-335.

Sundaresan, S. M. 1989. Intertemporally Dependent Preferences and the Volatility of Consumption and Wealth. *The Review of Financial Studies*, 2(1): 73-89.

Sunstein, C., Thaler, R. 2003. Libertarian Paternalism Is Not an Oxymoron. *The University of Chicago Law Review*, 70(4): 1159-1202.

Takahashi, H., Terano, T. 2003. Agent Based Approach to Investor's Behavior and Asset Price Fluctuation in Financial Markets. *Journal of Artificial Societies and Social Simulation*, 6(3): 1-24.

Telser, L. 1955. Safety First and Hedging. *Review of Economics Studies*, 23(1): 1-16.

Tesfatsion, L. 2006. Agent-Based Computational Economics: A Constructive Approach to Economic Theory. *Handbook of Computational Economics*, 2(1): 831-880.

Thaler, R. 1985. Mental Accounting and Consumer Choice. *Marketing Science*, 4(3): 199-214.

Thaler, R. 1993. *Advances in Behavioral Finance*. Edited. New York, NY: Russell Sage Foundation.

Thaler, R. 1999. The End of Behavioral Finance. *Financial Analysts Journal*, 55(6): 12-17.

Thaler, R. 2002. *The Winner's Curse: Paradoxes and Anomalies of Economic Life*. New York: Free Press.

Thaler, R. 2005. *Advances in Behavioral Finance* Vol. II. Edited. New York, NY: Russell Sage Foundation.

Thaler, R. 2008. Mental Accounting and Consumer Choice. *Marketing Science*, 27(1): 15-25.

Thaler, R. 2015. *Misbehaving: The Making of Behavioral Economics*. New York: W. W. Norton & Company.

Thaler, R., Benartzi, S. 2004. Save More Tomorrow: Using Behavioral Economics to Increase Employee Saving. *Journal of Political Economy*, 112 (S1): 164-187.

Thaler, R., Sunstein, C. R. 2008. *Nudge: Improving Decisions on Health, Wealth, and Happiness*. New Haven, CT: Yale University Press.

Thaler, R., Tversky, A., Kahneman, D., Schwartz, A. 1997. The Effect of Myopia and Loss Aversion on Risk-Taking: An Experimental Test. *Quarterly Journal of Economics*, 112(2): 647-661.

Thunström, L., Gilbert, B., Ritten, C. 2016. Nudges That Hurt Those Already Hurting—Distributional and Unintended Effects of Salience Nudges. *Social Science Electronic Publishing*.

Trueman, B. 1990. On the Incentives for Security Analysts to Revise Their Earnings Forecasts. *Contemporary Accounting Research*, 7(1): 203-222.

Trueman, B. 1994. Analyst Forecasts and Herding Behavior. *Review of Financial Studies*, 7(1): 97-124.

Tvede, L. 2002. *The Psychology of Finance—Understanding the Behavioral Dynamics of Markets*. Revised Edition. Chichester, West Sussex: John Wiley & Sons, Ltd.

Tversky, A., Kahneman, D. 1971. Belief in the Law of Small Numbers. *Psychological Bulletin*, 76(2): 105-110.

Tversky, A., Kahneman, D. 1974. Judgment under Uncertainty: Heuristics and Biases. *Science*, 27(185): 1124-1131.

van den Bergh, W. M., Boer, K., de Bruin, A., Kaymak, U., Spronk, J. 2002. On Intelligent Agent-Based Analysis of Financial Markets. *Working Paper*. Erasmus University, Rotterdam.

von Neumann, J., Morgenstern, O. 1944. *Theory of Games and Economic Behavior*. Princeton: Princeton University Press.

Wall, G. 1993. *The Way to Save*. New York, NY: Henry Holt.

Watchel, S. B. 1942. Certain Observations on Seasonal Movements in Stock Prices. *Journal of Business*, 15(2): 184-193.

Watson, J. B. 1913. Psychology as the Behaviorist Views It. *Psychological Review*, 20(2): 158-277.

Weil, P. 1989. The Equity Premium Puzzle and the Risk-free Rate Puzzle. *NBER Working Papers*, 24(3): 401-421.

Wermers, R. 1999. Mutual Fund Herding and the Impact on Stock Prices. *The Journal of Finance*, 54(2): 581-622.

White, M. D. 2013. *The Manipulation of Choice*. New York: Palgrave Macmillan.

Wiesenberger, A. 1963. *Investment Companies*. New York, NY: Kennik at Press.

Wurgler, J., Zhuravskaya, E. 2002. Does Arbitrage Flatten Demand Curves for Stocks?. *Journal of Business*, 75(4): 583-608.

Yakov, A., Haim, M. 1986. Liquidity and Stock Returns. *Financial Analysts Journal*, 42(3): 43-48.

Ziemba, W. T. 1991. Japanese Security Market Regularities: Monthly, Turn-of-the-Month and Year, Holiday and Golden Week Effect. *Japan and the World Economy*, 3(2): 119-146.

Zwiebel, J. 1995. Block Investment and Partial Benefits of Corporate Control. *Review of Economic Studies*, 62(2): 161-185.

中文部分

陈菊花, 詹程. 2009. 我国行为金融学研究现状的统计分析. 现代商业, (29): 32-35.

冯根福, 王会芳. 2001. 上市公司绩效多角度综合评价及其实证分析. 中国工业经济, (12): 23-29.

郭文英, 谢飞. 2013. 基于异质理念的欧式股票期权价格模型. 技术经济与管理研究, (1): 94-98.

韩立岩, 周娟. 2007. Knight 不确定环境下基于模糊测度的期权定价模型. 系统工程理论与实践, (12): 123-132.

郝东洋. 2011. 我国行为金融研究发展、现状及思考. 长春理工大学学报(社会科学版), 24(2): 41-43.

姜继娇, 杨乃定. 2008. 基于两心理账户 BPT 的复合实物期权定价模型. 管理科学学报, 11(1): 89-94.

姜伟. 2008. 过度自信与资产定价研究. 青岛: 青岛大学. [2016.11.27]https://kns.cnki.net/KCMS/detail/detail.aspx?dbcode=CDFD&dbname=CDFD0911&filename=2009012510.nh&uid=WEEvREcwSlJHSldRa1FhcTdWa2FjR2F3UTFSZnFWZG5HU2pDUlZFeW80Zz0=$9A4hF_YAuvQ5obgVAqNKPCYcEjKensW4IQMovwHtwkF4VYPoHbKxJw!!&v=MjM5OTJGQ25oVWJ6TVYxMjdGN081SE5UnlI1RWJQSVI4ZVgxTHV4WVM3RGgxVDNxVHJXTTFGGckNVUkxPZVorZHY=.

李善民, 朱滔. 2005. 中国上市公司并购的长期绩效:基于证券市场的研究. 中山大学学报(社会科学版), 45(5): 80-86.

李芸. 2013. 我国开放式基金赎回异象的实证研究:基于 2006 年至 2011 年的数据分析. 济南: 山东大学. [2016.12.12]https://kns.cnki.net/KCMS/detail/detail.aspx?dbcode=CMFD&dbname=CMFD201402&filename=1013220566.nh&uid=WEEvREcwSlJHSldRa1FhcTdWa2FjR2F3UTFSZnFWZG5HU2pDUlZFeW80Zz0=$9A4hF_YAuvQ5obgVAqNKPCYcEjKensW4IQMovwHtwkF4VYPoHbKxJw!!&v=Mjc2NTZVNzdJVkYyNkhiRzZIdFFLcVpFYlBJUjhlWDFMdTl4WVM3RGgxVDNxVHJXTTFGcldNVUZ5Q1VTRE59lWitkdkZDamw=.

刘志新, 薛云燕. 2007. 我国商品期货市场中"即日交易者"过度自信的实证检验. 软科学, 21(3): 30-33.

陆蓉, 陈百助, 徐龙炳, 谢新厚. 2007. 基金业绩与投资者的选择:中国开放式基金赎回异常现象的研究. 经济研究, (6): 39-50.

茅力可, 张子刚. 2005. 基于心理账户的金融期权定价模型. 华中科技大学学报(城市科学版), 22(2): 83-85.

彭青. 2007. 我国商品期货市场羊群行为实证研究. 长沙: 中南大学. [2016.12.08]https://kns.cnki.net/KCMS/detail/detail.aspx?dbcode=CMFD&dbname=CMFD2009&filename=2008165370.nh&uid=WEEvREcwSlJHSldRa1FhcTdWa2FjR2F3UTFSZnFWZG5HU2pDUlZFeW80Zz0=$9A4hF_YAuvQ5obgVAqNKPCYcEjKensW4IQMovwHtwkF4VYPoHbKxJw!!&v=MjQxNDNMdXhZUzdEaDFUM3FUcldNMUZyV01VRnlDVVNEN59lWitkdkZDbmhWYnJJVjEyNlpZU3l0SE9UxMcjVFYlBJUjhlWDE=.

乔龙威. 2015. 基于心理账户和累积展望理论的期权定价模型. 蚌埠: 安徽财经大学. [2016.12.08]https://kns.cnki.net/KCMS/detail/detail.aspx?dbcode=CMFD&db

name=CMFD201501&filename=1015554373.nh&uid=WEEvREcwSlJHSldRa1FhcTdWa2FjR2F3UTFSZnFWZG5HU2pDUlZFeW80Zz0=$9A4hF_YAuvQ5obgVAqNKPCYcEjKensW4IQMovwHtwkF4VYPoHbKKxJw!!&v=MDA1NjFYMUx1eFlTN0RoMVQzcVRyV00xRnJDVVJMT2VaK2R2RkNuaFdydk5WRjI2RzdhOUd0TExySkViUElSOGU=.

阮青松, 吕大永. 2013. 期权定价的"有限理性"视角: 基于投资者情绪的研究. 上海管理科学, 35(6): 79-83.

田利辉, 谭德凯, 王冠英. 2015. 我国大宗商品期货市场存在羊群行为吗?. 金融研究, (6): 144-158.

田穗. 2006. 中国开放式基金赎回现象的实证分析及成因探讨. 金融与经济, (7): 72-73.

闫增利. 2011. 基于行为金融学的多叉树期权定价模型. 武汉: 华中科技大学. [2016.12.09]https://kns.cnki.net/KCMS/detail/detail.aspx?dbcode=CMFD&dbname=CMFD2012&filename=1012015277.nh&uid=WEEvREcwSlJHSldRa1FhcTdWa2FjR2F3UTFSZnFWZG5HU2pDUlZFeW80Zz0=$9A4hF_YAuvQ5obgVAqNKPCYcEjKensW4IQMovwHtwkF4VYPoHbKKxJw!!&v=MDU2MzVrVkw3TFZGMjZITEc4MURLRldJQSVI4ZVZVhV4WVM3RGgVDNxVHJXTTFGcGtNVUkxPZVorZHZGQ2o=.

姚颐, 刘志远. 2004. 我国开放式基金赎回行为的实证研究. 经济科学, (05): 48-57.

应尚军, 魏一鸣, 范英, 汪秉宏. 2003. 基于元胞自动机的股票市场复杂性研究: 投资者心理与市场行为. 系统工程理论与实践, 23(12): 18-24.

余罗钊. 2013. 我国商品期货市场羊群行为的实证分析. 武汉: 华中科技大学. [2016.12.06]https://kns.cnki.net/KCMS/detail/detail.aspx?dbcode=CMFD&dbname=CMFD201402&filename=1014029110.nh&uid=WEEvREcwSlJHSldRa1FhcTdWa2FjR2F3UTFSZnFWZG5HU2pDUlZFeW80Zz0=$9A4hF_YAuvQ5obgVAqNKPCYcEjKensW4IQMovwHtwkF4VYPoHbKKxJw!!&v=MDExOTM1RldJQSVI4ZVZVhV4WVM3RGgxVDNxVHJXTTFGcGtNVUkxPZVorZHZGQ2pwVmIzS1ZGMjZHMjZHck82RjlETnI=.

于小沣. 2008. 基于前景理论和心理账户的二叉树期权定价模型. 天津: 天津大学. [2016.12.07]https://kns.cnki.net/KCMS/detail/detail.aspx?dbcode=CMFD&dbname=CMFD2009&filename=2009072500.nh&uid=WEEvREcwSlJHSldRa1FhcTdWa2FjR2F3UTFSZnFWZG5HU2pDUlZFeW80Zz0=$9A4hF_YAuvQ5obgVAqNKPCYcEjKensW4IQMovwHtwkF4VYPoHbKKxJw!!&v=MDkwMjg3RGdxVDNxVHJXTTFGcGtNVUkxPZVorZHZGQ2pwVjN3IzVUZVYxMjdGeU1qdGN08vSE5UWEI1RldJQSVI4ZVZVhV4WVM3RGg=.

曾亚敏, 张俊生. 2005. 中国上市公司股权收购动因研究: 构建内部资本市场抑或滥用自由现金流. 世界经济,(2):60-68.

张维,赵帅特,熊熊,张永杰. 2010. 基于计算实验方法的行为金融理论研究综述. 管理评论,(3):3-11.

赵楠,李维林. 2006. 我国开放式基金赎回问题的实证研究. 金融发展研究,(9):53-54.

郑超亮,李健,袁文俊. 2006. 基于行为金融理论的欧式期权定价. 广州大学学报(自然科学版),5(2):17-20.